中国法学会项目

行政指导性案例
类型化研究

赵静波　姜　城■著

XINGZHENG
ZHIDAOXING ANLI
LEIXINGHUA YANJIU

知识产权出版社
全国百佳图书出版单位
—北京—

图书在版编目（CIP）数据

行政指导性案例类型化研究／赵静波，姜城著.—北京：知识产权出版社，2023.9
ISBN 978－7－5130－8907－4

Ⅰ.①行… Ⅱ.①赵… ②姜… Ⅲ.①行政诉讼—审判—案例—中国 Ⅳ.①D925.318.25

中国国家版本馆 CIP 数据核字（2023）第 174362 号

责任编辑： 薛迎春		**责任校对：** 潘凤越	
执行编辑： 凌艳怡		**责任印制：** 孙婷婷	
封面设计： 智兴设计室			

行政指导性案例类型化研究
赵静波　姜　城　著

出版发行：知识产权出版社 有限责任公司	网　　址：http://www.ipph.cn
社　　址：北京市海淀区气象路50号院	邮　　编：100081
责编电话：010－82000860 转 8714	责编邮箱：443537971@qq.com
发行电话：010－82000860 转 8101/8102	发行传真：010－82000893/82005070/82000270
印　　刷：北京建宏印刷有限公司	经　　销：新华书店、各大网上书店及相关专业书店
开　　本：880mm×1230mm　1/32	印　　张：8.25
版　　次：2023 年 9 月第 1 版	印　　次：2023 年 9 月第 1 次印刷
字　　数：206 千字	定　　价：65.00 元
ISBN 978－7－5130－8907－4	

前　言

　　任何一个伟大传统的形成都经历了长期缓慢的过程。英国实行判例制度虽然缘于历史的偶然，但其发展到今天的成熟形式也经历了千百年的历史积累，其中包括区别技术、法官制度、判例汇编等一系列规则和制度的支撑，也离不开时间的自然延伸和经验的长久沉淀。立法机关有权制定法律但不直接适用法律，司法机关适用法律却又无权制定法律，当司法机关将静态而稳定的法律规范适用于多变复杂的案件时即发生法律解释的必要，这种解释会对案件产生直接的影响。英美法系国家法官通过判决而对法律规则进行解释，大陆法系国家也经历了从立法者释法的失败和异化到法官释法的演进，两大法系相互借鉴、不断融合。在我国，判例制度还是一项探索中的事业，对它的建构也还有很长的一段路要走。但是，案例指导制度却悄然成为我国司法领域的一道靓丽风景。

案例指导制度作为一项具有中国特色的司法制度，其创设的目的在于统一法律适用，提高审判质量，弥补成文法律规范的不足，其核心内容是通过指导性案例的裁判要旨对同类案件的审判起到指导和参照作用。对行政审判而言，裁判的质量决定了裁判的效果，裁判效果与裁判后的风险问题（上访、申诉等）密切相连，行政审判质量对社会和谐稳定具有重要影响。如何发挥现有案例指导制度的功能，提高裁判质量和裁判效果，是司法改革过程中法学界和实务界共同关心的问题。

如果行政指导性案例能够发挥统一法律适用的功能，将对提升行政审判质量和效果起到直接推动作用。然而，相较于刑事和民事判决，目前行政判决的上访率和上诉率仍然较高，当下我国的行政案例指导制度在适用中仍存在诸多的问题和困难，发挥的作用仍然有限，这必然使行政指导性案例的指导作用受限，无法真正地发挥其作用。

我们以行政指导性案例的类型化为切入点，对如何实现行政指导性案例的类型化进行理论与实践的研究，梳理行政指导性案例的裁判要旨，考察其实际适用状况，论证行政指导性案例类型化的正当性基础，在司法改革背景下，尝试设计科学、合理的行政指导性案例类型化体系。

目 录 CONTENTS

第一章
行政指导性案例的基本问题

一、中国特色案例指导制度的发展

（一）案例指导制度的缘起

作为一个日益崛起的发展中国家，我国面对受法律传统的影响而又要建设法治国家的现实，也在经历着重构法律与司法制度改革的历史性过程。案例指导制度即最高人民法院根据中央关于司法改革的决策部署，为总结审判经验，加强监督指导、统一法律适用、提高审判质量、维护司法公正而建立的一项具有中国特色的司法制度。

1949 年至 1978 年，最高人民法院在尚没有法律赋予其司法解释权的情况下，通过发布批复、复函、答复一类的司法解释文件对下级法院的请示予以答复，此类文件属于最高人民法院的司法解释性文件。1979 年《中华人民共和国人民法院组织法》（以下简称《人民法院组织法》）颁布，明确赋予最高人民法院司法解释权。最高人民法院通过颁布司法解释、作出司法批复、刊登典型案例的方式，指导地方各级法院开展审判活动，司法解释的数量明显增多。1985 年《中华人民共和国最高人民法院公报》（以下简称《最高人民法院公报》）创刊并开始公布文件、案例、司法解释，强调其具有权威性的指导作用。[1]最高人民法院的案例指导工作也由此进入了一个新的阶段。自 1988 年起，我国的司法解释必须经最高人民法院审判委员会集体讨论通过，并且应当在《最高人民法院公报》上刊登。此时政治话语和道德话语在司法解释中消失，司法解释呈现出立法化的特点。

1991 年最高人民法院设立中国应用法学研究所负责编写《人民法院案例选》，之后最高人民法院开始与国家法官学院、中国人民大学法学院联合研究、合作编写《中国审判案例要览》。其中的案例来自各级法院，是在认定事实、证据和适用法律、司法解释等问题上具有研究价值，对司法审判工作有指导意义的典型、疑难案例。选定案例后，重点对各案件的裁判理由予以权威的阐释。当时这两部丛书是我国最有影响力的案例编纂著作，对审判工作、执法工作、法学教学等发挥了巨大的指导和参考作用。

从 2000 年起，经最高人民法院审判委员会讨论、决定的适用法律问题的典型案例予以公布，供下级法院审判类似案件时参考。[2]此后，最高人民法院进一步明确，建立和完善案例指导制度，重视指导性案例在统一法律适用标准、指导下级法院审判工作、丰富和

---

〔1〕 最高人民法院公报编辑部：《中华人民共和国最高人民法院公报全集（1985—1994）》，人民法院出版社 1995 年版，第 284 页。

〔2〕 最高人民法院《人民法院五年改革纲要（1999—2003）》。

发展法学理论等方面的作用。[1]此时中国的案例指导制度初步建立。

2005 年最高人民法院和最高人民检察院开始编纂《中国案例指导》丛书，指出"虽然这些案例不能作为裁判的直接法律依据，但是法官、检察官和律师可以作为裁判理由或者法庭辩论理由引用"。由此，典型案例的范围在扩大，数量在增多，效力由参照和指导向有限援引的方向转变。2009 年，最高人民法院提出加强司法改革，深化行政审判改革，高级人民法院可以结合最高人民法院的部署和本地实际情况选择一些改革项目进行试点，待实践证明相对成熟并取得实际成效后再全面推广。[2]2009 年 2 月，中央政法委出台《关于深入学习实践科学发展观解决政法工作突出问题的意见》，要求加快构建符合中国国情的案例指导制度。可以说，案例指导制度是最高人民法院针对中国幅员辽阔，各地经济社会发展不平衡，诉讼纠纷复杂多样，个别地方法院"同案不同判"等现象，为及时总结审判工作经验，指导各级人民法院审判工作，统一司法尺度和裁判标准，规范法官自由裁量权，充分发挥典型案例在审判工作中指导性作用的一项具有中国特色的司法制度。

2010 年 1 月，最高人民法院行政审判庭为了明确法律适用标准，统一行政裁判尺度，指导行政审判工作，提出创办《中国行政审判案例指导》。拟每年出版两卷，要求各级法院定期上报典型案例，并印发了案例格式规范，编纂格式比《最高人民法院公报》的格式更规范，类似国外的判例，制作格式形式上接近我国台湾地区的判例制作格式。为进一步发挥案例指导制度的作用，提高审判质量，维护司法公正，2010 年 11 月最高人民法院公布《最高人民法院关于案

---

〔1〕 最高人民法院《人民法院第二个五年改革纲要（2004—2008）》。
〔2〕 最高人民法院《人民法院第三个五年改革纲要（2009—2013）》。

例指导工作的规定》（以下简称《最高法案例指导规定》）；2015 年
5 月最高人民法院公布《〈最高人民法院关于案例指导工作的规定〉
实施细则》（以下简称《〈最高法案例指导规定〉实施细则》）。这两
个文件对指导性案例的发布主体及要求，指导性案例的特点，指导
性案例的遴选、审查和报审工作程序以及编纂主体予以比较细致的
规定，不仅标志着中国案例指导制度真正建立起来，而且彰显着由
"典型案例"向"指导性案例"发展的规范化之路。不断地实践应
用、经验总结，表明我国对案例指导制度适用效果及其功能发挥的
肯定，并且今后将继续推广和发展这一具有中国特色的司法制度。
截至 2010 年最高人民法院公布《最高法案例指导规定》前，最高人
民法院共发布典型案例 721 个，涉及刑事、民事、经济、行政、海
事等各个方面。自 2010 年正式推行案例指导制度以来，截至 2022
年 9 月底，最高人民法院共发布 32 批 185 件指导性案例，最高人民
检察院共发布 40 批 166 件指导性案例。这些案例多数是具有重大影
响、疑难复杂或者新类型、法律规定不明确或法律未予规定的案件。
新型案例对弥补法律漏洞、明确解释法律及推动法律发展发挥了重
要作用。

从中国特色案例指导制度产生与发展的过程来看，这一制度源
于我国司法实践的现实需要，是现有体制下司法改革的产物。第一，
案例指导制度源于我国成文法作为唯一正式法源，不承认判例作为
不成文源的法律制度背景：否认判例的地位及其法律效力，因而
采用了案例指导参照性定位的方式。第二，这一制度是立法解释主
导的法治前提下，司法解释立法性质的模式下，中国特色司法制度
的必然选择。第三，是否认法官造法的体制与观念下，发挥法官能
动作用的创新形式。第四，是请示、汇报、批复等司法解释发展的
结果与选择。

（二）行政案例指导制度的发展

行政案例指导制度是我国案例指导制度的重要组成部分，在案例指导制度发展过程中，行政案例指导制度在行政法欠缺统一法典、行政法律规范极具变动性的情况下，适应不断变化与层出不穷的新型法律关系的需要，通过典型案例对法律进行说明，推动法律规则创新和法律的发展。

从1985年到2010年，最高人民法院共公布了76个典型行政案例，这些案例对于指导行政审判工作起到了重要作用。截至2022年9月，最高人民法院共公布了31例行政指导性案例，最高人民检察院公布了31例行政检察指导性案例。这些案例涉及行政管理过程中主要的行政行为类型，如行政处罚、行政强制、行政许可、行政征收、行政赔偿、行政确认等，有些案例也涉及行政不作为、行政协议、行政允诺、行政信息公开等，是行政诉讼制度发展中的新类型的行政案件。从最高人民检察院公布的31例行政检察指导性案例来看，其中16例属于行政公益诉讼类案件，占最高人民检察院已公布全部指导性案例的52%。这些行政指导性案例在统一审判尺度、丰富法律内涵、创新法律规则方面发挥着巨大作用，正在以个案审理的方式实现着解决行政诉讼纠纷、监督行政权的行使和保护行政相对人合法权益的立法初衷。

伴随司法体制改革，从典型案例的出现，到最高人民法院对典型案例的愈发重视，足见其在法律审判活动中的作用。从新近的案例指导制度改革中我们可以推断，"两高"公报中的典型行政案例和行政指导性案例虽然未被赋予"行政判例"之名，但实际上已经具有和最高人民法院、最高人民检察院司法解释几乎"同等"的司法权威。这些名为"案例"的典型行政案例和指导性案例，正在对中国行政诉讼的展开和推进中国行政法治与行政法学研究的发展产生着巨大的影响。换句话说，在我国案例指导制度发展的进程中，尤其是在没有统一法典的行政法领域，行政案例指导制度作为立法的补充，其弥补和创新功能尤为突出，与立法形成了良好的互动。伴随着案例指导制度的发展与指导性案例效力的不断强化，适用要求由"参照"变为"应当参照"，行政指导性案例"软的规则""硬的效果"的特点不断凸显。

二、行政指导性案例的语义分析

（一）行政指导性案例的概念

从我国开始探索案例指导制度以来，具有指导意义的典型案例就开始进入研究的视野。《人民法院第二个五年改革纲要（2004—2008）》首次提出建立和完善我国特有的案例指导制度，此后这一制度被不断强化和完善。最高人民法院公布的典型案例成为全国各级法院案件审理的指导性案例，但这一阶段的指导性案例尚不具有"应当参照"的"必须"之意。2010 年最高人民法院、最高人民检察院和公安部关于案例指导制度工作规定等文件出台，针对指导性案例有了相对明确的界定，其直接表现形式就是《最高人民法院公报》和《最高人民检察院公报》不定期公布的案例。这些被明确编号的案例被称为"指导性案例"。可以说，在 2010 年之前，我们研讨的与案例指导制度有关的最高人民法院公布的案例，是从"典型案例"的角度被认定和使用的。

基于我国案例指导制度的发展过程以及指导性案例的效力变化，指导性案例的概念可分为广义和狭义两种。狭义的指导性案例指最高人民法院和最高人民检察院编号公布在公报中的案例，即最高人民法院已公布的 32 批及最高人民检察院已公布的 40 批指导性案例；广义的指导性案例是指凡在公报中公布的案例，既包括狭义的指导性案例，也包括狭义的指导性案例以外的典型案例。目前一提及"指导性案例"，通常是指狭义的指导性案例。本书是关于行政指导性案例的类型化研究，基于狭义指导性案例目前的数量较少，以及典型案例的长期实践及其与狭义的指导性案例的转化关系，本书以狭义的指导性案例为基础和重点，从广义范围的指导性案例去展开行政指导性案例类型化的分析和论证。

下面具体分析狭义的指导性案例。

人民法院的指导性案例，专指依据《最高法案例指导工作规定》程序编选，并经最高人民法院审判委员会讨论决定后公开发布的案例。该规定第二条对指导性案例予以清晰说明，即裁判已经发生法律效力，并符合相关条件的案例。"相关条件"包括五个方面：社会广泛关注的，法律规定比较原则的，具有典型性的，疑难复杂或者新类型的，其他具有指导作用的。[1]《〈最高法案例指导规定〉实施细则》进一步明确界定，指导性案例应当是裁判已经发生法律效力，认定事实清楚，适用法律正确，裁判说理充分，法律效果和社会效果良好，对审理类似案件具有普遍指导意义的案例。

检察机关的指导性案例，专指依据《最高人民检察院关于案例指导工作的规定》（以下简称《最高检案例指导规定》）编选的并经最高人民检察院检察委员会审议后公开发布的案例。人民检察院发布的指导性案例应当符合以下条件：案件处理结果已经发生法律效力；办案程序符合法律规定；在事实认定、证据运用、法律适用、政策把握、办案方法等方面对办理类似案件具有指导意义；体现检

---

[1] 《最高法案例指导规定》第二条。

察机关职能作用，取得了良好政治效果、法律效果和社会效果。[1]

除最高人民法院和最高人民检察院的指导性案例，也有行政机关指导性案例的提法和规定，尤以公安部的指导性案例最具代表性。与人民法院和检察机关公布的指导性案例相比，其含义、发布主体、遴选程序、适用范围、效力等方面差异明显。因此，行政机关指导性案例不属于诉讼领域通常意义上的"指导性案例"，不属于狭义上的指导性案例。

公安机关的指导性案例，专指依据公安部《关于建立案例指导制度有关问题的通知》要求，由地市级以上公安机关法制部门审核，经本级公安机关负责人批准后内部下发的具有指导意义的典型案例。公安机关指导性案例的范围包括：公安机关在执法办案过程中，充分体现"理性、平和、文明、规范"执法要求，依法公正处理，实现法律效果和社会效果相统一的案例；执法不作为、拖延作为、玩忽职守，造成严重后果的案例；滥用职权、乱作为，插手经济纠纷、滥用强制措施和扣押措施、滥用自由裁量权的案例；因执法问题引起新闻舆论炒作或者引发群体性事件的案例；经行政复议、行政诉讼被撤销、变更、确认违法或限期履行法定职责的案例；因违法行使职权承担国家赔偿责任的案例；因事实不清、证据不足或者不构成犯罪被检察机关作出不起诉决定或者人民法院作出无罪判决的案例；其他具有普遍指导、参考作用的典型案例。选编的指导性案例应当是已经作出最终处理决定的案件。[2]

综上所述，最高人民法院、最高人民检察院、公安部发布的案例，虽然都是指导性案例，但公安部发布的案例与最高人民法院和

---

〔1〕《最高检案例指导规定》第二条。
〔2〕《公安部关于建立案例指导制度有关问题的通知》第二点。

最高人民检察院公布的指导性案例有许多不同之处。其一，发布主体不同。公安机关的指导性案例由地级以上公安机关法制部门审核，公安机关负责人批准后发布；"两高"的指导性案例分别由最高人民法院审判委员会和最高人民检察院检察委员会审议后发布。其二，程序严格程度不同。"两高"指导性案例的遴选、推荐、审查程序比公安机关的指导性案例生成程序更繁复、标准更严格。其三，公开性不同。最高人民法院审判委员会讨论通过的指导性案例需在《最高人民法院公报》《人民法院报》和最高人民法院网站上公布，并建立电子信息库，为指导性案例的参照适用、查询、检索和编纂提供保障。最高人民检察院发布的指导性案例要在《最高人民检察院公报》和最高人民检察院官方网站公布，并建立指导性案例数据库，为各级人民检察院和社会公众检索、查询、参照适用指导性案例提供便利。公安机关的指导性案例仅在公安机关内部下发。因此，"两高"的指导性案例对公众公开，开放性更强，公安机关的指导性案例不对公众公开，目前尚不具有开放性。其四，效力不同。"两高"公布的指导性案例，各级人民法院和各级人民检察院"应当参照"相关指导性案例办理类似案件；公安机关的指导性案例在下发机关的管辖范围内，对本级和下级公安机关执法具有"指导和参考"作用，下级公安机关下发的指导性案例不得与上级公安机关下发的指导性案例相矛盾；存在矛盾的，应以上级公安机关下发的指导性案例为准。"两高"指导性案例的"应当参照"意味着应当参考和遵照；公安机关指导性案例的"指导和参考"并未直接体现适用效力的强制性，但上级机关的指导性案例效力高于下级机关的规定，暗含着下级机关需参照上级机关指导性案例执法的要求。

最高人民法院和最高人民检察院指导性案例具有以下特点：一是发布主体的一元性，即最高人民法院和最高人民检察院。二是制定程序的规范性，对于指导性案例的选编与体例等有明确要求，程序严格且规范。三是参照适用的强制性，由原来适用中"参考和指导"的选择性定位转变为"应当参照"的约束性规定。四是公开性与便利性，一方面，指导性案例需在指定刊物和网站公开发布；另一方面，建立数据库以保证使用过程中的便利性。五是具有统一法律适用与维护司法公正的目的性。

基于目前我国指导性案例的类型、范围、适用领域和公开程度的不同，本书将狭义指导性案例定位于最高人民法院和最高人民检察院公布的指导性案例，不包括公安机关的行政执法领域适用的指导性案例。因此，本书所指的行政指导性案例仅指"两高"公布的涉及司法领域的指导性案例。

（二）行政指导性案例与相关概念的区别

1. 行政指导性案例与公报案例、典型案例、批复

公报案例是指《最高人民法院公报》和《最高人民检察院公报》公布的案例。这一些案例对我国法院和检察院审理案件具有重要的参考作用。公报案例通常包括两类，一类是指导性案例，即根据要求经过最高人民法院审判委员会和最高人民检察院检察委员会审议通过的指导性案例，必须在公报上发布方产生参照效力；另一类是不属于指导性案例的典型案例，这些案例涵盖民商事、刑事、行政、知识产权、经济等各个领域。公报案例与指导性案例的区别在于：一是概念不同；二是指导效力不同，指导性案例对法院和检察院处理案件具有"应当参照"的拘束力，公报案例中的典型案例，只是具有代表性，有参考借鉴作用。

典型案例是一个较为宽泛的概念，目前对其没有明确的定义。在实施案例指导制度之初，《最高人民法院公报》《人民法院案例

选》公布的案例均可被称为典型案例，尤其是《最高人民法院公报》刊载的案例被认为是典型案例，对各级法院的案件审理具有指导和参考作用。后来随着案例指导制度的不断发展，省级人民法院和一些市级法院也开始整理编辑具有代表性的典型案例对内或对外公布，以供所辖范围的法院审理案件时参考。与此同时，最高人民检察院各业务厅（室）、各级检察院也公开或内部发布具有典型性或参照意义的案例。如 2019 年最高人民检察院发布了 6 例行政检察典型案例，即河南省某县违法占地非诉执行监督系列案、吉林省某公司违法占地非诉执行监督案、北京市某村委会等六起违法占地非诉执行监督案、浙江省徐某违法占地非诉执行监督案、广西壮族自治区某矿业公司违法占地非诉执行监督案、姬某诉某乡政府确认行政行为违法监督案，这些案例对于监督行政机关依法行政、维护公共利益、保护公民合法权益具有警示和指导意义。同年，最高人民检察院提出建构指导性案例与典型案例"一体两翼、并行发展"的案例工作格局，创新案例指导制度，提高办案质量。综上，典型案例是指由各级人民法院和各级人民检察院发布的旨在提高办案质量，统一法律适用，具有典型性、较大社会影响的，能为案件审理提供参照标准的案件。而在所有公布的典型案件中，又以最高人民法院公布的典型案例影响更为突出，也更具有普遍性。由此可见，相较于指导性案例，典型案例的范围更广、制定主体更多元、数量更多；指导性案例可以看作是典型案例的一种，其适用上的参照效力超过典型案例，典型案例对各级法院案件审理仅提供参考。与指导性案例、公报案例相比，典型案例的数量最多，但只有指导性案例才具有"应当参照"的法律效力。

批复是最高司法机关在下级人民法院个案审理过程中遇到法律

无明文规定或虽有明文规定却失之笼统无法处理而呈函请示之际，根据国家的法律政策和立法本意做出的具体处理意见。法院明确承认其司法解释的效力，不仅在该案中具有法律效力，而且今后在处理类似案件的过程中，也应作出类似处理，并且可以直接援引，无须再向最高人民法院请示。

从法律效力看，目前我国行政指导性案例的"应当参照"表明其与国外的行政判例具有几乎相同的法律约束力。批复和行政指导性案例两者都基于个案产生，都与法律的模糊、不明确相关。两者的区别从形式上看，批复与行政指导性案例相比，大部分寥寥数语、简单明了，而行政指导性案例的分析和说理更具体；从援引的法律效果上看，批复可以被直接援引，而各级人民法院审理案件应当将指导性案例作为裁判理由引述，但不作为裁判依据引用。

2. 行政指导性案例与行政判例

案例（case）一词在日常生活中经常被使用，它并不是法学领域的专有概念，在其他学科领域也被广泛地使用，常常作为以后处理类似事情的参考和借鉴。在普通法中 case 和 precedent 都有此含义，较为常见的是用 case 表达。在法学上，案例是指一个生效的判决，但一般并不涉及对案件判决的评价，而更注重强调类似的案件曾经发生的事实。案例常常用来指一些典型案件，其意义主要体现在通过对案例的阅读和研习来拓展或深化对某一问题的认识。案例是法律赖以生存的依托物，是法律在审判实践中的具体应用。"将法院判决结果，以文字记载成为书面，这种书面称为判决书，一般通称为案例"，[1]案例就是案件及其判决结果的总和。

---

〔1〕 何慧新：《刑法判例论》，中国方正出版社 2000 年版，第 10 页。

关于判例与案例，沈宗灵教授曾经精辟地指出：从字面上讲，"判例"比"案例"更为确切。"判例"表示以某一判决作为处理同类案件的前例。以法学研究的对象来说，人们不仅仅关注案件的事实，更关注法院对典型案件的判决，包括判决者对案件事实如何陈述和分析，如何在事实的基础上适用法律、进行推理，提出什么论据，最终做出什么判决等。只有这样，判例才能对同类案件的处理具有参考价值，甚至作为前例。[1]

案例与判例在形式上是相同的。案例是以案件为主体的例子，判例乃已判决且可援引作为同类案件审理依据的例子。经过诉讼的才能为"案"，事实上案例也是经过法院审理和判决的案件。因此，从这个意义上说，案例与判例在形式上具有同一性。但是，"例"在汉语中有两个不同的含义，一是"用来帮助说明或证明某种情况或说法的事物"，二是"从前有过，后来可以仿效或依据的事情"，[2]既有说明、证明之义，又有仿效、依据之义。案例是指审判机关对于具体案件作出的判决。判例不同于案例，判例表示以某一判决作为审理同类案件的前例，案例则表示以某个案件作为处理同类案件的主要参考依据。判例的效力在于其所隐含或明示的法律规则或原则是以后审理相同或类似案件的依据，判例中确立的法律规则或原则称为"判决要旨"，它是判例的核心部分，判例的价值在遵循先例的过程中得以体现，判决先例对后来事件有拘束力的是判决要旨，而非整个判决。

在我国，1985 年《最高人民法院公报》开始公布"可供各级人民法院借鉴"的典型案例并对其效力做了明确界定。但是，这些案

---

〔1〕　沈宗灵：《比较法总论》，北京大学出版社 1987 年版，第 465 – 466 页。
〔2〕　《现代汉语词典》（第六版），商务印书馆 2012 年版，第 801 页。

例既不属于法律，也不属于司法解释，并不具有强制拘束力，因而其对各级法院的影响极为有限。2005 年最高人民法院发布了《人民法院第二个五年改革纲要（2004—2008）》提出"建立和完善案例指导制度，重视指导性案例在统一法律适用标准、指导下级法院审判工作、丰富和发展法学理论等方面的作用"。这是最高人民法院第一次以正式文件的方式向全社会发出要实行案例指导制度正式改革的意见，标志着"典型案例"向"指导性案例"的转变，让我们看到我国司法领域在改革和完善审判指导制度与法律统一适用机制的探索和尝试上又前进了一步。而对于案例指导制度的性质，有学者指出，案例指导制度是一项有创新的制度，但它仍是我国司法领域法律适用活动和制度，而不是"法官造法"。[1]2010 年《最高法案例指导规定》和《最高检案例指导规定》及后来发布的实施细则进一步明确了指导性案例的作用和地位。"案例指导制度"旨在通过指导性案例解决"同案不同判"的法律适用不统一问题，它表达了我国实行的是"案例"指导制度，而不是"判例"制度。它与过去法官头脑中案例的参照制度不同，是将"案例"的效力由"指导""参照"上升到"应当参照"的地位，不再仅停留在"参考"的作用上。这种"提升"的主要标志就是指导性案例可以进入判决书，将指导性案例作为裁判理由引述，即作为后案审判的辅助性援引。2010 年以来，最高人民法院每年定期发布指导性案例，并且形成了规范化的指导性案例格式，其中概括总结的裁判要旨作为指导性案例最核心的内容，成为后来案件审判非常重要的参考和借鉴。现下我们适用的指导性案例，已逐渐成为法官适用法律过程中的一种法

---

〔1〕 徐景和：《中国判例制度研究》，中国检察出版社 2006 年版，序言第 9 页。

律解释形式。

行政判例与行政指导性案例字面含义虽然不同，但内涵是既有联系又有区别的。就两者的联系看，一是都是法院的生效判决；二是对以后法院的案件审理都具有参照作用；三是两者的构成结构具有相似性，都由编号、标题、关键词、判决要旨、案件事实、判决理由、判决结果等组成；四是目的和效果相似。就两者的区别看，一是法律性质不同，行政判例属于"法官造法"活动，是司法解释，行政指导性案例属于"法官释法"而非"法官造法"活动；二是范围不同，在判例法国家，法院所有的生效行政判决均可成为行政判例为后案的审理依据和参照，我国的行政指导性案例则是从已生效的行政案件中经过严格程序筛选和审议后公布的案件；三是案件来源不同，国外的行政判例来自本级或上级法院的生效判决，我国的行政指导性案例包括法院和检察院的案例；四是制定主体不同，制定行政判例的主体是多元的，而行政指导性案例的制定主体是一元的，即我国的最高人民法院或最高人民检察院；五是效力不同，行政判例可以直接被援引，行政指导性案例适用时不能作为裁判依据引用，应当将其作为裁判理由引述。[1]另外，行政判例的效力遵循法院的层级关系，而行政指导性案例则突破了法院的层级关系，案件来源于全国各级法院，经"两高"审议通过并发布即成为指导全国各级法院和各级检察院的"应当参照"的案例。

3. 行政指导性案例与司法解释

司法解释作为一种重要的法律渊源，一直为理论界和实务界所

---

〔1〕《最高法案例指导规定》第十条。

重视，但这并不意味着司法解释的概念已被确定，人们对其的理解已达成共识。我国法学界对司法解释的定义多达十几种，《中国大百科全书·法学》将司法解释定义为：立法机关授权司法机关在将法律规范适用于具体案件或事项时，对有关法律规范所作的解释。[1]《中国司法大辞典》认为：司法解释指国家最高审判机关和最高检察机关就在审判和检察过程中应用法律的问题所作的具有法律效力的说明。[2]有学者认为：司法解释是指国家最高司法机关在适用法律、法规的过程中对如何具体应用法律、法规的问题所作的解释。[3]也有学者从更宽泛的角度去定义，认为司法解释是法官和审判组织根据宪法赋予的司法权，在审判工作中为具体适用法律所必要时，结合社会发展现状和法律价值取向对审判依据包括法律事实所作的具有司法强制力的理解和阐释。[4]以上概念的分歧主要体现在司法解释的主体、对象、效力及性质上。就目前我国实践中关于司法解释的界定，笔者赞同周道鸾先生的观点，"所谓司法解释，是指我国最高司法机关根据法律赋予的职权，在实施法律过程中，对如何具体应用法律问题作出的具有普遍司法效力的解释"。[5]根据《人民法院组织法》和《全国人民代表大会常务委员会关于加强法律解释工作的决议》（以下简称《加强法律解释工作的决议》）对司法解释

---

〔1〕 张友渔：《中国大百科全书·法学》，中国大百科全书出版社 1984 年版，第 81 页。

〔2〕 江平：《中国司法大辞典》，吉林人民出版社 1991 年版，第 6 页。

〔3〕 张文显：《法理学》，高等教育出版社、北京大学出版社 1999 年版，第 328 页。

〔4〕 董皞：《司法解释论》，中国政法大学出版社 2007 年版，第 13 页。

〔5〕 周道鸾：《司法改革与司法实务探究》，人民法院出版社 2006 年版，第 74 页。

的规定，[1]其制定主体是特定的，即最高人民法院和最高人民检察院，其他各级人民法院都没有司法解释权；其对象是现行的法律条文，即只能以现行法律规定的内容为解释对象；其效力具有普遍性，即司法解释一经作出并予以公布，实践中便具有仅次于法律的效力。

西方国家的司法解释也主要是指法院在审判案件过程中对法律问题的解释，其与我国司法解释的差别，一是我国的司法解释主体包括最高人民法院和最高人民检察院，而检察机关在西方的一些国家不属于司法机关；并且我国除最高人民法院外，其他各级人民法院都没有司法解释权，而西方国家的法院一般都有司法解释权。二是我国的司法解释一般以条文、规定的方式作出；西方国家的司法解释包含在法院的判决之中。

因此，我们可以从指导性案例与司法解释的关系来阐释行政指导性案例与司法解释的关系：

第一，指导性案例和司法解释作为法律适用中实现法律统一和司法公平的参考标准或依据，都具有推动立法发展的作用。立法通过法律解释才能实现其价值，指导性案例和司法解释都能够克服成文法的局限性，补充其漏洞，在法律的稳定性与变动性间寻求平衡，以适应社会价值多元化的发展趋势。

第二，从指导性案例和司法解释的效力分析，两者对案件审理都具有拘束力，指导性案例对案件审理产生"应当参照"的约束效

---

〔1〕　关于我国的司法解释主体，1955年的《全国人民代表大会常务委员会关于解释法律问题的决议》规定：凡关于审判过程中如何具体应用法律、法令的问题，由最高人民法院审判委员会进行解释。1981年《加强法律解释工作的决议》规定：最高人民法院和最高人民检察院有权分别就审判工作中和检察工作中具体应用法律的问题进行解释。这是"两高"有权进行司法解释的直接法律依据。

果；司法解释作为正式的法律渊源，其像法律一样对案件审理产生直接适用的法律效果。

第三，从指导性案例和司法解释的适用分析，指导性案例的适用类似判例，其思维方式是一种类比方式，比较所发生的案件与以前的指导性案例，寻找相似点来作出裁判，而且可以作为裁判理由引述。司法解释只是为了缩短抽象性的法律规范与具体的案件在司法活动中的距离，使法律的操作性更强。

第四，指导性案例和司法解释的适用前提不同，指导性案例基于个案，在具体案件的动态审理中产生，具有开放性、灵活性；而且指导性案例可以不囿于法律规则的字面含义，根据案件的具体情况对条文作出符合实际的扩大或缩小解释；司法解释则基于制定法，在抽象法律规定的静态说明中产生，仍然保留着笼统和粗浅的特性，其对法律规则的解释严格依照法律条文的规定，不得与立法精神和原则相抵触。

第五，司法解释同立法相似，其只能是一次性解释，因而对法律条文的解释可能比条文本身更易趋于僵化；而指导性案例与判例类似，可以通过其独特的区别技术等手段，在具体的鲜活案例中对法律条文和司法解释本身进行解释，使得抽象的法律条文和不确定性法律概念的丰富内涵得以诠释，以不断地适应社会发展变化，法律条文的适应性与稳定性在指导性案例的形成中不断被凸显和强化。如果从法律解释的层面看待指导性案例和司法解释，可以将司法解释分为立法性和个案性两种，"两高"的司法解释属于"立法性"司法解释，而指导性案例属于"个案性"司法解释。

三、行政指导性案例的法律性质

2005 年最高人民法院发布《人民法院第二个五年改革纲要（2004—2008）》明确提出案例指导制度，自此"案例指导制度""指导性案例"这两个名词对法学理论界和实务界均产生了巨大的影响。十多年来，理论界一直重视对此问题的研究，实务界的实践探索也积极展开，其中指导性案例的性质和效力一直是学界研究的焦点问题，更是极具争议的问题。下面从行政指导性案例的效力入手，阐释和分析其法律性质。

（一）行政指导性案例的效力

谈及指导性案例的法律效力，绕不开判例制度和法的渊源。在英美法系国家，判例作为法律的重要组成部分，具有完整意义上的法律效力，是法律的正式渊源。而在大陆法系国家，一般不被认为判例具有完整意义上的法律效力，不承认判例是正式的法律渊源，但行政判例都被赋予一定的法律效力。如我们熟知的法国，行政判例是行政法的主要法源；在日本，行政判例作为习惯法的一种，在事实上具有法的拘束力。

从我国案例指导制度的发展来看其效力，《最高法案例指导规定》第七条规定了"最高人民法院发布的指导性案例，各级人民法院审判类似案例时应当参照"。《〈最高法案例指导规定〉实施细则》第十一条规定："在办理案件过程中，案件承办人员应当查询相关指导性案例。"两个"应当"即必须之意，地方各级法院审理类似案件时"应当"查询和参照指导性案例。2019 年修订的《最高检案例指导规定》第十五条第二款规定："各级人民检察院检察委员会审议案件时，承办检察官应当报告有无类似指导性案例，并说明参照适用情况。"由此可见，行政指导性案例的效力具体体现在如下几个方面。

1. 行政指导性案例的拘束力

最高人民法院和最高人民检察院关于指导性案例的规定，均赋予了指导性案例较之从前更高的法律效力，使其对各级人民法院和各级人民检察院的案件审理和处理具有拘束力，"应当查询""应当报告"和"说明参照适用情况"的规定使指导性案例的强制性被强化。

2. 行政指导性案例的援引要求

最高人民法院和最高人民检察院对如何适用指导性案例做了比较明确的规定。各级人民法院审理类似案件参照指导性案例的，应当将指导性案例作为裁判理由引述，但不能作为裁判依据引用。各级人民检察院在办理案件过程中，案件承办人员应当查询相关指导性案例。在裁判文书中引述相关指导性案例的，应在裁判理由部分引述指导性案例的编号和裁判要点。各级人民检察院应当参照指导性案例办理类似案件，可以引述相关指导性案例进行释法说理，但不得代替法律或者司法解释作为案件处理决定的直接依据。[1]从"两高"的规定看，目前指导性案例在我国司法审判和检察监督案件处理过程中，不能作为案件处理的直接依据引用，只能在说理阐述中引述。换句话说，行政指导性案例虽具有一定的拘束力，但它的援引作用是间接的。

---

〔1〕《最高检案例指导规定》第十五条。

3. 行政指导性案例效力的相对性

行政指导性案例的约束力并不是绝对的，这一点与行政判例是相同的。在英美法系国家，判例形成后也不意味着法院以后就一成不变地遵循，国外还有判例背离报告制度。在美国，当遵循先例同一个适用范围更广泛的、在实质上更合理的且为经验证明是优先的原则发生冲突时，可以运用推翻先例原则否定或推翻先前的判决，形成新的判例。即使存在先例，下级法院也不是没有途径偏离它。对于法院而言，由于宪法规定，法官应依法审判，故法官若认为既存判例违反现行法律或宪法，仍可依据法律独立审判，而不受判例之约束，行政判例可以被新的行政判例或立法所取代。[1]"两高"对指导性案例"应当参照"效力也有例外规定。最高人民法院的指导性案例如果出现与新的法律、行政法规或者司法解释相冲突或为新的指导性案例所取代的情形的，则不再具有指导作用。最高人民检察院的指导性案例如果出现案例援引的法律或者司法解释废止、与新颁布的法律或者司法解释冲突、被新发布的指导性案例取代及其他应当宣告失效的情形的，最高人民检察院应当及时宣告失效，并在《最高人民检察院公报》和最高人民检察院官方网站公布。[2]由此可见，虽然我国没有形成指导性案例的背离报告制度，但也明确了指导性案例的失效情形。

（二）行政指导性案例的性质定位

所谓行政指导性案例的性质是指行政指导性案例在属性、本质及归类上究竟是什么。通过上述对行政指导性案例的效力分析可见，其效力定位愈来愈清晰和明确，然而，在其效力相对明确的情况下，

---

〔1〕 李惠宗:《行政法要义》，元照出版有限公司 2007 年版，第 92 页。

〔2〕 《〈最高法案例指导规定〉实施细则》第十二条；《最高检案例指导规定》第十九条。

作为与效力相伴的法律性质问题是否也一并明晰了呢？事实上，指导性案例效力定位的变化和强化，有助于我们研究其法律性质的定位，但是理论上和实践上仍有需要进一步梳理和厘清的问题。比如指导性案例"应当参照"的效力是否等同于判例？指导性案例是否具有司法解释的性质？指导性案例是否属于正式的法律渊源？下面从法律渊源、软法和司法解释的视角，对行政指导性案例的法律性质进行剖析和阐释。

1. 法律渊源视角下的行政指导性案例

提及法律渊源，就绕不开正式的法律渊源与非正式的法律渊源的划分；谈及行政指导性案例就不得不将其与行政判例进行比较。英美法系的判例是指法院多次援用而被赋予一般规范性质的、就具体案件所作的司法判决，它与立法机关的制定法不同，是法官创造的法。英美法系中占支配地位的观点认为，判例属于正式的法律渊源；大陆法系国家在行政判例的性质认定上，一般将其作为不成文法源。在我国，由于尚不承认不成文法源的法律地位，判例在司法判决中的地位即成为困扰我们良久的问题，也是我们难以采用判例制度而实施案例指导制度的原因之一。多年来，我国一直在研究探讨引入判例制度的问题，而判例的法源问题成为我们无法逾越的障碍，可以说，这在一定程度上影响了我国建立判例制度的进程。经过多年讨论，对于在我国重塑行政判例法源之必要性，行政法学界已基本达成了以下共识[1]：需要运用判例法方法指导、协调各级人民法院的司法审查活动，正确理解法律、法规的精神，以维护国家行政法治的统一和法律与司法审查的权威；判例法应该从属于制定法，作为制定法的补充；以引进判例法方法作为切入点，推进司法改革，

---

[1] 宋功德：《行政法哲学》，法律出版社 2000 年版，第 261 页。

尤其是司法文书改革，增加行政判决的说明理由部分，增加司法文书透明度，使公众能够有效地对其进行监督；通过重塑判例法源，健全司法审查的运作机制，以更好地保护相对方的合法权益，并监督和维护行政机关依法行政。在我国，有一种观点似乎被学界普遍接受了，那就是：中国的司法案例制度若要取得约束力，那就必须建立或引入判例制度，而要建立或引入判例制度，就一定要修改现行法律或经立法机关授权。[1]

因此，就我国目前的案例指导制度而言，行政指导性案例与行政判例虽然不同，但两者在效力、功能上具有相似性，类比成文法国家对待行政判例的态度，可以把行政指导性案例作为行政法的不成文法源之一。不断发展完善的案例指导制度无疑会成为具有中国特色的判例制度。

2. 软法视角下的行政指导性案例

软法（soft law）是与硬法相对应的概念，与硬法相比，它不以强制力要素作为特征，也不以强制力作为实现目标。公域软法规范主要来源于公共领域的制度规范，那么，行政指导性案例是否与公域软法具有契合性呢？是否可以成为公域软法的渊源呢？软法现象和软法理论为我们思考和定位行政指导性案例的性质提供了方向和思路。从软法视角观察，行政指导性案例具有软法的特征，一是指导性案例适用于各级人民法院、各级人民检察院的案件审理工作，对律师也有指导作用，能够产生社会实效，可作为制定法的补充；二是指导性案例的制定过程是相对开放的，经过推荐、遴选、审定等程序，而且是在最高人民法院审判委员会或最高人民检察院检察

---

〔1〕　龚稼立：《最高人民法院公报的指导性案例》，2005年4月在北京"中国司法解释与外国判例制度国际研讨会"上的论文。

委员会讨论通过的基础上形成的，具有民主协商性；三是行政指导性案例可以弥补法律的不足，通过基于个案的释法活动形成典型的法律适用规则，以细化的方式增强法律适用的标准化和统一性；四是软法能够降低法治和社会发展的成本，[1]人民法院在审理时同类案件或类似案件时可参照行政指导性案例，提高司法效率的同时降低了司法成本，实现法律适用的统一。行政指导性案例的上述特征与软法的特征相吻合，其具有软法的特质和特性。

但是，从法律效力角度看，可以从理论和实践两个层面理解软法的效力。理论上，因与硬法相对应，软法的效力一直在具有非强制性效果的前提下展开研究，非强制性不仅是其标志性特征，而且更是研究软法现象和问题的假定前提。实践上，伴随着对软法实践及其规范化研究的深入，我们清晰地看到"软的规则""硬的效果"，"软法不软"现象和趋势愈加突出。例如，行政机关内部形成的行政惯例和对外公布的裁量基准等，属于内部软法，但却对行政机关的执法行为和行政决定的作出起到了"强制性"效果，这些软法规则被很好地适用并发挥着持续性效果。软法在理论和实践上表现出的法律效力差异，启示我们要正视"软法的实践"与"实践中的软法"。无论从理论到实践还是从实践到理论，哪个层面的软法都涉及软法"硬效果"问题，即主观形成或制定的软法规则在具体适用中的强制性效果不断被强化，由客观实践累积形成和沿用的软法规则本身具有明显的"强制性"效果。

从案例指导制度的发展过程可见，其经历了由最初"指导""参照"的非强制性效力到"应当参照"的"强制性"效力转变。结合上文对软法效力的分析可见，以 2010 年《最高法案例指导规

---

[1] 罗豪才等：《软法与公共治理》，北京大学出版社 2006 年版，第 58 页。

定》出台为分界点，2010 年前行政指导性案例的参照效果，完全符合理论上软法的非强制性特征，实践中也具有非强制性效果。2010 年后对指导性案例的"应当参照""应当报告""背离说明理由"的规定，使得行政指导性案例不再有软法理论上的非强制性特征，而已具有适用上的强制性效果，指导性案例的"软法不软"现象开始形成。因此，从形式上看，行政指导性案例符合软法的一般特征，从实践层面强调法律效果的角度看，行政指导性案例呈现出"软法不软"现象，这也是发展中的软法所具有的鲜明特征。如果说理论上的软法非强制性的效力定位会导致行政指导性案例功能的弱化、实效性的降低，那么实践上软法的"刚性效果"则弥补了这一不足，吻合设立案例指导制度的初衷和目的。因此，将行政指导性案例定位为软法是有利于案例指导制度发展和现实需要的。

3. 司法解释视角下的行政指导性案例

在我国的司法解释主要是最高人民法院和最高人民检察院对法律的解释，如《最高人民法院关于适用〈中华人民共和国行政诉讼法〉的解释》《最高人民法院关于行政诉讼证据若干问题的规定》等。如果将指导性案例定位为个案式的司法解释，则司法解释就不仅是对法律的解释，即立法性抽象司法解释，还应包括个案性或案例性司法解释。我国立法性司法解释的作用不容小觑，在行政法律实践中填补了法律的空白，统一了法律适用标准，解决了审判中出现的新情况、新问题和疑难问题。司法解释属于我国行政法的渊源，近年来随着司法解释数量的增多，其作用的凸显以及人们法治理念的不断增强，对于立法性司法解释的争议大有与日俱增之势。争议的焦点是司法解释从形式到内容与其说是解释，不如说是立法，有司法权侵犯立法权之嫌，而且司法解释过于原则和抽象，未能有效地弥补法律的缺陷，未能从根本上解决问题，这也是司法解释被质疑的主要方面。也就是说，目前我国的司法解释仍以抽象解释为特征，既非发生在法律适用过程中，也非针对具体案件，其仍然是对法律的抽象解释和说明，缺乏个案的事实支撑，在适用中仍面临法律本身所面对的问题。司法解释的目的在于为审判实践提供依据，解决现实的纠纷，其功能的发挥依赖于案例的载体形式，同时也借由案件得以检验和反馈。如果将行政指导性案例作为司法解释，不仅可以还司法解释以本来面目，而且可以克服抽象的立法式司法解释的弊端。审判机关和法官对法律进行解释是法律适用过程中必要的手段，应该说有效的法律解释权是审判权的组成部分，也是法官当然的权力。法官在依法审判案件时，总是要查明法律规定是否缺位，现有的法律规范是否存在漏洞、不确定性、多意甚至矛盾等。在所有的案件中，适用法律都不是单纯的涵摄过程，而是要求法官自行发现标准，并且在此范围内以法律创造者的方式活动。[1]

就行政指导性案例而言，由于行政法领域尚无统一的法典，法律法规数量众多，它不仅是个案基础上对法律的解释，而且可以通过案件审理对行政解释进行权衡和判断，防止行政解释的膨胀而侵犯立法权，将行政指导性案例作为个案性或案例性司法解释可以有效实现司法权控制行政权的目的，这些是立法性司法解释无法做到的。行政指导性案例与法律之间的关系属于一种解释和被解释的关系，而行政指导性案例与立法性司法解释属于一种共存与并行的状态，即二者共同承担解释法律的任务，一个是个案性解释，一个是立法性解释，二者是一种互相弥补和完善的关系。行政法的抽象性、

---

〔1〕 ［德］哈特穆特·毛雷尔：《行政法学总论》，高家伟译，法律出版社2000年版，第67页。

概括性，或者具有模糊性的概念虽然需要立法性司法解释来描述和阐释，但同时也需要个案性的行政指导性案例来细化和明晰。行政指导性案例能够提供有针对性的、可重复使用和鉴别的判决标准，甚至不拘泥于制定法条文的字面含义，既形象具体又易于理解和引述。不仅如此，当遇到社会发展中的新情况、新问题时，可以通过新的指导性案例重新解释法律。所以说，行政指导性案例是立法性抽象司法解释的必要补充和完善。

另外，无论从理论上还是实践上，我们都需要区分行政指导性案例与立法性抽象司法解释的效力层次。作为行政指导性案例和立法性抽象司法解释两种不同类型的司法解释，如果出现解释上的冲突或不一致，立法性司法解释的效力高于行政指导性案例的效力。

如果将行政指导性案例定性为一种司法解释，或者说是一种个案性司法解释，那么是否会与上文我们从法律渊源角度分析，行政指导性案例作为行政法的不成文法源，从而与作为正式法源的司法解释产生冲突？事实上，我们完全可以抛开对法律渊源的传统理解，在不修改现行法律的情况下，对司法解释重新定位，进一步梳理行政指导性案例与司法解释的关系，将《最高人民法院公报》和《最高人民检察院公报》中的行政指导性案例定位为一种司法解释。其理由在于：一是公报具有制度性效应。公报是官方创办的，目的在于指导地方各级人民法院的审判工作。最高人民法院也一再发文强调："我院发布的内部文件凡与公报不一致的，均以公报为主。"由此充分表明公报对司法统一的重要性。而且，公报中的行政指导性案例在适用中不断被各级人民法院参考和借鉴，具有鲜明的示范效应。二是行政指导性案例即使在学理上作为不成文法源，仍然不影响其效力的发挥。在大陆法系国家，判例作为不成文法源，但行政判例的一定拘束力是客观存在的；再比如欧盟成员方以及欧洲经济共同体成员方多数都是奉行成文法的国家，但判例作为成文法的补充一直与其并行。因此，我们可以不囿于正式法源这一约束和限制，借鉴大陆法系国家对待成文法和判例的做法，着重从行政指导性案例作用和功能的角度考虑其与正式法源的关系。三是公报发布的行政指导性案例是法官的释法活动。"大量的司法判例是司法解释的实践源泉，检验司法解释的唯一标准是司法实践。"[1]下面笔者通过 2012 年以来我国"两高"发布的部分行政指导性案例管窥其所发挥的法律解释的功效，见表 1－1、表 1－2。

表 1－1　《最高人民法院公报》发布的行政指导性案例
（截至 2022 年 9 月）

案号	指导案例案件名称	裁判要旨与参照规则
指导案例5 号	鲁潍（福建）盐业进出口有限公司苏州分公司诉江苏省苏州市盐务管理局盐业行政处罚案	明确了地方性法规或规章不能设定特别法未设定的行政许可，地方规章也不得对其进行行政处罚；地方政府规章违反法律规定设定行政许可、行政处罚的，人民法院不予适用
指导案例6 号	黄泽富、何伯琼、何熠诉四川省成都市金堂工商行政管理局行政处罚案	行政机关作出没收数额较大涉案财产的行政处罚决定时，未告知当事人有要求举行听证的权利或未依法举行听证的，人民法院认定该处罚行为违反法定程序

---

〔1〕　梁凤云：《行政诉讼法司法解释讲义》，人民法院出版社 2018 年版，自序第 3 页。

续表

案号	指导案例案件名称	裁判要旨与参照规则
指导案例 21 号	内蒙古秋实房地产开发有限责任公司诉呼和浩特市人民防空办公室人防行政征收案	对不履行法定义务行为的认定
指导案例 22 号	魏永高、陈守志诉来安县人民政府收回土地使用权批复案	行政管理部门直接将作出的批复付诸实施并对行政相对人的权利义务产生实际影响的，该批复属于行政诉讼的受案范围
指导案例 26 号	李健雄诉广东省交通运输厅政府信息公开案	行政信息公开中网络申请逾期答复视为违法的认定
指导案例 38 号	田永诉北京科技大学拒绝颁发毕业证、学位证案	高校颁发毕业证、学位证的行为属于行政诉讼的受案范围；高校的校规校纪不得违背国家法律法规、规章；高校处分决定应遵循法定程序要求
指导案例 39 号	何小强诉华中科技大学拒绝授予学位案	对高校不授予学位的决定不服起诉的，属于行政诉讼的受案范围；高校有权在学术自治权限内作出学术水平标准及是否授予学位的认定
指导案例 40 号	孙立兴诉天津新技术产业园区劳动人事局工伤认定案	明确了工伤认定标准和范围

续表

案号	指导案例案件名称	裁判要旨与参照规则
指导案例41号	宣懿成等诉浙江省衢州市国土资源局收回国有土地使用权案	被告举证责任的认定
指导案例59号	戴世华诉济南市公安消防支队消防验收纠纷案	建设工程消防验收备案结果通知含有消防竣工验收是否合格的评定,具有行政确认的性质,属于行政诉讼的受案范围;扩大了行政确认行为的范围
指导案例60号	盐城市奥康食品有限公司东台分公司诉盐城市东台工商行政管理局工商行政处罚案	行政处罚行为的认定;对食品安全法中相关概念内涵的确认
指导案例69号	王明德诉乐山市人力资源和社会保障局工伤认定案	因程序性行政行为起诉的,法院受理
指导案例76号	萍乡市亚鹏房地产开发有限公司诉萍乡市国土资源局不履行行政协议案	行政机关在职权范围内对行政协议条款的解释,可以作为审查行政协议的依据
指导案例77号	罗镕荣诉吉安市物价局物价行政处理案	行政机关对与举报人有利害关系的举报仅作出告知性答复,未按法律规定对举报进行处理的行为具有可诉性;举报人具备行政诉讼原告资格

续表

案号	指导案例案件名称	裁判要旨与参照规则
指导案例 88 号	张道文、陶仁等诉四川省简阳市人民政府侵犯客运人力三轮车经营权案	行政机关应告知行政相对人作出行政许可的期限；行政相对人仅以行政机关未告知期限为由，主张行政许可没有期限限制的，人民法院不予支持；行政机关未告知许可期限，事后以期限届满为由终止行政许可权益的，属于行政程序违法，人民法院应依法撤销。但如果判决撤销将会给社会公共利益和行政管理秩序带来明显不利影响的，人民法院应当判决确认被诉行政行为违法
指导案例 89 号	"北雁云依"诉济南市公安局历下区分局燕山派出所公安行政登记案	明确公民选取或创设姓氏应当符合中华传统文化和伦理观念；仅凭个人喜好和愿望在父母姓氏之外选取或创设新的姓氏，违反公序良俗
指导案例 90 号	贝汇丰诉海宁市公安局交通警察大队道路交通管理行政处罚案	明确了机动车驾驶人经人行横道应礼让行人，弥补了道路交通安全法关于行政处罚的原则性规定
指导案例 91 号	沙明保等诉马鞍山市花山区人民政府房屋强制拆除行政赔偿案	确立了出现证据僵局情况下人民法院的酌情处理权力

案号	指导案例案件名称	裁判要旨与参照规则
指导案例94号	重庆市涪陵志大物业管理有限公司诉重庆市涪陵区人力资源和社会保障局劳动和社会保障行政确认案	明确了职工见义勇为行为属于工伤
指导案例101号	罗元昌诉重庆市彭水苗族自治县地方海事处政府信息公开案	行政信息公开案件中被告未尽到检索义务主张信息不存在，法院不予支持
指导案例113号	迈克尔·杰弗里·乔丹与国家工商行政管理总局商标评审委员会、乔丹体育股份有限公司"乔丹"商标争议行政纠纷案	姓名权可以构成商标法规定的在先权利，外国人中文译名符合条件的，予以保护；外国自然人就特定姓名主张权利保护需符合三项条件；自然人未主动使用特定名称仍受在先权利保护
指导案例114号	克里斯蒂昂迪奥尔香料公司诉国家工商行政管理总局商标评审委员会申请驳回复审行政纠纷案	商标国际注册需世界知识产权组织国际局向中国商标局转送商标信息，否则申请延伸保护的，人民法院予以支持
指导案例116号	丹东益阳投资有限公司申请辽宁省丹东市中级人民法院错误执行赔偿案	人民法院执行行为却又错误造成申请执行人损害，因被执行人无清偿能力且不可能再有清偿能力而终结本次执行的，不影响申请执行人依法申请国家赔偿

续表

案号	指导案例案件名称	裁判要旨与参照规则
指导案例 136 号	吉林省白山市人民检察院诉白山市江源区卫生和计划生育局、白山市江源区中医院环境行政公益诉讼案	人民法院在审理人民检察院提起的环境行政公益诉讼案件时，对人民检察院就同一污染环境行为提起的环境民事公益诉讼，可以参照行政诉讼法及其司法解释规定，采取分别立案、一并审理、分别判决的方式处理
指导案例 137 号	云南省剑川县人民检察院诉剑川县森林公安局怠于履行法定职责环境行政公益诉讼案	明确环境公益诉讼中，人民法院审查行政机关是否履行法定职责的标准
指导案例 138 号	陈德龙诉成都市成华区环境保护局环境处罚案	对行政相对人通过私设暗管等逃避监管方式排放水污染物予以行政处罚；污染者以排放物达标、未对环境造成污染为由主张不予处罚的，人民法院不予支持
指导案例 139 号	上海鑫昌山建材开发有限公司诉上海市金山区环境保护局行政处罚案	环境保护主管部门对行政相对人影响环境行为适用处罚较重的法律规定，人民法院予以支持
指导案例 162 号	重庆江小白酒业有限公司诉国家知识产权局、第三人重庆市江津酒厂（集团）有限公司商标权无效宣告行政纠纷案	当事人双方存在经销关系，但诉争商标等均由代理人一方提出且定制产品，销售合同明确约定被代理人承担代理人授权不得使用定制产品的产品概念、广告用语等，不被代理人没有先使用行为的情况下，不能认定诉争商标为"被代理人的商标"

续表

案号	指导案例案件名称	裁判要旨与参照规则
指导案例177号	海南临高盈海船务有限公司诉三沙市渔政支队行政处罚案	我国为《濒危野生动植物国际贸易公约》缔约国，列入该公约附录一、附录二中的珊瑚、砗磲的所有种，无论活体、死体，还是相关制品，均应依法保护。行为人非法运输的，行政机关作出行政处罚的，人民法院予以支持
指导案例178号	北海市乃志海洋科技有限公司诉北海市海洋与渔业局行政处罚案	行为人未依法取得海域使用权，在海岸线向海一侧以平整场地及围堰护岸等方式，实施筑堤围割海域，将海域填成土地并形成有效岸线，改变海域自然属性的用海活动可以认定为构成非法围海、填海；同一海域内行为人在无共同违法意思联络的情形下，各自以独立行为进行围海、填海，并造成不同损害后果的，不属于共同违法情形

表1-2　《最高人民检察院公报》发布的行政指导性案例（截至2022年9月）

案号	指导案例案件名称	裁判要旨
检例第29号	吉林省白山市人民检察院诉白山市江源区卫生和计划生育局及江源区中医院行政附带民事公益诉讼案	确立了检察机关提起行政附带民事公益诉讼制度

续表

案号	指导案例案件名称	裁判要旨
检例第30号	湖北省十堰市郧阳区人民检察院诉郧阳区林业局行政公益诉讼案	准确把握了公益林地的公益属性
检例第31号	福建省清流县人民检察院诉清流县环保局行政公益诉讼案	检察机关在行政机关依据检察建议纠正违法行为后，可以变更诉讼请求
检例第32号	贵州省锦屏县人民检察院诉锦屏县环保局行政公益诉讼案	判断行政机关是否履行法定职责到位的认定
检例第49号	陕西省宝鸡市环境保护局凤翔分局不全面履职案	明确了行政机关不依法全面履职的具体涵义和判断标准
检例第50号	湖南省长沙县城乡规划建设局等不依法履职案	明确了检察机关依法提出检察建议后，还要积极有效地开展工作，督促违法行为得到纠正
检例第57号	某实业公司诉某市住房和城乡建设局征收补偿认定纠纷抗诉案	人民检察院依职权启动监督程序，不以当事人向人民法院申请再审为前提；认为行政判决、裁定可能存在错误，通过书面审查难以认定的，应当进行调查核实
检例第58号	浙江省某市国土资源局申请强制执行杜某非法占地处罚决定监督案	人民检察院发现人民法院对行政非诉执行申请裁定遗漏请求事项的，应当依法监督；对于行政非诉执行中的普遍性问题，可以以个案为切入点开展专项监督活动

案号	指导案例案件名称	裁判要旨
检例第 59 号	湖北省某县水利局申请强制执行某河道违法建设处罚决定监督案	办理行政非诉执行监督案件，对具有直接强制执行权的行政机关向人民法院申请强制执行，人民法院不应当受理而受理的，应当依法进行监督；人民检察院在履行行政非诉执行监督职责中，发现行政机关的行政行为存在违法或不当履职情形的，可以向行政机关提出检察建议
检例第 63 号	湖北省天门市人民检察院诉拖市镇政府不依法履行职责行政公益诉讼案	政府在履行农村环境综合整治职责中违法行使职权或者不作为，损害社会公共利益的，检察机关可以发出检察建议督促其依法履职。对于行政机关作出的整改回复，检察机关应当跟进调查；对于无正当理由未整改到位的，可以依法提起行政公益诉讼
检例第 88 号	北京市海淀区人民检察院督促落实未成年人禁烟保护案	未成年人合法权益受到侵犯涉及公共利益的，人民检察院应当提起公益诉讼予以司法保护。校园周边存在向未成年人出售烟草制品等违法行为时，检察机关可以采取提出检察建议的方式，督促相关行政部门依法履职，加强校园周边环境整治，推进未成年人权益保护
检例第 89 号	黑龙江省检察机关督促治理二次供水安全公益诉讼案	检察机关办理涉及重大民生问题的公益诉讼案件，如果其他地方存在类似问题，应当在依法办理的同时，向上级人民检察院报告。对于较大区域内存在公共利益受损情形且涉及多个行政部门监管职责的问题，可以由上级人民检察院向人民政府提出检察建议，促使其统筹各部门协同整改

案号	指导案例案件名称	裁判要旨
检例第 112 号	江苏省睢宁县人民检察院督促处置危险废物行政公益诉讼案	人民检察院办理行政诉讼监督案件，应当综合运用调查核实、公开听证、专家论证、检察建议、司法救助等多种方式，促进行政争议实质性化解。人民检察院办理婚姻登记行政诉讼监督案件，对确属冒名婚姻登记的应当建议民政部门依法撤销，发现有关个人涉嫌犯罪的，应当依法监督有关部门立案侦查
检例第 113 号	河南省人民检察院郑州铁路运输分院督促整治违建塘坝危害高铁运营安全行政公益诉讼案	对于高铁运营安全存在的重大安全隐患，行政机关未依法履职的，检察机关可以开展行政公益诉讼。对于跨行政区划的公益诉讼案件，可以指定铁路运输检察机关管辖。涉及多级、多地人民政府及其职能部门职责的，对具有统筹协调职责的上级人民政府发出检察建议
检例第 115 号	贵州省榕江县人民检察院督促保护传统村落行政公益诉讼案	纳入《中国传统村落名录》的传统村落属于环境保护法所规定的"环境"范围。地方政府及其相关职能部门对传统村落保护未依法履行监管、保护职责的，检察机关应发挥行政公益诉讼职能督促其依法履职。对具有一定普遍性的问题，可以结合办案促进相关政策转化和地方立法完善

续表

案号	指导案例案件名称	裁判要旨
检例第 116 号	某材料公司诉重庆市某区安监局、市安监局行政处罚及行政复议检察监督案	人民检察院办理行政诉讼监督案件，应当在履行法律监督职责中开展行政争议实质性化解工作，促进案结事了。人民检察院化解行政争议应当注重释法说理，有效回应当事人诉求，解心结、释法结
检例第 117 号	陈某诉江苏省某市某区人民政府强制拆迁及行政赔偿检察监督案	人民检察院办理未经人民法院实体审理的行政赔偿监督案件，依据行政委托关系确定行政机关为赔偿责任主体的，可以促使双方当事人在法定补偿和赔偿标准幅度内达成和解。对于疑难复杂行政争议，应当充分发挥检察一体化优势，凝聚化解行政争议合力
检例第 118 号	魏某等 19 人诉山西省某市发展和改革局不履行法定职责检察监督案	检察机关提出抗诉的行政案件，为保障申请人及时实现合法诉求，维护未提起行政诉讼的同等情况的其他主体合法权益，可以继续跟进推动行政争议化解，通过公开听证等方式，促成解决同类问题。对行政机关以法律、法规和规范性文件规定不明确为由履职不到位导致的行政争议，应当协调有关部门予以明确，推动行政争议解决，促进系统治理

续表

案号	指导案例案件名称	裁判要旨
检例第120号	王某凤等45人诉北京市某区某镇政府强制拆除和行政赔偿检察监督系列案	人民检察院办理行政诉讼监督案件，应当把实质性化解行政争议作为"监督权力"和"保障权利"的结合点和着力点。对与行政争议直接相关的民事纠纷应一并审查，促进各方达成和解，通过解决民事纠纷促进行政争议的一并化解，及时有效保护各方当事人的合法权益
检例第121号	姚某诉福建省某县民政局撤销婚姻登记检察监督案	人民检察院对于人民法院以超过起诉期限为由不予立案或者驳回起诉，当事人通过诉讼途径未能实现正当诉求的行政案件，应当发挥法律监督职能，通过促进行政机关依法履职，维护当事人合法权益。人民检察院办理行政诉讼监督案件，应当综合运用调查核实、公开听证、专家论证、检察建议、司法救助等多种方式，促进行政争议实质性化解。人民检察院办理婚姻登记行政诉讼监督案件，对确属冒名婚姻登记的应当建议民政部门依法撤销，发现有关个人涉嫌犯罪的，应当依法监督有关部门立案侦查
检例第141号	浙江省杭州市余杭区人民检察院对北京某公司侵犯儿童个人信息权益提起民事公益诉讼　北京市人民检察院督促保护儿童个人信息权益行政公益诉讼案	网络运营者未依法履行网络保护义务，相关行政机关监管不到位，侵犯儿童个人信息权益的，检察机关可以依法综合开展民事公益诉讼和行政公益诉讼。网络保护公益诉讼案件，在多个检察机关均具有管辖权时，民事公益诉讼应当层报共同的上级检察机关指定管辖，行政公益诉讼一般由互联网企业注册地检察机关管辖

案号	指导案例案件名称	裁判要旨
检例第 143 号	福建省福清市人民检察院督促消除幼儿园安全隐患行政公益诉讼案	教育服务场所存在安全隐患,但行政监管不到位,侵犯未成年人合法权益的,检察机关可以开展行政公益诉讼,督促行政机关依法充分履职。检察机关在办理未成年人保护公益诉讼案件中,可以综合运用不同类型检察建议,推动未成年人权益保护的源头治理和综合治理。检察机关在督促行政机关依法全面履职过程中,应当推动行政机关选择最有利于保护未成年人合法权益的履职方式
检例第 144 号	贵州省沿河土家族自治县人民检察院督促履行食品安全监管职责行政公益诉讼案	检察机关在履职中可以通过多种渠道发现未成年人保护公益诉讼案件线索。消除校园周边食品安全隐患,规范校园周边秩序,是未成年人保护公益诉讼检察的重点领域。对于易发、多发、易反弹的未成年人保护顽疾问题,检察机关应当在诉前检察建议发出后持续跟进监督,对于行政机关未能依法全面、充分履职的,应依法提起诉讼,将公益保护落到实处
检例第 145 号	江苏省溧阳市人民检察院督促整治网吧违规接纳未成年人行政公益诉讼案	不适宜未成年人活动场所违规接纳未成年人进入,损害未成年人身心健康,易滋生违法犯罪,侵犯社会公共利益。检察机关应当依法履行公益诉讼职责,推动行政机关落实监管措施。充分发挥未成年人检察工作社会支持体系作用,促进社会综合治理,形成未成年人保护合力

续表

案号	指导案例案件名称	裁判要旨
检例第 146 号	卢某诉福建省某市公安局交警支队道路交通行政处罚检察监督案	对于醉酒驾驶机动车被司法机关依法追究刑事责任的，应当由公安机关交通管理部门依法吊销行为人持有的所有准驾车型的机动车驾驶证。人民检察院办理行政诉讼监督案件，对行政执法与司法裁判存在适用法律不一致的共性问题，可以采取个案监督和类案监督相结合的方式，在监督纠正个案的同时，推动有关机关统一执法司法标准，保障法律正确统一实施
检例第 147 号	湖南省某市人民检察院对市人民法院行政诉讼执行活动检察监督案	人民检察院对人民法院行政诉讼执行活动实行法律监督，应当对执行立案、采取执行措施、执行结案全过程进行监督，促进行政裁判确定的内容得以依法及时实现。发现人民法院行政诉讼执行活动存在同类违法问题的，可以就纠正同类问题向人民法院提出检察建议，并持续跟踪督促落实，促进依法执行。人民法院跨行政区域集中管辖的行政案件，原则上由受理案件法院所在地同级对应的人民检察院管辖并履行相应的法律监督职责
检例第 148 号	安徽省某县自然资源和规划局申请执行强制拆除违法占用土地上的建筑物行政处罚决定检察监督案	人民检察院在行政非诉执行监督中，对不具有行政强制执行权的行政机关依法申请人民法院强制执行，人民法院不予受理的，应当依法进行监督。发现人民法院在多个行政非诉执行案件中存在同类法律适用错误的，可以通过对其中有代表性的典型案件进行监督，解决一类案件法律适用问题，促进建立长效机制，确保法律监督效果

续表

案号	指导案例案件名称	裁判要旨
检例第 149 号	糜某诉浙江省某市住房和城乡建设局、某市人民政府信息公开及行政复议检察监督案	人民检察院办理因对送达日期存在争议引发的行政诉讼监督案件，发现法律文书送达不规范、影响当事人依法主张权利等普遍性问题，在监督纠正个案的同时，督促人民法院规范送达程序，促使邮政机构加强管理，确保有效送达
检例第 162 号	吉林省检察机关督促履行环境保护监管职责行政公益诉讼案	《中华人民共和国行政诉讼法》第二十五条第四款中的"监督管理职责"，不仅包括行政机关对违法行为的行政处罚职责，也包括行政机关为避免公益损害持续或扩大，依据法律、法规、规章等规定，运用公共权力、使用公共资金等对受损公益进行恢复等综合性治理职责。上级检察机关对于确有错误的生效公益诉讼裁判，应当依法提出抗诉
检例第 163 号	山西省检察机关督促整治浑源矿企非法开采行政公益诉讼案	检察机关办理重大公益损害案件，要积极争取党委领导和政府支持。在多层级、多个行政机关都负有监管职责的情况下，要统筹发挥一体化办案机制的作用，根据同级监督原则，由不同层级检察机关督促相应行政机关依法履行职责。办案过程中，可以综合运用诉前检察建议和社会治理检察建议等相应监督办案方式，推动形成检察监督与行政层级监督合力，促进问题解决

续表

案号	指导案例案件名称	裁判要旨
检例第 166 号	最高人民检察院督促整治万峰湖流域生态环境受损公益诉讼案	对于跨两个以上省或者市、县级行政区划的生态环境公益损害，共同的上级人民检察院可以直接立案。对于因跨行政区划导致制度供给不足等根源性问题，检察机关可以通过建立健全跨区划协同履职机制，在保护受损公益的同时，推动有关行政机关和相关地方政府统一监管执法，协同强化经济社会管理，促进诉源治理

由表 1 - 1 我们可以看到，《最高人民法院公报》中的行政指导性案例针对社会广泛关注的案件、法律规定的原则性条款、具有典型性的案例、疑难复杂或者新类型案件，通过解释、明确、细化相关的原则规定和对疑难、新型案件的解释确认，起到了弥补法律条文原则、模糊及疏漏的作用。表 1 - 2 也反映出，最高人民检察院的行政检察指导性案例共 31 件，这些指导性案例在指导检察机关依法行使法律监督权方面发挥了重要作用，尤其是检例第 29 号、第 30 号、第 31 号、第 32 号、第 63 号、第 89 号、第 112 号、第 113 号、第 115 号、第 141 号、第 143 号、第 144 号、第 145 号、第 162 号、第 163 号、第 166 号共 16 个关于行政公益诉讼的指导性案例，占所列最高人民检察院行政指导性案例的 51.6%，超过 50%。

公益诉讼作为一种新型诉讼在我国起步较晚，行政检察指导性案例对于在理论上不尽成熟、立法上不尽完善、实践中尚在摸索的公益诉讼制度而言，无疑起到了巨大的指导和参考意义。检例第 29 号案例为检察机关提起行政附带民事公益诉讼的适用范围和诉讼程序提供了参考；检例第 30 号案例，为界定何为公益和判断负有监督管理职责的行政机关是否依法履职提供了参考；检例第 31 号案例，为检察机关依法履行诉前程序、适时变更诉讼请求提供了指导；检例第 32 号和第 49 号案例，在行政机关是否履行法定职责的认定上进行了确认，为类案处理提供了参照。不履行法定职责是检察机关针对行政机关发出检察建议或者提起行政公益诉讼的前提，当前行政公益诉讼并未对"何为不履行法定职责"作出具体规定，实践中对其的理解和认定尚缺乏统一认识，非常有必要明确认定标准，统一法律适用尺度。针对行政公益诉讼制度适用中遇到的问题，检察机关通过个案追踪，对行政机关不履行法定职责的认定，不断拓展行政公益诉讼的受案范围，丰富行政公益诉讼制度理论。如检例第 63 号、第 88 号、第 113 号、第 115 号、第 141 号、第 143 号、第 144 号和第 145 号中：政府在履行农村环境综合整治业务中的不作为；校园周边商店向未成年人出售烟草制品等违法行为的监管；对于高铁运营安全存在的重大安全隐患，行政机关未依法履职的；地方政府及其相关职能部门对传统村落保护未依法履行监管和保护职责的；网络运营者未依法履行网络保护义务，相关行政机关监管不到位的；教育服务场所存在安全隐患，行政监管不到位，侵犯未成年人合法权益的；网吧违规接纳未成年人，监管职责不到位的。检察机关通过确认行政机关不履行法定职责或督促监管责任，认定其在相关领域负有法定职责，扩大行政公益诉讼的受案范围。

任何法律制度因时代背景而萌生，又因社会的需要而变革。司法解释有其产生和定位的时代背景，当然，在法治变革的今天，需要成为观念创新的推动力。正如谢晖先生所言，是否引入判例法，关键在于我国法治建设对其有无要求，以及它对我国的制度创新有无实际作用，而不在于某种意识形态的教条，也不在于某种操作技巧的不具备。[1]行政指导性案例是由法官根据具体情况、对象和场合对有关法律规范所作的具有个案约束力的释法活动,具备个案性司法解释的应有特征及功用,因此依据其基本功能和作用,我国的行政指导性案例应定性或定位于一种司法解释,即在行政法律法规的适用过程中,司法机关对其含义及所使用的概念、术语等所作的理解、说明和阐释。

四、行政指导性案例的价值分析

(一) 方法论意义上的行政指导性案例

案例指导制度作为具有中国特色的司法制度,结合前文的对比分析,其虽然与判例制度有所谓不同,但两者亦有诸多相似之处,有着相同的生成原理和逻辑结构,有着相同的法律适用形式。在此,以国外的判例制度作为剖析问题的切入点,通过对方法论意义上行政判例制度的阐释,来分析我国的案例指导制度的内在逻辑及运作机理。

1. 涵摄与衡量方法的统一

涵摄与衡量是法学方法论上的普遍概念,是两种可供选择的法律适用形式。根据传统观点的理解,方法根源于 19 世纪的实证主义,法律适用仅限于将案件涵摄于制定法规范之下。涵摄是最简单和最可靠的三段论,在三段论法中,取得小前提的步骤,称为"涵摄",其核心部分为一种逻辑的推演。逻辑学将涵摄推论理解为:"将外延较窄的概念划归外延较宽的概念之下,易言之,将前者涵摄

---

〔1〕 谢晖:《经验哲学之兴起与中国判例法的命运》,载《判例与研究》2000年第 4 期。

于后者之下的一种推演。"[1]就法律适用而言，法律规范是一种包含条件的命令，一旦具体事实符合法律规范的事实要件，就应当产生事先规定的法律后果。因此，确定生活事实与法律规范之间的关系的思维过程称为涵摄。[2]通过将事实涵摄于法律规范，就是检验事实是否满足法律规范的事实构成并产生规范所设定的法律后果。法律规范的适用通常包括四个层次：一是调查和认定案件事实；二是解释和确定法定事实要件的内容；三是涵摄，案件事实是否符合法定事实要件；四是确定法律后果，即如何处理。概念法学将法律解释限定为一般规则适用于特定事实的法律后果的逻辑推演，这被庞德称为"永恒的法律概念，通过绝对的逻辑演绎过程而达到的对于每个案件的精确规则"。[3]然而，不同于逻辑上的涵摄，作为法律适用基础的涵摄推论，并不是将一个概念涵摄于另一个概念之下，而是将关于案件事实的陈述，涵摄于法条的构成要件之下。因此，法律上的涵摄，其实质是规范构成要件所指陈的要素，其在陈述所指涉的生活事件中完全重现。作为推论的结果，法律上的涵摄结论与逻辑上的涵摄结论相比，可能多一个"具体化"的步骤，即将大前提中的一般性、抽象性的法效果具体化为该案件事实的具体法效果。相应于事物，人们从具体的事物中抽象出其中的构成要素以定义的方式规定某个词之所指，从而事物与词之间呈现对应关系。一旦具有其构成要件的事物出现，即将该事物涵摄于相应的概念之下。乍看起来，似乎问题都解决了，实则在事物的主要构成要素与概念相

---

〔1〕 ［德］卡尔·拉伦茨：《法学方法论》，陈爱娥译，商务印书馆2004年版，第152页。

〔2〕 ［德］魏德士：《法理学》，丁晓春、吴越译，法律出版社2005年版，第295页。

〔3〕 孔祥俊：《法律解释方法与判例研究》，人民法院出版社2004年版，第442页。

符而某些要素却不相符之际，由概念涵摄产生的清晰界限变得模糊起来。人们的判断过程很少是"大前提—小前提—结论"。人们的判断通常不是从前提开始而后到结论，而是先形成一个模糊的结论，然后从这个结论出发，试图找到证实该结论的前提。凡希望以"客观事实"即案件的真实情况为判决依据的就是"法律神化"，是不可能实现的。在法律现实中，判决只能以"主观事实"即法官认定的事实为根据。法律并不是"本本上的法律"而是"行动中的法律"，法律不是固定的规则，而是法官的行为，即法律就是法官的判决。因此，我们可以认为，法学方法论所使用的"涵摄"，只是借用了逻辑学上的"涵摄"概念，但并不等同于逻辑学的"涵摄"。我们不能期待仅借涵摄的方法，即可获得精确的法效果。就涵摄而言，如何在法条的构成要件与案件事实这样一个双重可变关系中寻求契合，本身就已经存在着一系列的困难，何况当法条系建立在"类型"而非"概念"的基础上时，或者法条本身存在漏洞须先行填补时，涵摄并不能完全解决问题。埃塞尔认为，"即使法律原则已经被发现，其后它在司法裁判中的发展亦非单纯的'适用'可比，毋宁是一种持续不断的'塑造形象'的过程。为使法律原则在实务上确有实效，必须借助司法或立法行为将之清楚表达出来，使之成为具有拘束力的'指示'，因其欠缺——作为法条特征的——应适用案件的可确定性。单纯由被发现的原则不能就推论出个别的裁判，然而，它可以作为法官形成具体规范的出发点或凭据。'下述按语才形成真正的事实，规范并非借解释由在原则中发现的，毋宁是借裁判的统合过程创造出来的。'"[1]

---

〔1〕〔德〕卡尔·拉伦茨：《法学方法论》，陈爱娥译，商务印书馆2004年版，第19-20页。

通过对涵摄的分析，我们可以看出，涵摄适用的前提是必须存在可适用的法律规范，否则无法通过三段论得出结论。法律规范不可能无处不在，也不可能包罗万象，其适用时绝非机械式地对号入座，因此无法避免利益衡量。况且，涵摄在适用中常常存在困难，即"被调整的生活事实（事实状态）或者（和）普遍价值观在法律颁布到法律适用这之间发生了改变，这些领域中的深刻变化导致了这样的问题：立法者是否也希望根据同样的规范调整已经改变的事实状态？面对价值的变化，立法者是否也会在现今（在适用之时）规定同样的规范？"[1]考夫曼指出，当代绝大多数享有盛誉的方法论学者早就不再说，涵摄是唯一的和全部，自从方法论在涵摄之外纳入许多其他标准[2]之后，也无法再坚持将涵摄视为法律获得之核心行为的观点。[3]诸如正义、实用性等要素并不能被放置在纯粹的涵摄中。恩吉施明确地指出涵摄模式的界限："演绎在法律领域中并不具有它在公理方向指向下的数学领域中确保的公信力。"拉伦茨也认为，将所有出现的案件涵摄在体系概念之下，并进而将其涵摄在制定法某一规则之下，这不过是不可能实现的理想（状况）。[4]因此，考夫曼在批判涵摄方法的同时，回答了"法律适用"（案件由制定法调整）和"法官的法律发现"（制定法有漏洞，或者说缺少一项完整的法律制度，法官必须有创造性行为）仅存在程度上的差异问题，

---

〔1〕 ［德］魏德士：《法理学》，丁晓春、吴越译，法律出版社 2005 年版，第299 页。

〔2〕 其他标准包括诠释学上的先见、诠释学上的循环、类型、秩序概念、开放结构、案例比较、案件规范，以及原则上无数量限制的解释准则。除了传统的语法要素、逻辑要素、历史要素和体系要素外，还有结果评价、正义、衡平、法安定性、实用性和法统一性等因素。

〔3〕 ［德］考夫曼：《涵摄模式之批判》，周升乾译，载《研究生法学》2009 年第 2 期。

〔4〕 同上。

亦即它们没有本质上的不同，只是制定法延伸程度的不同，因为每个法条都是"有漏洞的"，它并没有绝对严格地规范生活事实，即留下了延伸的空间。同时，考夫曼指出，一方面法律适用不是单纯的涵摄；另一方面，法律发现中也有涵摄，也就是在"法官规范"之下。[1]

在学者对涵摄这一方法进行反思时，衡量的概念已经成为许多文献探讨的对象。阿列克西作为法律论证理论的先驱，他将衡量定性为法律适用的方法，以及可以甚至必须将衡量视为涵摄过程的补充。他的描述是，涵摄是指具规则特征的法律适用形式；而衡量是指具原则特征的法律适用形式。阿列克西提出基本权规范论，其出发点在于规则与原则的区分，他认为规则是一种"确定的命令"，而原则却是一种"最适当化命令"，规则因为具有确定的性格，因此其适用形式是"涵摄"，至于原则具有相对的性格，所以其适用形式是"比较衡量"。其后，经过对前期理论的修正，阿列克西提出规则—原则—程序模型。在司法适用中，我们可以把规则理解为制定法规范，原则（法律原则或制定法有漏洞时的规则解释）理解为成文法存在漏洞时的补充，程序则是指审判程序。此时，通过审判程序对个案的审理，在规则明确时，通过涵摄的方法裁判；或者通过法官法律续造中发现原则的衡量方法裁判。我国的指导性案例作为法官的个案性司法解释，其本身即是原则的适用和创造，是衡量方法的法律适用形式。事实上，阿列克西认为，令人满意的法律适用模型并不只是运用单纯的规则模型，不是只运用单纯的原则模型，而是规则与原则的结合。也就是说，法律适用中应是涵摄与衡量方法的

---

〔1〕〔德〕考夫曼：《涵摄模式之批判》，周升乾译，载《研究生法学》2009年第2期。

相互作用。判例作为法官的创造性立法，在缺少制定法规范加以指引时，运用判例确定的规则或原则作出裁判，必将减少因每一次涵摄不确定带来的成本投入与效率低下。因此，埃塞尔指出，"规范并非借解释由原则中发现的，毋宁是借裁判的统合过程被创造出来的。只有判例法才能告诉我们，什么是真正的法……每次解释都是一种成文法律及未成文法的结合，借此才能创造出真正实证的规范：'在作用中的法'。"[1]

在行政法领域，法律规范的非统一性、分散性与强变动性特征致使法律的不确定性因素尤为突出，这为行政机关和司法机关的法律适用留下了极大的裁量余地，事实与法律规范要件难以仅通过涵摄得出预期的法律后果。法律中所运用的文字，除有关数量、事件或地点的概念具有明确的内容外，其他的法律概念皆具有多重的含义以及一定程度上的不明确。一个法律概念的"确定"或"不确定"只有程度上的差异并无质的不同。学理上的"不确定法律概念"是指内容特别空泛或不明确的法律概念。各个法律都具有不确定法律概念，但以行政法中采用得最为普遍，不确定法律概念甚至较确定法律概念为数更多。法定事实要件的内容确定性各不相同，有些如"出生""结婚""停止营业"及时间、地点之类法律概念的事实要件非常明确。有些概念的事实要件则不确定，根据其不确定性可以分为经验性概念或描述性概念及规范性概念或有待价值认定之概念。经验性概念系以具有可供一般人经验或感官加以判断之客体（状态）为对象；而规范性概念，则缺乏此种客体或状态，或须经由科技专门知识始能加以确定。[2]因此，经验概念或描述概念，其涉

---

〔1〕 ［德］卡尔·拉伦茨：《法学方法论》，陈爱娥译，商务印书馆2004年版，第19-20页。

〔2〕 吴庚：《行政法之理论与实用》，中国人民大学出版社2005年版，第76页。

及的是可以掌握的、知觉或经验上的状况或事件，如"蒙蒙亮时""封闭的地方""夜间"，法律适用者在具体案件中根据单纯的知觉是可以确定的，能够理解经验概念，有时也可以根据特定的经验作推论；规范概念或"有待价值认定之概念"，包括如"公共利益""重要根据""可靠性""能力""必要时""特殊困难""对自然风景不利""善良风俗""淫秽物品""重大事项"等。这些概念中，尤其需要进行说明的是规范概念，它们不仅缺乏与真实事物的关联性，而且其客体是法律事实要件，对它们的抽象解释及其在具体案件中的适用存在很大的困难，对一个不确定性概念的正确性的判断总是存在疑义，法律适用者必须在个案中依据价值判断才能把握其真实的含义。

著名方法论学者菲利普·黑克（Philipp Heck）认为，规范概念除有坚实的概念核心外，还有广泛模糊的功能外围，越接近其边缘，判断是否属于该概念的可靠性越弱。毛雷尔认为，"不确定性法律概念首先是一个主观认识问题，个案适用时离不开权衡，有时甚至需要预测未来。只有在谨慎、全面考虑、评估和权衡各种观点的情况下，才可能做到这一点"。[1]特别是在现代多元社会，由于人们欠缺共同的价值观念，更增加了某些不确定法律概念的不明确性。此外，由于规范性法律不确定概念必须经过适用才能具体化，从而其解释与适用间的界限实际上很难划清，这就不可避免地导致在边界地带发生涵摄的争议。在行政法中运用不确定法律概念不仅有行政机关如何解释与适用的问题，更会产生法院对行政机关的解释与适用能否以及在何种程度上予以审查的问题，后者关系到行政与司法之间

---

〔1〕〔德〕毛雷尔：《行政法学总论》，高家伟译，法律出版社 2002 年版，第 133 – 134 页。

的职能分配以及法院的审查强度问题，这也是行政法比其他法律领域更重视不确定法律概念的原因所在。即使面临这样的困难，行政机关在具体案件中也必须作出明确的决定，法院也必然要对行政机关行政行为的合法性与适当性进行审查，作出判决。

司法是法律适用，其中包含事实审查、法律规则的解释和必要时的补充、具体案件的涵摄等过程。立法机关适用一般条款或者内容概括的事实要件，尤其如此。"行政裁量"和"不确定的法律概念"向来是行政法领域有争议的一对范畴，特别是行政法律规范存在双重规定的情况下，有争议的不仅是这两个法律概念的界定，而且主要是它们之间的区别。双重规定或混合要件是指既在事实要件方面包含不确定的法律概念，又在法律后果方面规定裁量授权的法律规范。[1]不确定性法律概念和行政裁量规范，赋予行政机关判断余地，当然不可避免地为行政法官司法审查中自由裁量权的行使留有判断余地。由于实在法"完美性"的欠缺，实践中可操作性较差，裁量理论在学理上得到越来越多的肯定，普遍认为裁量权的行使应当以法律目的为根据，在具体案件中要考虑全部法律规定和案件具体情况。尽管学者对"行政裁量"和"不确定法律概念"的区别说法各异，对不确定性法律概念的司法审查强度观点不一，但是，对其予以司法审查的正当性已形成共识，而且伴随司法定向法律理论的新发展，法院及行政法官的裁量空间和判断余地不断扩大。近年德国通过一系列判例对行政审判和行政的权限进行界定，审判过程中由于实在法规则的不确定，或存在漏洞，或先前判例规则的不确定，法官难以直接将其与个案结合起来，此时通过法官的法律续造

─────────────

〔1〕〔德〕毛雷尔：《行政法学总论》，高家伟译，法律出版社 2002 年版，第 141 页。

可能创制新的判例。我国的行政指导性案例与判例的形成原理是一样的，两者的形成过程也基本相同。涵摄不是唯一或必然有效的方法，必然形成裁量的延伸，从"行政裁量"到"司法裁量"对"行政裁量"的裁量，而且消除或者阻止不确定性正是法院的任务之一。因此，司法的职能不仅是对个案作出判决，而且借助个案裁决，判例通过涵摄与裁量方法的综合运用将法律具体化并能进一步发展法律。

2. 形式推理与实质推理的组合形态

所谓法律推理似乎是在分类做出的那一刹那就会发生变异的这样一个过程，而规则也是除非不应用，否则也是一用就变。更重要的是，规则所由来的那个过程是在比较事实的同时创造规则然后再适用规则。[1]就指导性案例而言，它首先是一种技术，其次是一种方法论。在案例指导制度作为技术的背后蕴藏着它的方法论，我们不仅要重视技术层面的行政指导性案例，更应该重视方法论意义上的行政指导性案例。判例方法论是案例指导制度得以作为司法解释和法源的基础，法律适用的过程本身即是法律推理的过程。

什么是法律推理？有学者认为，法律推理是法律工作者从一个或几个已知的前提（法律事实或法律规范、法律原则、判例等法律资料）得出某种法律结论的思维过程。[2]也有学者认为法律推理在法律适用过程中是一个必不可少的组成部分，没有法律推理，就没

---

〔1〕　〔美〕爱德华·H. 列维：《法律推理引论》，庄重译，中国政法大学出版社2002年版，第7-8页。

〔2〕　张文显：《二十世纪西方法哲学思潮研究》，法律出版社2006年版，第13页。

有法律适用。[1]同时，"法律推理是一个标记导致作出法律决定的一系列思维过程的集和符号，这个过程包括对可能决定的不断评价以及制定活动。"[2]根据不同学者对法律推理观点的评析，张宝生教授认为，法律推理是特定主体在法律实践中，从已知的法律和事实材料合乎逻辑地推导和论证新法律理由的思维过程。[3]在判例法国家，法律推理有时候专指法官在判决书或结案报告中对判决理由的阐释过程，这些判决理由作为先例，英美法系基于普通法传统的审判制度要求法官对判决写出详细的书面判决理由，所以被认为是进行详细推理的法律制度。由以上概念我们可以看出，法律推理既是一个推导过程，又是一种论辩过程，因此，法律推理通常被分为形式推理（分析推理或必然推理[4]）和实质推理（辩证推理或修辞推理）两种类型。

所谓形式推理是一种逻辑推理过程，是指根据现有法律规则，推论出本案的结论，包括演绎推理、归纳推理和类比推理，其中判例法适用的是归纳推理，演绎推理通常适用于制定法。实质推理是一种政策考量过程，指依据法律精神、正义理念、国家政策、道德伦理和社会习惯等实质性因素来裁决争议。形式推理作为常见的推理模式存在，实质推理起着辅助和修正形式推理的作用。法官最终

---

〔1〕 沈宗灵：《法理学研究》，上海人民出版社1990年版，第339页。

〔2〕 张宝生：《法律推理的基本理论研究》，见《中国法理学论坛》，中国人民大学出版社2006年版，第469页。

〔3〕 同上注，第472页。

〔4〕 亚里士多德将法律推理分为必然推理（或证明的推理）和辩证推理（或修辞推理），对两种推理形式的论证奠定了推理学说的基础。他指出，并不是所有的知识都是可以证明的，并不一定存在真实性毋庸置疑的必然前提。人类不会停止渴求知识的脚步，因此，辩证推理必不可少，而且由必然推理向辩证推理的发展是必然。尽管辩证推理的前提和结论不一定具有必然性，但其在日常生活中运用的范围比必然推理更加广泛。

的判决就是通过这两种推理路线获得的。指导性案例尽管运用归纳推理的方法，仍然属于形式推理，但是，指导性案例在适用与形成的过程中同样在运用实质推理的方法，指导性案例是实质推理形式化的表现。

（1）行政指导性案例是归纳推理与演绎推理的结合。从大陆法系的司法思维来看，传统上认为英美法系的法律推理过程主要是归纳推理，而大陆法系主要是演绎推理，事实并非如此简单。由于英美法系法律规则的来源主要是判例，而判例总是具体的、鲜活的，即事实不同，因此法官对具体案件和先例的事实进行比较，分析能否适用先例的裁判规则，这是其首要的任务，而这种推理方式显然属于类比推理。然而，法院适用归纳推理的方法，从一系列先前的法院判决或法规中抽象出可以适用于目前案件的规则或原则，然后运用演绎推理的方法作出判决。因此，判例主义的整个完整的法律推理路径应为：分析当下案件→启发寻找先前案例→类比检验确定先例→归纳形成规则→比较（等置）应用→演绎形成判决→类比论证判决，判例法的法律推理过程实质上并不是单一的，而是各种推理的综合运用。[1]由上述分析可知，大陆法系与英美法系的推理模式似乎不同，但归纳与演绎推理过程均无法离开法律规则的作用，尽管规则的来源不同，即推理的形式性占主导地位。

从行政法领域的判例推理形式看，尽管行政法没有统一的法典，行政法成文法律规则的稳定性差，但规则的指引作用不可忽视，行政法官相对重视规则的运用。认真对待规则，是一种艺术也是一种美德。正是这种艺术，既表明权威的极限，也表明权威

---

〔1〕 李安：《归纳法在判例主义法律推理中的有效性与论证》，载《法律科学》2007年第2期。

的能力。[1]法院审判中如果背离严格规则主义来评判被诉行政行为的合法性与合理性，其审判结果无论对哪个当事人有利，都会形成不公平的印象。如果行政行为缺乏法律依据或违反法定程序，而判决又有利于被告，不仅会给公众造成法律虚无的印象，且会导致公众对司法公信力丧失信心；如果行政行为符合事实与法律依据，而判决又有利于原告，不仅会导致对被告的不公正，而且会直接造成行政执法能力的下降。作为一种事后的纠纷解决手段，倘若司法审判未尽到对行政法律规则的注意义务，运用法官认为的理性审查被诉行政行为，即使其结果更接近理性的司法判决，我们也可以认为审判是不公正的。正如蔡志方先生所言：所谓行政诉讼，是行政法院独立于当事人之外，就人民因违法行政行为侵害其权利而提起的诉讼，依据（行政）法规，做最后的、具有权威的及其具有拘束力的裁判的公权力性质。它所具有的特色，是独立、嗣后、受法律的拘束（依法裁判、追求正确）。[2]所有人受法律的支配，在法律的框架下接受现有规则的支配，这是公正的基本要求，同样，行政主体行为的合法与有效，也必然要求司法机关在法律规则的支配下进行裁判。况且，人们指望法官在审判过程中，每次都作出超脱于规则之外的理性判决，有悖于司法有限理性的常理。特别是在行政审判中，一旦法官的非理性因素占据主导地位，将导致法官有限理性的滥用，使司法作为正义的最后一道防线濒临崩溃。因为：第一，行政法调整的是行政主体与行政相对人之间不平等的法律关系；第二，行政法调整法律关系的焦点直指公共利益与个人利益、公权与私权；第三，作为权力架构中的司法权而言，它是与行政权和立法权并列

---

〔1〕　〔美〕P. 诺内特、P. 塞尔兹尼克：《转变中的法律与社会》，张志铭译，中国政法大学出版社 2004 年版，第 89 页。

〔2〕　翁岳生：《行政法》，中国法制出版社 1998 年版，第 1004 页。

的国家权力，面临行政权与相对人的权利冲突，司法权的非理性会使其滑向强权的一侧，丧失其公正性。因此，规则之治对于审判至关重要，对行政审判尤其如此。

也许有人会问，行政法缺少统一的法典，行政法律规范内容的形式性欠缺，规则治理对于行政审判困难重重，这是不争的事实。然而，行政法律规范也许是确定的，也许是不确定的，也许是具体的，也许是抽象的，它必然存在一个前提，这个前提使形式推理具有必然性。一方面，对于那些法律规定明确、事实清楚、证据真实可靠的案件，法官运用形式推理作出的判决具有规范性。从逻辑思维角度看，法官适用法律对具体案件作出判决是进行逻辑论证活动，这种活动必须借助一定的推理形式来完成，以保证论证严密，具有较强的说服力。除特殊情况外，法官论证过程中所使用的推理形式，必须遵守有关的推理规则，使推理形式有效；另一方面，形式推理具有确定性，即按照一定的推理形式和规则，得出一个确切的结论。形式推理的这一特性正符合法官判案的目的。从行政诉讼角度看，法院的判决必须是确定的。如司法审查对行政行为合法还是违法、合理还是不当，不能模棱两可、含糊不清。在法律规定不明的情况下，法官无法直接运用演绎法得出结论，此时也必须结合个案，运用法律原则和立法宗旨通过归纳推理作出判决，并从中抽象出可被参照适用的一般行政规则，而通过判例形式确定的规则在嗣后的判决中，又通过演绎推理被运用，从而达到行政诉讼目的。

（2）行政指导性案例依赖实质推理。通过上面的分析，我们可以看到，法官注重规则在审判中的作用，经常适用形式逻辑的推理方法。但是，遇到新奇或棘手案件时，形式逻辑往往无能为力，它既不能填补法的空白，也不能帮助法官在两个可适用的法律规则或原则，或者两个相冲突的法律规则间作出选择。法官必须运用另一种推理方式，即实质推理或实践推理。实质推理是从对各种机制、利益、目的和作用、法的基本原理（原则）、国家和执政党的政策、社会公共道德准则等的考虑出发，选择或创立一个适当的规范填补法的空隙。[1]阿蒂亚和萨默斯在《英美法中的形式与实质》一书中将法律推理分为形式推理与实质推理，从形式性依据和实质性依据的角度阐述了两种推理方式的差异。所谓实质性依据，是指道德的、经济的、政治的、习俗的或者其他社会因素。[2]关于司法审判中实质推理的必然性，在理论和实务上均被肯定和认可。拉伦茨认为，法律适用的重心不在最终的涵摄，毋宁在于：就案件事实的个别部分，判断其是否符合构成要件的各种要素，正是这个法律适用的核心部分，其等于对案件事实作必要的判断，可以作为判断的基础包括：感知、对人类行为的解释、社会经验、价值判断和法官的判断余地。[3]缪勒的观点是：一个没有裁判和评价的法律……（似乎）既不是实践的，也不是现实的。埃塞尔则断言：评价……在差不多所有疑难裁判中，均具有核心的意义。克里勒得出的结论是：人们绝对不可能逃脱那些潜伏在任何解释中的评价性的、规范—目的论的和法律政策性的因素。[4]

事实上，形式推理的局限性，以及司法审判中法官主观能动性的不可避免性为实质推理留下了余地和空间。形式推理的局限性主

〔1〕 张文显：《二十世纪西方法哲学思潮研究》，法律出版社 2006 年版，第 14 页。

〔2〕 ［英］P. S. 阿蒂亚、［美］R. S. 萨默斯：《英美法中的形式与实质——法律推理、法律理论和法律制度的比较研究》，金敏等译，中国政法大学出版社 2005 年版，第 1 页。

〔3〕 ［德］卡尔·拉伦茨：《法学方法论》，陈爱娥译，商务印书馆 2003 年版，第 165－177 页。

〔4〕 ［德］罗伯特·阿列克西：《法律论证理论》，舒国滢译，中国法制出版社 2002 年版，第 8－9 页。

要表现在：首先，通过形式推理得出的结论，其真实程度具有一定的或然性，这主要是由于推理的大前提，即法律规范判断（它是由一定的行为构成要件和一定的法律效果联系起来的假设命题而构成的）只反映事实之间的常态联系，而没有考虑事实之间的非常态联系。虽然在一般情况下大前提的判断能够成立，但并不能排除例外。其次，由于形式推理在价值上偏重效率与自由，维护形式公平，它在一定程度上又放纵了实际不公平。因此，解决形式推理不确定性以及无所适从的一个有效方法是实质推理的引入，审判中需要对影响法律存在与发展的政治、经济、道德等因素重新考虑，弥补因过分拘泥于形式和程序带来的实质不合理性。特别是由于大量疑难案件的出现，在推论中，法官不得不更多地运用价值判断，而不是进行单纯的逻辑推理。一方面，法官不能回避现实拒绝审理，另一方面，法官也不能不讲道理专横审理。那么，在无法可依的情况下怎样进行法律推理才是妥当的？怎样通过辩证推理解决合法与合理的矛盾？"作为实践理性之一的法律推理，实践理性被理解为当逻辑方法和科学方法用尽时人们所使用的多种推理方法（包括直觉、权威、比喻、深思、解释、默悟、时间检验以及其他许多方法）。尽管在法律上这些方法经常产生确定的结果，它们偶尔也有不能产生结果的时候，这些是法律演化的关键难点，因此司法决定就不得不基于政策、政治、社会理想、'价值'甚至'偏见'。"阿列克西也指出：假如有这样一些情况，即个案的裁判既不是从预设有效的规范，又不是从随时有待构想的体系之严格证立语句中逻辑的推导出来的，而且它还不能够完全借助法律方法规则进行有说服力的证立，那么在这种情况下，作出裁判者就因为案件不完全受制于法律规范、方法论规则和法律体系语句而具有自由裁量的空间，其中有多种解决办法可供选择。[1]然而,判例作为一种被普遍认可的解决办法,阿列克西专门阐述了判例对法律论证理论的作用。[2]

　　行政审判中形成的指导性案例,与民事审判和刑事审判相比较而言,实质推理的特征尤为明显。就行政指导性案例而言,其形成与适用中的实质性依据作用突出归因于:①行政法律规范语言的模糊性。②行政法律规范之间冲突的可能性。③行政法律规范的缺位。可能存在这样的事实,有些案件需要法律上的调整,但却没有任何事先有效的规范将对其予以调整。④行政审判违背立法意图。特定案件中,所作出的裁判有可能背离规范的条文原意。⑤行政自由裁量空间的客观必然性与行使必要性间的张力。正如恩吉施所言,甚至在今天,各法律部门中的法律本身仍然是按照下列方式来建构的:法官和行政官员不仅仅是通过固定的法律概念下的涵摄来发现和证立其裁判的(这些概念的内涵绝对是由于解释才得以开展的),而且,他们也立足于自己独立进行评价,间或也照着立法者的样子来作出裁判或发出命令。[3]对行政案件进行判断推理,离不开法官的审判经验和生活阅历。我国最高人民法院原副院长李国光就《最高人民法院关于行政诉讼证据若干问题的规定》的颁布实施,回答记

---

　　〔1〕 〔德〕罗伯特·阿列克西:《法律论证理论》,舒国滢译,中国法制出版社2002年版,第7页。

　　〔2〕 阿列克西认为,法律论证理论若不深入研究判例的作用,将缺乏法律论证一个最本质的方面。今天,甚至在欧洲大陆法中,判例所具有的实际意义也为各方所强调。他阐述了偏离判例的论证负担规则,判例适用的基础是可普遍化原则,其为一切作为形式条件的正义理念确立了根据,但是判例适用却面临一个有待解决的难题:从来没有两个完全相同的案件。在此情况下,为公正审判,若要背离判例,则要被施加论证负担。参见〔德〕罗伯特·阿列克西:《法律论证理论》,舒国滢译,中国法制出版社2002年版,第337页。

　　〔3〕 〔德〕罗伯特·阿列克西:《法律论证理论》,舒国滢译,中国法制出版社2002年版,第9页。

者提问时曾指出:"要审理案件,光有法律知识还不够,还须有丰富的生活经验,没有生活经验的法官是有缺陷的,当不成好法官。"[1]

行政判例创制、生成是在司法体制内部完成的,是在司法审查过程中由法官在总结前辈经验的基础上发展而成的,法官是行政判例的创造者和解释者。我国的行政指导性案例也是在全国各级法院行政审判过程中,法官经由个案的审理去诠释法律和总结规则,经"两高"公布后成为指导行政审判的统一规则,可以说每一个指导性案例都包含法官的智慧和经验,彰显着"两高"改革审判制度和统一法律适用机制的成果和成效。美国摩根案[2]"四重奏"全面诠释了行政规则是如何在司法体系之内产生规则、修改规则和废弃规则的。摩根案规则的废与立演变和解释过程,实质上包含法院在评价行政行为时,所作的利益衡量和实用主义倾向,即法律规则"空缺结构"的存在,为多重解释的逐步明确提供了空间。法国作为以行政判例为行政法主体的国家,行政制度的基本特点是强调行政价值与个人权利之间的协调,行政法原则和规则由判例产生,行政法官在行政价值与个人权利之间进行平衡,通过行政判例体现衡平结果的规则,并通过规则的积累使法官的衡平更加接近理性。而且行政判例是处于特定时空、受特定行政法基本理念支配的法官所创造出来的,它必然浓缩着司法对行政的态度,反映着司法的偏好。我国的行政指导性案例也是如此,基于法官对个案的审判,其法律适用中的规则解释必然会受到法官个体所掌握或偏好的法律原则、理论和理念的影响。所以说,行政判例和行政指导性案例都是法官运用实质推理使行政法律规范得以准确适用的外在表现形式。然而,"如

---

〔1〕 《法官可以凭经验断案》,载《北京法制报》,2002年7月26日,第1版。
〔2〕 宋功德:《行政法哲学》,法律出版社2000年版,第219页。

果规则想要获得准确的适用，那么对各种时间的分类也必须准确。在发生问题或出现模糊情况时，法官必须拿出一些有权威的解决办法，这些要求和其他一些要求导致了多种多样的法律材料。即使关注的焦点仍然是规则，我们也会看到对各种概念、学说、准则和原则的详尽阐述。所有这些法律材料都为详尽阐述和具体适用规则提供了指导方针。同时，它们也把开放性和灵活性导入法律判断。"[1]因此，法律规则和原则是相互作用的。法官在审理案件的过程中，特别是在审理案件过程中涉及不确定性法律概念时，要进行选择和价值判断，这既是法律推理正确性的保证，又是一个不以谁的意志为转移的事实。无论是案件事实不确定，还是法律不确定，尤其是后者，法官都要依据法律价值理由对法律规定或案件事实本身的实质内容进行评价并作出判决。这个实质推理过程，虽然没有推理形式，但其推理内容同样有前提和结论，它们之间仍存在着"因为……所以……"这种推导关系。与形式推理不同的是，实质推理的前提与结论不是通过一定的形式结构联结起来，而是以思维内容（法律规范、案件事实）之间内在的、必然的逻辑推论关系联结起来，使法官在适用法律过程中对复杂或疑难案件作出的判决合乎法律目的，与立法者的意图相一致或超越立法者。然而，法官对案件的审理不是没有边界和限制的，形式推理与实质推理并非是排他性的选择关系，即选择一种必然放弃另一种。"实践中经常发生的情况是，这两种论证方式在同一案件的审理过程中往往会以某种混合的形式出现。""逻辑和经验在行使司法职能过程中与其说是敌人，毋宁说是盟友。[2]对

---

〔1〕 ［美］P. 诺内特、P. 塞尔兹尼克：《转变中的法律与社会》，张志铭译，中国政法大学出版社 2004 年版，第 89 页。

〔2〕 ［美］博登海默：《法理学：法律哲学与法律方法》，邓正来译，中国政法大学出版社 1999 年版，第 501 页、第 518 页。

法律知识而言，经验提供内容，逻辑提供形式，逻辑不能取代经验，正如形式不能取代内容一样，逻辑提供"观念的关系"的确定性却不能提供"事实的关系"的确定性。拉伦茨指出：法律家所处理的概念，大部分是纯粹法技术性的概念，换言之，以形式逻辑为基础所构成的"种类概念"。此亦不可轻忽，因为遵守逻辑规则是所有思考方式的基本条件；然而，在内容上它不能增加我们的认识。[1]逻辑提供法律的形式，没有形式，内容是混乱不堪、杂乱无章的，所以逻辑在法律中的地位很重要，"一个逻辑混乱的法律制度，也就是理性化程度不高的法律制度；一个逻辑混乱的司法过程，也就是缺乏公正性的司法过程；而一种不重视逻辑的法学理论，也就是不成熟的理论。"[2]逻辑或经验都只是法律的必要条件而非充分条件，单一的逻辑和经验都不能构成法律，而缺乏这两者中的任何一种也不能构成法律。因此，在形式逻辑的基础上，进行法律实质推理，才能实现法官自由裁量权正义、公正、合理行使的价值目标。

（二）行政指导性案例的价值

1. 统一法律适用

在行政执法活动中，由于没有统一的行政法典，行政机关适用法律缺乏可供遵循的统一标准，难以做到适法统一。行政指导性案例一经公布，不仅对法院产生"应当参照"的约束力，而且也约束行政机关本身，因为行政诉讼制度确定的是司法权对行政权的监督，行政机关作出行政行为后，如有人提起诉讼，可能受到司法的最终评判，而法院公布的有参照作用的指导性案例当然会影响行政机关行为的选择。而且行政指导性案例也增进了法律的可预测性，有助

---

〔1〕［德］卡尔·拉伦茨：《法学方法论》，陈爱娥译，商务印书馆2003年版，第105页。

〔2〕 张文显：《法理学》，法律出版社2007年版，第23页。

于人们知悉法律所规定的某些特殊情形下其自身的权利与义务，行政机关也可以依据法院判决所揭示的原则来约束自身的行政行为，不仅要合法，而且要合理。通过行政指导性案例为行政机关的行为提供标准，可以促进行政机关依法行政，统一行政机关的执法标准。

在行政诉讼中，法律适用面临着比其他诉讼更为复杂的情况，行政指导性案例所具有的参照性拘束力，可以约束下级法院的行为，为下级法院提供一个规范标准，这对防止司法地方化，加强法律适用的统一有重要作用。我国行政实体法的多层次性、多样性，使行政审判的依据复杂多样。人民法院在审理行政案件时，除了依据法律法规外，还得参照浩如烟海的部门规章和地方规章。所谓"参照"，在我国行政诉讼的法律适用中并不要求法院必须适用，法律为其适用提供了一种选择权，也就是说法院可以参照，也可以不参照，如果参照，其前提是所使用规章的合法性，因此法院适用规章的规则是"先审后参"。就部门规章而言，如果受理案件的法院不同，对参照规章态度的差异，可能导致出现不同的审理结果；即使是同一法院受理，针对不同的案件或相同的案件，不同的主审法官对规章的理解不同，亦有可能作出不同的裁判，从而动摇司法的权威性。就地方规章而言，由于受到地方保护主义的影响和行政权的干预，规章在参照中的地位可能被弃之不顾或过度夸大，适用与上位法相抵触的规章，形成适用中的"正确性"错误。因此，这给法官审理具体行政案件留下了广阔而自由的空间。

另外，在司法实践中，由于法官的自身素质和专业素养各异，对法律的理解不同，选择适用法律亦存在差别。以我国目前学生诉学校勒令退学处分决定案件为例，类似案件的裁判结果不尽相同，大致存在以下几种情形：第一，法院裁定驳回起诉。2003 年 1 月重庆某大学一女生因怀孕被学校勒令退学，重庆市南岸区法院以学校的勒令退学决定属于高校内部管理行为为由而裁定驳回起诉。第二，法院裁定不予受理。2002年5月北京某大学一女生严某因考试作弊被学校勒令退学，严某向北京市朝阳区人民法院提起行政诉讼，法院认为严某因对学校做出勒令退学的处分决定不服产生的纠纷，不属于法院直接受理行政案件的范围，故裁定不予受理。第三，法院裁定中止审理或者裁定停止执行勒令退学的决定。如2004年8月成都某大学两同学因在教室接吻拥抱被学校勒令退学，两学生不服诉诸法院。成都市武侯区法院将其作为行政案件受理后，先裁定中止诉讼，再裁定停止执行勒令退学的决定。在行政审判活动中，不同法院甚至同一法院不同法官就相同或相似的案件，常常作出差距较大甚至相反的判决。鉴于此，可以通过案例指导制度，人民法院经过严格的选择和审核，认真制作行政指导性案例，法官在裁判相同或类似案件时不得不参照，统一法律适用，最大限度地保障法律在时间、地域、对象上的同一性，进而维护司法的统一性。

2. 弥补行政立法不足

现代法治社会，人们在崇尚法律的同时，也对其有着美好的期待——法律应当是一个完美无缺的完整体系。但是，因为人类认知能力的有限性，语言本身的开放性，社会发展的必然性，包罗万象、有求必应、尽善尽美的法律不过是人们美好的梦想而已。在人们追求法律接近完美的探索中，判例法成为弥补成文法（即制定法）缺陷的有效方式。支持判例法的学者认为，判例法比制定法更能促进法律的确定性和可预测性，从而更便于人们安排自己的活动；律师能向当事人提供比制定法更具体的咨询；有助于控制法官的专横和偏见；有助于实现平等的正义原则，做到同类案件同样处理。[1]而

─────────

〔1〕　沈宗灵：《比较法研究》，北京大学出版社1998年版，第300页。

行政指导性案例可以有效弥补成文法（即制定法）的不足。制定法的缺陷在于：一是它欠缺周延性，一般只能反映该法律产生时的社会关系，随着社会的发展进步，制定法所表现出的滞后性在所难免。二是它缺乏具体性，制定法将纷繁复杂的社会关系进行抽象和概括，形成若干基本范畴和规范。三是它缺乏应变性，制定法的修改和废除往往需要经过复杂的程序，因而呈现出僵化、保守的特点，它也可能因为未能及时修改或废止而阻碍社会的进步。对于制定法的缺陷，法律学者不断思考如何予以弥补。从目前我国的司法实践来看，弥补制定法缺陷的方式有：确立法律原则、制定法律解释、适用批复和实行案例指导制度等，而案例指导制度将是最全面、最有效的弥补方式。

行政指导性案例独特的价值和功能是弥补成文法的不足，推动行政立法的发展。行政指导性案例是在具体行政案件事实基础上产生的，不需要繁琐的制定程序。审判与立法融为一体的性质使行政指导性案例随着案件事实的产生而发展，能够灵活地适应社会的发展变化，具有很强的生命力。成文法典只能规定一个社会的整体正义，而指导性案例可以体现个别正义，能够灵活地针对不同的具体情况进行个别调整。成文法律规则不可能涵盖社会生活的全部变化，一经制定出来，实际上已经相对滞后于社会生活，而法律本身具有的稳定性不允许立法频繁地改动。指导性案例的形成没有成文法那样繁琐的程序，具有很强的生命力。同时，指导性案例的灵活性能够保证成文法律规则的稳定性，解决法律不能朝令夕改而又必须适应新情况的问题。另外，行政审判中发现制定法的不足，可以通过行政指导性案例对其做出及时的指正，从而催生新的法律规则。下面通过两则案例分析行政指导性案例的填充功能。

第一个案例，指导案例第 38 号——田永诉北京科技大学案。

田永是北京科技大学物理化学系大三学生，在一次补考中因作弊，学校给予其退学处分，并填发了学籍变更通知，但通知未直接送达田永。此后的两年里，系里仍正常为田永办理学籍注册，田永也如数向系里上交各种学习费用，学校亦照常向田永发放学生津贴，田永仍然以在校大学生的身份参加了正常学习及无偿献血等活动。直至毕业时，田永考试成绩排名全班第九，其论文被评为优秀毕业论文。但是，学校以田永已按退学处理，不具备学籍为由，未向其颁发毕业证、学位证和派遣证。田永隧以学校行为违法为由，向法院提起行政诉讼。法院支持了原告的诉讼请求，判决被告北京科技大学向田永颁发毕业证、学位证和派遣证。

该案所涉及的法律问题有：侵犯受教育权的行政行为是否属于行政诉讼的受案范围？法院能否对退学等高校内部行政行为进行司法审查？

侵犯受教育权的行政行为是否属于行政诉讼的受案范围？法院在审理此案过程中，根据当时《行政诉讼法》第 11 条第 1 至 8 项关于受案范围的规定，法院受理行政机关侵犯相对人人身权和财产权的案件。但是，第 11 条第 1 款第 4 项有关许可证的规定似乎又超出了现有行政诉讼的受案的范围，给人以法律规定矛盾的感觉，这也导致法院在受理案件时态度摇摆不定。受教育权既非人身权也非财产权，是一项单独的权利，那么，按照行政诉讼法有关受案范围的概括性规定，从人身权和财产权的字面解释看，似乎很难找到受理该案件的直接依据。但是，"认为符合法定条件申请行政机关颁发许可证和执照，行政机关拒绝颁发或不予答复的"属于行政诉讼的受案范围，如果毕业证、学位证能够被归类为许可证和执照的范围，法院受理此案似乎具有合理性。可见，依据不同的条款可以得出不同的结论，这说明行政诉讼法自身存在不足。根据《行政诉讼法》第2条规定，公民、法人或其他组织认为行政机关及其工作人员的具体行政行为侵犯其合法权益，有权依照本法向人们法院提起诉讼。因而从行政诉讼的立法目的看，它所保护的公民、法人或其他组织的合法权益不限于人身权和财产权。从法律规则本身的规定看，人身权和财产权的规定限制了行政诉讼范围，这给司法机关受理案件设置了立法障碍，也无形中为行政主体规避法律创造了条件。通过对现有法律条文的解读，尽管我们可以为法院审理本案寻找到一定的法律依据，但这些依据不十分明确。而且我国是奉行成文法传统的国家，要求执法者和司法者严格遵从法律的明文规定。然而，从社会发展看，受教育权作为公民重要的权利，理应受到法律的保护，应将此案纳入行政诉讼的受案范围，特别是针对发生的多起因受教育权引发的纠纷，从保护相对人合法权益、维护社会稳定、制定有利于社会效果与法律效果统一的司法审判政策，以及有效规范高校管理行为的观点出发，受教育权的保护具有正当性。

法院能否对退学等高校内部行政行为进行司法审查？内部行政行为不具有可诉性，《行政诉讼法》第12条第3项的规定为这种说法提供了一个强有力的说明。高校对学生的处分应是内部行政行为，从学校与学生的关系而言，在地位上，学生相对于学校具有从属性。本案在审理过程中面临困难：如果运用法条规定，单纯运用形式推理的方法，对内部行政行为的审查显然排除在司法审查之外，这不利于行政主体与相对人关系的平衡，不利于保护相对人的合法权益，会产生负面的审判效果；此时在运用法条形式推理失灵的情况下，适当引入实质推理方法，通过解释和说明则问题迎刃而解。内部行政行为不受司法审查的观点肇始于德国的特别权力关系理论，考虑到特别权力关系严重限制公民诉权的行使，不利于保护相对人的合法权益，伴随法治社会的演进，一些采纳这一理论的国家已开始对其合理性进行检讨，并在逐步抛弃这一理论。本案审理中，法官认为北京科技大学的行为直接影响了原告所享有的宪法和教育法所规定的受教育权，认定退学处分应接受司法审查。此案标志着在高等教育领域首先打破了特别权力关系的限制，开创了法院审查内部行政行为的先河。这一案件曾经是最高人民法院公布的典型案例，因其具有代表性和典型性，后来经过指导性案例的推荐和遴选程序，最终转化为最高人民法院第38号行政指导性案例，对确认高校作为行政诉讼被告、学校的内部管理也应遵守正当法律程序原则做了进一步认定，这对于正确认识和处理高校和学生之间的关系，保护学生的受教育权等合法权益具有较大的指导意义。

第二个案例，典型案例——汇丰实业发展有限责任公司诉哈尔滨市规划局案。

1993年4月，哈尔滨市同利实业公司（以下简称同利公司）向哈尔滨市规划土地管理局（1995年10月份机构改革分立为规划局和土地管理局）申请翻扩建其所有的、位于哈尔滨市道里区中央大街108号（原138号）院内的两层楼房。（院内原有两栋楼房，其中，临中央大街一栋为地下1层、地上3层；院内一栋为地下1层、地上2层。）同年6月17日，同利公司与汇丰实业发展有限责任公司（以下简称汇丰公司）达成房屋买卖协议，签订了《房屋产权有偿转让协议书》，汇丰公司付清了1000万元房款，交纳了房屋买卖有关契税费用，领取了房屋产权证。同年12月7日，哈尔滨市规划土地管理局颁发93（地）字246号建设用地规划许可证，同意同利公司翻建108号楼，用地面积339.20平方米。1994年1月6日，哈尔滨市规划土地管理局以哈规土（94拨）字第2号建设用地许可证批准建设用地211.54平方米，建筑面积680平方米的3层建筑。同年5

月 9 日，哈尔滨市规划土地管理局核发给同利公司 94（审）1004 号建设工程规划许可证，批准建筑面积 588 平方米。同年 6 月 24 日，同利公司与汇丰公司共同向规划土地管理局申请扩建改造中央大街108 号楼。申请增建 4 层，面积为 1200 平方米。在尚未得到哈尔滨市规划土地管理局答复的情况下，汇丰公司依据同利公司取得的建设工程规划许可证，于 1994 年 7 月末开始组织施工。至哈尔滨市规划局作出处罚决定前（1996 年 8 月 12 日），汇丰公司将中央大街108 号院内原有 2 层建筑（建筑面积 303.76 平方米）拆除，建成地下 1 层、地面 9 层（建筑面积 3800 平方米）的建筑物，将中央大街108 号临街原有 3 层建筑（建筑面积 1678.21 平方米）拆除，建成地下 1 层，地面临中央大街为 6 层，后退 2.2 米为 7、8 层，从 8 层再后退 4.4 米为 9 层（建筑面积 6164 平方米）的建筑物，两建筑物连为一体。

1996 年 8 月 12 日，哈尔滨市规划局作出的哈规罚决字（1996）第 1 号行政处罚决定中，责令汇丰公司：①拆除临街部分的 5 至 9层，并罚款 192 000 元。②拆除 108 号院内地面 8 至 9 层，并罚款182 400 元。汇丰公司不服上述处罚决定，向黑龙江省高级人民法院提起行政诉讼。

黑龙江省高级人民法院经审理后认定，哈尔滨市规划局的处罚显失公正，对市规划局的具体行政行为予以变更，减少了拆除面积，变更了罚款数量。具体判决内容为：①撤销哈尔滨市规划局哈规罚字（1996）第 1 号行政决定中第一部分第 1 项和第 2 项的罚款部分；撤销第二部分第 1 项和第 2 项的罚款部分。②维持哈尔滨市规划局哈规罚字（1996）第 1 号行政决定第一部分第 2 项的保留部分；维持第二部分第 2 项的保留部分。③变更哈尔滨市规划局哈规罚字（1996）第 1 号行政处罚对该楼的拆除部分，变更部分为：该楼第七层由中央大街方向向后平行拆至 3/2 支撑柱；第八层从中央大街方向向后拆至 4 支撑柱；第七、八、九层电梯间予以保留，电梯间门前保留一个柱距面积通行道。对该违法建筑罚款 398 480 元。

市规划局不服一审判决，提起上诉。最高人民法院经审理后认为，原审判决认定事实基本清楚，适用法律、法规正确，驳回上诉，维持原判。

汇丰公司诉哈尔滨市规划局一案的审理，引起了法律界与社会民众的广泛关注。该案引人注目之处不仅在于该案标的大、审判级别高、案件争议内容在当前社会生活中具有典型性，更重要的是在于审理该案的法院，特别是最高人民法院在判决书中所阐述的理由明确表达了在行政法上占重要地位的"比例原则"[1]的精神。本案被认为是我国行政法引入"比例原则"的标志，对规范和限制行政自由裁量权起到重要作用。

该案的焦点问题是：市规划局的行政处罚行为是否显失公正？判断显失公正的参照标准是什么？根据我国当时《行政诉讼法》第 54 条的规定，"行政处罚显失公正的，可以判决变更"。但是，《行政诉讼法》以及最高人民法院在有关的司法解释中都没有对显失公正作具体规定，因此，案件审理中法官在对规划局的行政处罚行为是否显失公正进行判断时，在法律规定抽象、概括的情况下，必然考虑各方面的因素，衡量各主体的利益做出裁判。而已被许多国家引入的比例原则进入法官的视野，成为检验行政机关行为合理与否

---

〔1〕　比例原则，也被称为禁止过度原则，是指行政行为的手段与目的之间必须符合一定比例，行政主体实施行政行为应当兼顾行政目标的实现和保护行政相对人的权益，如果行政目标的实现可能对行政相对人的权益造成不利影响，则这种不利影响应被限制在尽可能小的范围和限度之内，二者应当处于适当的比例。比例原则源于德国，并且借由联邦宪法法院的判决，将此原则概念化与体系化。依照一般通说，比例原则包括适当性原则、必要性原则与狭义比例原则三者。

的参照标准。

虽然我国现有法律法规对比例原则尚无明文规定，但我国的一些相关法律还是在一定程度上反映和体现了比例原则的精神（事实上，我国主要是从行政合理性原则的角度进行规定的）。如《行政诉讼法》第1条规定："为保证人民法院公正、及时审理行政案件，解决行政争议，保护公民、法人和其他组织的合法权益，监督行政机关依法行使行政职权，根据宪法，制定本法。"《行政处罚法》第1条规定："为了规范行政处罚的设定和实施，保障和监督行政机关有效实施行政管理，维护公共利益和社会秩序，保护公民、法人或者其他组织的合法权益，根据宪法，制定本法。"第5条规定："行政处罚遵循公正、公开的原则。设定和实施行政处罚必须以事实为依据，与违法行为的事实、性质、情节以及社会危害程度相当……"《行政复议法》第1条规定："为了防止和纠正违法的或者不当的具体行政行为，保护公民、法人和其他组织的合法权益，保障和监督行政机关依法行使职权，根据宪法，制定本法。"从上述条文的规定看，立法目的着重强调对行政主体行为的规范和监督，以保护相对人的合法权益，而比例原则作为贯穿立法、执法等活动的一项重要原则，是判断行政机关行为合理与否的重要标准，它要求行政行为在目的及手段上，应充分考虑行政目标的实现和行政相对人权益的保障，采取适当的手段，使对行政相对人权益的侵害得以避免或降到最低限度。今天，比例原则已超越了它最初的适用范围，而且发展延伸到司法领域，成为司法机关判断行政机关是否公正、合理行使自由裁量权的重要原则。在法院的判决书中，虽然并未明确提出"比例原则"，但事实上最高人民法院法官显然结合具体案情对"比例原则"进行了阐述，并明确指出，处罚决定"应以达到行政执法目的和目标为限，尽可能使相对人的权益遭受最小的侵害"，这实际已明确表述了比例原则的核心含义。在本案中，最高人民法院认为，行政机关的处罚决定显失公正，因为它"不必要地增加了被上诉人的损失，给被上诉人造成了过度的不利影响"，即它违背了"尽可能使相对人的权益遭受最小侵害"的原则。就本案而言，主要是指行政处罚决定中要求行政相对人拆除的面积明显大于遮挡的面积。

从本案一审、二审判决我们可以看出，本案中，无论是一审法院还是二审法院，其判决书中都不同程度地对比例原则作了表述，并依照该原则对本案作出了合乎情理的判决。只是在最高人民法院的判决书中，更明确地提出了行政机关所做的处罚决定"应针对影响的程度，责令行政相对人采取相应的改正措施，既要保证行政管理目标的实现，又要兼顾保护相对人的权益，应以达到行政执法目的和目标为限，尽可能使相对人的权益遭受最小的侵害"。法院这一结论的得出，是在对《行政诉讼法》进行解释的过程中，通过将比例原则作为实质性依据诠释法条，弥补制定法的不足。

3. 兼顾公正与效率的价值取向

（1）公正的内涵。公平、公正或正义的问题，既是人们所热烈追求的价值评判目标，又是一个变幻不定、歧义不断的概念。正如博登海默所言，正义有着一张普洛透斯似的脸，变幻无常，随时可呈不同形状并具有极不相同的面貌。[1]一提起公平，公正与正义就会成为讨论的话题。亚里士多德曾说：公平和公正实际上是一回事，虽然公平更有力些，但两者都是好事情。[2]英语中的 fair 或 fairness，其一般含义是公正、不偏私、无偏见。Fairness 与 just、justice 等词

---

〔1〕〔美〕博登海默：《法理学——法律哲学与法律方法》，邓正来译，中国政法大学出版社 1999 年版，第 252 页。

〔2〕〔古希腊〕亚里士多德：《尼各马科伦理学》，苗力田译，中国社会科学出版社 1990 年版，第 110 页。

也是近义词。在现代汉语中，公平的一般含义是：处理事情合情合理，不偏袒哪一方面。[1]沈宗灵教授指出："……公平、公正、正直、合理等。这些词可以说含义相当，但意义强弱、范围大小可能有所差别，所以，在不同场合下应选择较合适的词。例如我们通常说：这一战争是正义的；这一判决是公平、合理的；这个人是正直的，等等。"[2]作为法律价值的公平、公正和正义三个词的区分标准很难界定，在外国学者的著作中，我们有时译为"公平"，有时译为"公正"。因此，本书的研究从广泛的意义上使用公正一词，进行内容的阐述或文献的引用。

西方的公平观主要源于古希腊的公平思想。柏拉图通过批判一系列认为错误的正义观念，提出自己的正义观念。他认为，"我们在建立我们这个国家的时候，曾经规定下一条总的原则。我想这条原则或者这一类的某条原则就是正义……这条原则就是：每个人必须在国家里执行一种适合他天性的职务。"[3]他把正义分为个人的正义与国家的正义，"国家的正义在于三种人在国家里各做各的事；个人的正义则在于我们每一个人自身内的各种品质在自身内各起各的作用，即做他本分的事情"。[4]可见，在柏拉图的理想国里，各守本分、各司其职，就是正义。亚里士多德在柏拉图思想的基础上更进了一步，他认为公正是一种完全的德性，它是未加分化的，而且是对待他人的。他将公正分为整体的公正和部分的公正，前者是指全部德性的综合；后者是指德性中的某些成分，即对公正的内容的进

---

〔1〕《现代汉语词典》（第六版），商务印书馆 2012 年版，第 451 页。

〔2〕 沈宗灵：《法理学》，高等教育出版社 1994 年版，第 47 页。

〔3〕〔古希腊〕柏拉图：《理想国》，郭斌和、张竹明译，商务印书馆 1986 年版，第154 页。

〔4〕 同上注，第 169 页。

一步划分。作为部分的公正主要有两类：一是分配性的公正，表现在荣誉、财物以及合法公民人人有份的东西的分配中，按照几何原理进行分配；二是矫正性的公正，是在交往中提供是非的准则，其原则是得与失的均等。[1]

我们可以看出，亚里士多德将公平寓于某种平等之中，将"公平"与"平等"联系起来，即"各取所值""比值相等"，才能与身份相同的人所得相等，才能与身份不等的人所得不等。亚里士多德在确定两种部分公正的范畴的同时，指出了其主要的检验领域。分配正义所主要关注的是在社会成员或群体成员之间进行权利、权力、义务和责任配置的问题；当一条分配正义的规范被一个社会成员违反时，矫正正义便开始发挥作用，矫正正义通常是由法院或其他被赋予了司法或准司法权力的机关执行。[2]

（2）个案公正的追求。一般来说，法律实现正义有三种基本形式，即通过立法的方式、通过行政人员或行政机关以及通过司法实现。在三种实现正义的法律形式中，司法方式是最重要的一种，因为"司法正义将合理的确定性和法则的可预见性与适度的自由裁量相结合，这种形式优于实施正义的其他任何形式"。[3]我们当然也不难理解司法的终极价值目标是正义。不论是何种纠纷，人们诉诸司法机关的目的在于求得公正地解决问题，被告行政行为的违法性得到确认、原告的损害得到了足够的赔偿、行政侵权行为得到了有效的遏制等，应该说通过司法实现正义是比较理想的途径。

---

〔1〕〔古希腊〕亚里士多德：《尼各马科伦理学》，苗力田译，中国社会科学出版社1990年版，第90－96页。

〔2〕〔美〕博登海默：《法理学——法律哲学与法律方法》，邓正来译，中国政法大学出版社1999年版，第265－267页。

〔3〕〔美〕戴维·M. 沃克：《牛津法律大辞典》，李双元等译，法律出版社2003年版，第498页。

在行政审判过程中，我们可以从普遍公正与个案公正两个层面理解司法公正。通常用以解决具体争议的行政法律规则是抽象的，它代表着普遍的公正，而抽象的行政法律规则又通过法官对具体案件的审理，同等情况同样对待，实现对普遍公正的追求。然而，在面对具体行政争议时，主体的能动性是不容忽视的事实，法官、当事人和普通公民都会运用个人的价值尺度和伦理标准去评价当下案件，由此产生了与普遍正义相对的个案公正的问题。我们知道，没有两个完全相同的案件，每个个案都有它的特殊性，司法在确保所有同类的案件得以同等对待的同时，尽可能满足每一个当事人的诉求，实现个案的实质公平。就普遍公正与个案公正的关系而论，"司法公正作为法律之内的正义，作为制度伦理的一部分，其最为突出的一个特殊品质就是普遍正义优先……但是，无论如何，在司法的领域中，司法公正的特殊品质只能是普遍正义优先。从普遍正义的角度来理解司法公正，并不意味着可以或应当无视个案公正的实现，相反，普遍正义自身的存在理由和目的就是尽可能地促进个案公正的实现，但是，只能通过普遍正义而不是绕开普遍正义去实现个案正义，换句话说就是，司法公正的内在逻辑是借助于法律之内的正义来实现个案正义，而不是通过背叛、抗拒法律的方式来实现法律之外的正义"。[1] 司法审查过程中，行政指导性案例是实现个案公正的有效方式。

首先，行政指导性案例有效弥补了行政法律规则实现普遍公正的局限性。适用于一般情况并实现普遍公正的行政法律规则，未必产生适用于个别情况时的公正结果。因为行政法律规范数量多、内容杂、制定主体广、变动快的特性，难以形成统一的法典，行

---

〔1〕 郑成良：《法律之内的正义》，法律出版社 2002 年版，第 101－102 页。

政法律规范的这些弊端是客观存在的，而且是其自身无法克服的，这必然导致行政法律适用的不统一，直接影响司法公正对普遍公正的价值追求。也就是说，在行政法领域，行政机关执法的依据包括法律、法规和大量的规范性法律文件，行政执法中的"类似案件不同处理"的情形是可能的。因此，法官在对行政争议进行审查时，由于行政法律规则的不统一使"类似案件不同处理"有其客观原因；又因为法官个人素质参差不齐，法官对规则的理解存在差异，抑或受到行政权或政策因素的影响，"类似案件不同处理"又有其主观原因，法官对具体行政行为合法与否的认定不同，导致相同案件不同对待的情况发生的概率相对较高。如果实行案例指导制度，通过指导性案例统一行政法律规则的适用，则在克服"类似案件不同处理"客观不利因素的同时，遵循先例原则的约束将使"类似案件不同处理"的主观不利因素降至最低，实现个案审判的公平。

其次，司法审查通过行政指导性案例的个案公平实现普遍公平。作为追求特殊性的个案公平通过司法审判得以实现，而后通过类似指导性案例将司法审查中的一般规则确认下来，使以后的类似案件都能够得到类似的处理。行政指导性案例所确立的一般规则被普遍遵循或以立法的形式确定下来，从而使普遍公正的优先性通过司法审查的个案公正得以实现。随着行政权的扩张，福利观念的增强，对服务行政需求的扩大，现在社会发展需要政府承担多种职能：保护环境，提供终身教育、工作、培训、医疗、养老金、健康保障直至信息服务等。为此，国家势必要建立庞大的行政保障体制。对于公众而言，须服从政府的管理，另一个方面，政府部门也应摆正自己在法律上的地位，"政府掌握的权力越多，公众舆论对越权或者不合法的反应就越敏感。而随着行政权的扩张，自由受到削减，公正就必须扩张。"[1]

行政指导性案例是司法实践的经验总结，可统一法律适用，维护司法公正。可以说它是对法律的具体阐释，体现了立法的公平精神，同时利用它对具体个案的公平处理，不同情况不同对待，总结出符合行政法特性的原则、规则，极大地丰富了法律上公平的内涵，彰显了指导性案例制定初衷的公正价值。所以，法院通过行政指导性案例所确立的一些规则、原则，体现了司法的实质公正，然后再将个案运用于案件审理，体现普遍公正。

最后，行政指导性案例是实质公正（实质合理性）形式化的表现形式。法律制度的根本功能就是为社会提供某种确定性，严格意义上说，行政法较之其他部门法而言，确定性相对较弱，原因之一在于行政法律规则的形式合理性不完善。对于利益关系日益复杂化，价值标准日益多样化，新的行政法律关系不断涌现，矛盾和纠纷随时可能发生的现代社会而言，人们对法的确定性和可预期性的期待增强。如果现有法律规则不能提供这种确定性，法律制度存在的理由就从根本上被动摇了，而能够为社会提供这种确定性的是一个具有形式合理性的法律制度，离开了形式合理性，司法审判的确定性也将荡然无存。但是，任何法律制度都难以完全形式化，无法排除司法自由裁量权，因为"公平愈是屈从于规则的逻辑，官方法律与老百姓的正义感之间的差距也就越大。从而，在老百姓的眼中，法律就会渐渐地失去自身的可理解性和合法性。他们认为，法律或是权贵们运用的魔术箱，或是随意地落在正人君子和邪恶小人身上的一系列霹雳而已。"[2]特别是在司法审查中，实质优先的情形是必然

---

〔1〕 张越：《英国行政法》，中国政法大学出版社 2004 年版，第 161 页。
〔2〕 [美] 昂格尔：《现代社会中的法律》，吴玉华、周汉华译，译林出版社 2001 年版，第 198 页。

存在的，有其一定的合理性。但是，法律是规则之治，离开法律的确定性，就没有真正意义上的规则治理，只留下不受约束的自由裁量。作为原告的行政相对人在期待法院公正审判的同时，也期待在理性的指引下合理地安排生活。司法裁判完全按照法律来实现正义，它比任何其他裁判形式更好地把确定性和灵活性两者所具有的各种可能性结合起来。[1]所以说，行政指导性案例本身"不是为了实质合理性而放弃形式合理性，而是在法律形式合理性呈现出'开放结构'的特点时，在'空缺地带'之处用实质合理性来进行填充。如果一个法律制度能够做到类似案件类似处理，使先前的判例或案例对后来的个案处理具有某种约束力或指导力，那么，这种填充就起到把实质合理性进一步转化为形式合理性的作用。"[2]

（3）效率价值的实现。效率在《现代汉语词典》和《韦氏新世界美国英语词典》中给出的解释不同，但它们所表达的核心意义是一致的：效率强调有效益，为人们所需要。其一，效率是一个关系范畴，是相对的；其二，现代国家要想稳定、和谐、快速的发展，需要有效率的法律调控。行政指导性案例作为具体的法律调控方式之一，其效率价值体现在司法效率和社会效率方面。

司法效率是实现司法公正价值的要求。人们常说，"迟来的正义是非正义"，其中包含的道理就是司法公正有一个时间的限度，不必要的拖延迟误，会丧失程序的有效性，进而损害或丧失实体公正。行政指导性案例有助于提高司法裁判效率。因为参照和遵循指导性案例原则上能减轻法官的负担，提高司法审判的效率。由于有作为先例的指导性案例可以遵循，法官可以借助已经确立的标准来解决

---

〔1〕［美］庞德：《通过法律的社会控制、法律的任务》，沈宗灵、董世忠译，商务印书馆1984年版，第91页。

〔2〕郑成良：《法律之内的正义》，法律出版社2002年版，第157页。

新的案件，不需从零开始，重新推理完成判决，极大地节省了法官的时间和精力。"如果每个昔日的案件都可以重新开庭，如果一个人不能在前人铺设的进程的坚实基础上为自己的进程添砖加瓦，法官的劳动就会大大增加，以致无法接受。"[1]在行政诉讼中，行政指导性案例对各级法院的法官裁判案件具有一定的约束力，法官在裁判案件时往往乐于遵循最高人民法院公布的指导性案例。大陆法系虽然没有先例约束原则，但实际上，无论是在法国还是在德国下级法院都遵从上级法院的判例，否则，下级法院作出的判决就必然在上级审查时被撤销。法官们都不喜欢自己的判决被推翻，遵循判例能够避免判决被推翻，使案件被改判、撤销或发回重审的概率大大减小。而我国推行的案例指导制度与大陆法系国家行政审判中判例的作用相似，为法官提供了有效的指导和参照。尤其是在司法改革的现实状况下，法官员额制及立案登记制使得出现了案多人少、审判压力大的客观现实，而指导性案例的适用无疑为法官提供了同类案件审理上的参照和标准，这将极大地降低司法成本，加快裁判进程，无形中会提高行政裁判的效率，维护了法律的严肃性和权威性。

行政指导性案例可以促进司法执行效率的提高。当前，无论是行政机关还是行政相对人，拒不执行法院判决的原因很多，其中一个主要原因是当事人对法院判决的不理解，没得到预期的裁判结果，就有抵触情绪。行政指导性案例作为司法实践的经验总结，它是既得到法学家的肯定而且也被社会公众接受的司法实践产物。法官在今后的裁判活动中，一旦确认的事实与先前指导性案例的事实一致

---

〔1〕 ［美］本杰明·卡多佐：《司法过程的性质》，苏力译，商务印书馆1998年版，第94页。

或大体一致，即可作出与指导性案例相同或大体一致的裁判结果。当事人基于对指导性案例公正性的信赖，自然易于理解和接受同样的判决结果，也会自觉履行判决中确定的义务，从而减轻司法执行的阻力，提高司法执行效率。

社会效率，即社会收益与社会成本之比。一个有效率的社会，离不开有效率的行政管理，这符合社会现实需要。政府代表社会公共权威来调整社会多元利益的冲突，推进社会公共利益和社会福利。一般来说，行政管理活动以"效率优先"，司法审判活动以"公平优先"，二者有机结合，才有益于社会效率的提高。一个不公平的社会必然是一个低效率的社会，行政指导性案例就是行政管理活动与司法审判实践对公平与效率权衡的结果，体现了行政管理中的"效率优先，兼顾公平"与司法审判中"公平优先，兼顾效率"的追求。它既注意到效率要求赋予行政机关较大的自由裁量权，以便在程序上简单、便利、灵活地执法；又注意到公平要求行政程序要严密、开放、公开，行政机关的自由裁量权要有一定的限制，以便切实、有效地保障相对人的权利。只有保持这样的平衡，达到可能达到的最优状态，社会才会在稳定中发展。另外，行政指导性案例有助于提高立法的预测性。经过一定法律程序遴选、确认、审议、编纂和发布，具有一定法律效力的行政指导性案例，在条件成熟时可以上升为法律，较之假设性立法更加切合实际，更加具有实效性。

总之，行政指导性案例有利于提高审判效率，节约诉讼成本，实现公正与效率的有机统一。"公正"与"效率"是司法工作的灵魂和最终追求的价值目标。公平与效率的有机结合是社会效率提高的前提。行政指导性案例促使行政活动在追求效率的同时，兼顾公平的实现。通过保护行政相对人的合法权益把社会需要与个人效用有机地结合起来，把私人效率与社会效率统一起来，使人们在为自身利益奋斗的同时自觉或不自觉地促进社会效率。

4. 控制自由裁量权的行使

（1）控制行政权。行政法作为规范行政权的法，如何对行政权进行控制是行政法的核心问题。在探寻控制行政权的过程中，两大法系走上两条不同的控权之路，总体上，大陆法系偏重实体控权，英美法系偏重程序控权。也就是说，大陆法系国家偏好运用实体法律规范控制行政权，英美法系偏好通过正当法律程序控制行政权。在控权理论的嬗变与控权方式的实践中，特别是行政自由裁量权的出现及其滥用，使得程序控权方式的有效性表现明显，程序控权被各国所普遍接受，而程序控权又可通过行政程序和司法程序两种途径实现。司法程序的控权是通过司法审判实现的，法院通过对具体行政行为合理性与合法性的审查，达到对行政权监督的目的。

目前，对行政权的司法监督成为现代国家司法权的重要内容之一，学者将这种方式称为司法审查。司法权对行政自由裁量权的控制是当代行政法的焦点问题之一，事实上，从近代行政法到现代行政法，从理论层面到实践层面，对自由裁量权的司法控制经历了一个从无到有、从放任到限制的曲折发展过程。自由资本主义时期，人们基于对经济自由的渴求，普遍认为"管得最少的政府就是最好的政府"，这时期政府的职能主要是根据议会制定的法律行使管理社会的权力，其权力主要集中在治安、国防和外交方面，国家行政管理工作比较简单，社会活动的频率也较为缓慢，行政自由裁量权的事项不多，范围有限，自由裁量规范在行政法上不占有显著地位。

进入20世纪以后，随着垄断资本主义的发展，国家对社会经济生活的干预日益增强，行政机关管理着越来越多的社会事务和复杂的公共生活，行政权力迅速扩张，出现了行政国现象。行政法的核心在于通过控制行政权保护相对人的权利，在探索如何控制行政自由裁量权的道路上，各国从立法、行政和司法的角度论证控制行政权的方式，经过实践的检验，司法权控制行政自由裁量权成为各国普遍采用的手段。而这一方式又是通过行政判例实现的。司法权对行政权的控制理论上，法国率先发展了孟德斯鸠的"滥用权力"理论，提出了"新滥用权力理论"。行政法院在越权之诉中，在原有的无权限和形式缺陷理由外，增加了权力滥用的理由。这在行政诉讼中被广泛运用，取得了良好的社会效果，司法权成为控制自由裁量权的有力武器。德国将原本行政法领域的比例原则理论引入司法审查范围，作为对行政机关自由裁量行为进行合理性审查的具体标准，从而突破了原有的合法性审查的界限，将行政机关的自由裁量行为纳入司法审查领域。英国也通过判例认定"韦德内斯伯里不合理"，界定了行政行为不合理的标准，列举了极端不合理行政行为的形式。美国则通过判例确定了"谢弗林原则"，在对行政权给予尊重的前提下，确立了司法审查的强度，实现司法权对行政权的监督，而且确立该原则判例成为美国法院审理案件被援引最多的判例。

我国虽然不是实行判例法的国家，但是我国司法实践中越来越重视和不断发展、完善的案例指导制度总结了很多有意义的法律适用规则和原则，以行政指导性案例为例，诸如不履行法定义务的认定（最高人民法院指导案例21号）、违反法定程序的认定（最高人民法院指导案例6号）、内部行政行为的认定（最高人民法院指导案例22号）、行政信息公开逾期答复的认定（最高人民法院指导案例26号）、程序性行政行为侵权的可诉性（最高人民法院指导案例69号），都体现了司法权对行政权的监督和控制。

现代法律制度中，不诉诸形式规则，就无法充分实现许多实质性的公共政策目标。这些目标既包括国防等传统目标，也包括公共福利、公共卫生、环境控制、公共教育、社会保障等宽泛的公共目标。要实现此类宽泛的公共目标，就必须运用形式规则：首先，为了有效执行这类复杂而盘根错节的目标，精微的社会组织形式不可或缺，而如果不具备必要的结构、程序、职能制度化的规则，这些形式就不可能存在。[1]其次，就保障公共信任和合作而言，规则及其实施过程的可预期性、统一性和公开性必不可少，而这种信任和合作对这类目标的实现是必需的。最后，这些规则显然必须是形式规则。因为它们必须要由相对下级的官员来实施，而低强制的形式性规则（如授予宽泛的自由裁量权的规则）是公众不能容忍的，这样的规则将由许多下级行政官员，而不是法官来实施。相对具体的形式规则不仅引导官员的执法行为，同时控制行政权的行使。

行政指导性案例，尤其是其裁判要旨作为一种形式规则，它是对司法审查审判结果赋予形式合理性的表现形式。从规则有用性的角度看，行政机关利用规则实现行政目的，行政相对人也通过形式化的规则合理预期其行为的后果及行政机关行为的效果。相反，规则也会成为行政机关检验其行为合法与否的参照。由于司法的权威性，较之以前，行政指导性案例的约束性已愈来愈强，法院通过司法审查对行政行为合法性进行认定，对行政行为做最后的评判。法院审理结果的直接效果是解决行政争议，其间接效果是审判决定对行政机关的影响力。因为行政机关担心其行为可能被法院判定违法或不当导致不利后果的发生，所以，经过公布的指导性案例会形成无形的约束力，可以促使和监督行政机关行使行为具有正当性，从而实现司法权对行政权的控制。

---

〔1〕 〔英〕P. S. 阿蒂亚、〔美〕R. S. 萨默斯：《英美法中的形式与实质——法律推理、法律理论和法律制度的比较研究》，金敏等译，中国政法大学出版社2005年版，第64页。

（2）规范司法权。行政指导性案例有利于合理地限制法官的自由裁量权，提高审判质量和效率，实现司法公正，维护法院和司法权威。指导性案例的适用能够最大限度地减少法外影响，避免法官滥用权力，规范司法权。

首先，行政指导性案例应该成为判决合理性的重要参照因素，减少法官主观理解差异所导致的不同判决。在司法实践中，围绕"法官自由裁量权"问题产生过不少争议，基本相同的案例，在不同的法院审判，产生不同的法律结果，甚至是差距很大的结果，究其原因主要是法官自身素质的差异和主观上对法律认识的差别。由于制定法具有抽象性、概括性的特点，使得法官对法律的理解产生偏差，案件的判决自然会出现不同的结果，以至于出现"合法不合理"或"合理不合法"的现象，这在一定程度上损害了司法权威。行政指导性案例的适用要求审判法官重视公布的案例，以防止和克服审判人员滥用自由裁量权。

其次，行政指导性案例的适用有助于遏制司法腐败，避免"关系案""权力案""金钱案""人情案"的干扰。从某种意义上讲，法官不可缺少自由裁量权，因为客观现象的复杂性，对所有问题不可一概而论。而恰恰是自由裁量权为司法腐败提供了生存的空间，这就需要思考如何在司法实践中规制司法自由裁量权。指导性案例的"应当参照"效力就是其中一个较好的办法。相同或类似的案例"应当参照"，可以为法官设置一道不可逾越的屏障，这样可以有效地遏制腐败，约束法官的自由裁量权，实现司法公正。

第二章

行政指导性案例适用现状的
实证分析

我国案例指导制度的发展主要有三大标志性
事件：一是 1985 年最高人民法院开始发布典型
性案例，标志着我案例指导制度探索起步；二是
2000 年，最高人民法院明确了典型性案例的参
考价值；三是 2010 年 7 月 29 日和 11 月 26 日最
高人民检察院、最高人民法院发布关于案例指导
工作的规定，标志着案例指导制度真正向着规范
化方向发展。截至 2022 年 9 月，最高人民法院
共发布 32 批指导性案例，最高人民检察院共发
布 40 批指导性案例。本章以指导性案例为基础，
以行政指导性案例应用为主，就行政指导性案例
应用情况展开理论分析，探索行政指导性案例类
型化的支撑基础。

一、我国行政指导性案例发布及适用现状

（一）行政指导性案例发布情况

目前，我国案例指导制度处于初创探索阶段，制度构建上主要通过司法规范性文件展开。根据《最高法案例指导规定》，指导案例是各级法院直接向最高人民法院推荐，或者由其他主体向审理法院推荐，审理法院再向最高人民法院推荐，最高人民法院审判委员会决定作为指导案例的方式诞生。

最高人民法院 2011 年正式发布第一批指导性案例，截至 2022 年 9 月共发布 32 批 185 例指导性案例，其中行政指导性案例 30 例（含 2 例国家赔偿案例），占全部指导案例的 17%。2011 年至 2019 年，最高人民法院公布行政指导性案例 19 个，占全部指导性案例的 17%（见图 2-1[1]）。对比来看，2019 年至 2022 年行政指导性案例数量增加了 11 个，但占比并未有所提升。就当前行政审判案件数量而言，[2]行政指导性案例指导能力受量的限制。

行政指导性案例的发布并没有特别的规律。根据已发布的批次，可以发现：①指导性案例与行政指导性案例没有相对固定的发布批次规律。2011～2018 年分别发布一批、两批、两批、四批、两批、四批、两批、三批。②各批次指导性案例发布数量没有固定件数，数量在 4～10 例区间不等。各批次发布时间间隔区间不固定，最短间隔区间在 5 天，最长间隔达到 9 个月。③民事、刑事、行政、赔

---

〔1〕　为对比分析，本章图表中以 2011～2019 年行政指导性案例数据为统计依据。

〔2〕　据 2012～2019 年全国人民代表大会上最高人民法院所做的工作报告，2011～2018 年每年审结一审行政案件分别有 3.7 万件、62.5 万件、2.2 万件、13.2 万件、19.1 万件、22.5 万件，91.3 万件、25.1 万件。

偿案例没有确定的数量比例。在已发布的 32 批指导案例中，10 批次涉及、11 批次未涉及行政指导性案例，即行政指导性案例在每一批次中没有特定数量要求（见图 2-2）。

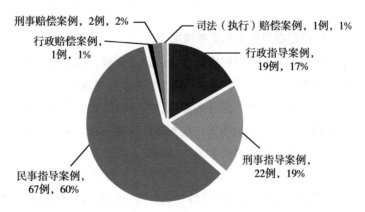

图 2-1　2011~2019 年最高人民法院指导性案例发布件数

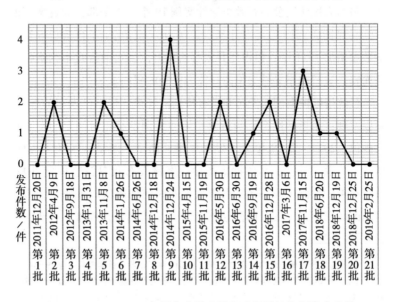

图 2-2　2011~2019 年最高人民法院行政指导性案例发布趋势

从目前已经发布的 30 例行政指导性案例来看,由基层人民法院审理 8 例,占总数的 26.7% ,中级人民法院审理 13 例,占总数的 43.3% ,高级人民法院审理 4 例,占总数的 13.3% ,最高人民法院审理 5 例,占总数的 16.7% (见图 2 − 3)。因此,行政指导性案例中集中的审判观点主要来自基层法院,是一线法官审判观点,高级人民法院、最高人民法院审判确定的司法观点组成力量较为薄弱。

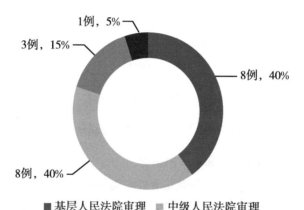

图 2 − 3 已发布的行政指导性案例审理法院级别占比

最高人民法院已发布的行政指导性案例,分布在安徽、北京、广东、湖北、江苏、江西、内蒙古、山东、四川、天津、浙江、重庆等地(见图2 − 4)。从 2017 年、2018 年的 GDP 来看,广东 2017 年 8.97 万亿元、2018 年 9.72 万亿元,江苏 2017 年 8.58 万亿元、2018 年 9.25 万亿元,山东 2017 年 7.26 万亿元、2018 年 7.64 万亿元,浙江 2017 年 5.17 万亿元、2018 年 5.61 万亿元,四川 2017 年 3.69 万亿元、2018 年 4.06 万亿元,他们的 GDP 在 2017 年、2018 年均位居前列。可以看出,行政指导性案例主要来自社会经济发展较快的地区。

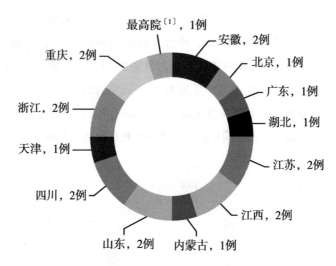

图 2 – 4　行政指导性案例地域分布

（二）行政指导性案例应用情况

最高人民法院发布的行政指导性案例的应用情况可以表明司法实践中，当事人、律师、法官等对行政指导性案例的基本态度及其可行性等情况。根据调研分析，行政指导性案例应用情况可在总体应用率、应用主体、应用方式、应用地域（本章以省为单位）等方面进行解析。截至 2022 年，最高人民法院发布的行政指导性案例共28 例，根据《最高人民法院指导性案例 2021 年度司法应用报告》公布的统计数据，其中 20 例被应用于 1442 例案例，应用率达到71.4%。下面以 2011 年到 2019 年公布的 20 例行政指导性案例应用情况为例进行具体分析。

第一，关于 20 例行政指导性案例的应用率（见图 2 – 5）。截至2019 年共 15 例行政指导性案例在行政诉讼中被应用，应用率达到

----

〔1〕　后面图表里最高人民法院简称为最高院。

75%，其中 77 号、60 号、41 号、22 号分别在 120 件、50 件、43
件、41 件例行政案件中被应用。未被应用的案例有 5 例，未应用率
为 25%。被高频应用的指导案例，主要集中在行政诉讼程序性事项
（受案范围），行政机关行为错误容易被发现的法条适用上（未引用
具体法律条款），以及社会主要关注的食品安全领域。应用最多的行
政指导性案例 77 号和 60 号都是食品安全领域的案例，其中 77 号主
要被引用的是裁判要点 2："举报人就其自身合法权益受到侵害向行
政机关进行举报的，与行政机关的举报处理行为具有法律上的利害
关系，具备行政诉讼原告主体资格。"应用领域主要在食品安全领域
频繁出现举报后，针对行政机关的处理行为的诉讼。

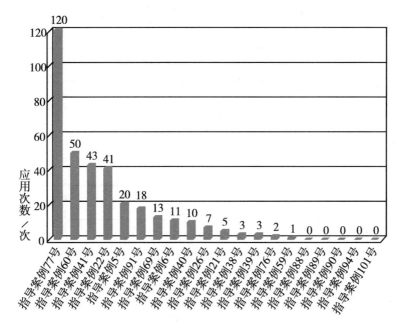

图 2-5　最高人民法院行政指导性案例应用情况

第二，关于被应用 15 例行政指导性案例的应用主体和应用方

式。首先，被应用指导案例的援用主体以公众一方（包括行政相对人、第三人等）为主，法院援用论证次之，行政机关引用较少（见图2-6）。77号案例被公众一方（包括行政相对人、第三人等）在120件行政案件中引用；41号案例为法院引用频率最高，共在8件行政案件中引用论证；22号案例为行政机关引用最多，共在9件行政案件中引用。被应用的行政指导性案例，公众一方（包括行政相对人、第三人等）总计在307例行政案件中应用，占总引用数的88%；法院在24例行政案件中引用论证，占总引用数的7%；行政机关在16例行政案件中引用，占总引用数的5%（见图2-7）。根据各方对行政指导性案例的应用情况，行政诉讼对于各行政指导性案例的应用频率不高，在一定程度上反映出法院对行政指导性案例的应用态度。

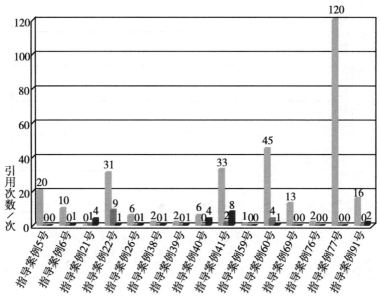

图2-6 行政指导性案例不同主体引用情况

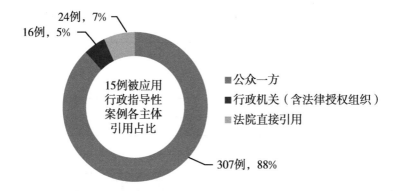

图 2 - 7　15 例被应用行政指导性案例各主体引用占比

　　其次，被应用的 15 例行政案例，因引用主体不同，在具体行政诉讼中的作用方式不尽相同。公众一方在行政诉讼引用各行政指导性案例，主要应其需求作为"诉讼依据"使用，其次是将其作为所提行政诉讼请求的证据使用，少数公众是以请求的形式，请求法院在所提诉讼中应当参照适用。总体上，行政相对人将行政指导性案例在行政诉讼中作为诉讼依据引用的有 213 例（包含少数请求法院参照适用的），作为证据使用的有 94 例。法院在引用中，则主要依照《最高法案例指导规定》的规定作为论证依据引用了 10 例行政指导性案例，总共在 24 例行政指导性案例应用案例中引用。以上公众和法院应用的具体情况见图 2 - 8。行政机关在行政诉讼共引用 4 例行政指导性案例，作为行政行为合法性的答辩依据的有 15 例，作为行政行为合法性证明证据适用的有 1 例。行政机关在行政诉讼中，主要将行政指导性案例作为行政行为合法性的答辩依据引用，其中 22 号案例行政机关共在 9 件行政案件中将其作为答辩依据引用，引用频次最多（见图 2 - 9）。在上述主体的应用过程中，行政相对人将行政指导性案例作为其诉讼请求的"证据"引用时，是否符合证据产生的过程？此时我们不得不反思造成行政相对人引用方式问题的原因及其解决途径，重新思考关于行政指导性案例与当前案件类推适用的规定。

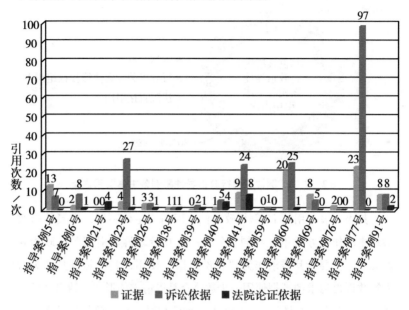

图2-8 公众和法院对行政指导性案例的应用方式

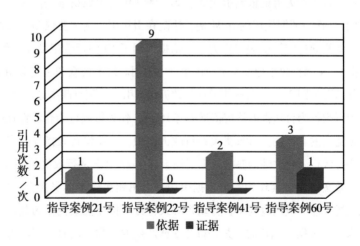

图2-9 行政机关引用行政指导性案例的方式

第三，关于 15 例被应用的行政指导性案例的应用地域（省级辖区分布）。被应用的 15 例行政指导性案例总共在行政案件中应用了 317 次。在应用地域上，同行政指导性案例主要来源地相同，主要应用在经济较发达的地区，行政案件中应用行政指导性案例的案件数，河南 47 件，广东 45 件，湖北 32 件，浙江 29 件，北京 23 件，江苏 17 件（见图 2 - 10）。其中河南、福建、湖南、黑龙江、河北、辽宁、上海、吉林、陕西、甘肃、广西、海南、山西、青海、贵州并未产生行政指导性案例，说明行政指导性案例应用地域与是否为行政指导性案例的诞生地没有必然联系（对比图 2 - 10 与图 2 - 4 可见）。但是从这些地方的行政指导性案例的应用数量以及云南、贵州、西藏、新疆等地未应用指导案例，亦可发现现有行政指导性案例的具体应用，受应用地社会经济发展状况的影响。因此，需重新

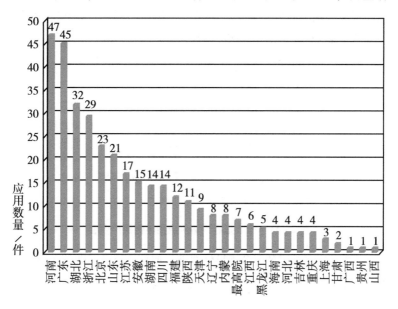

图 2 - 10　各省（自治区、直辖市）、最高院应用行政指导性案例情况

考量行政指导性案例的发布问题，一是当前行政指导性案例发布条件对行政指导性案例应用的影响；二是行政指导性案例发布主体优化能否促进行政指导性案例应用。

第四，援用内容。15 例被应用的行政指导性案例，在引用内容上，引用裁判要点的有 224 例（24 例为法院主动援用，其中 1 例法院引用案例中关键词"正当程序"和"裁判要点"，指出"正当程序原则经历了从一般案例到指导性案例、从指导案例到《行政审判办案指南（一）》、案例指导实践到司法解释的提升或质变。显然，与正当程序原则密切关联的程序权利，已经进入行政诉讼应当保护的权益"。法院用以支持其判决）。引用裁判理由的有 7 例（其中 1 例同时引用了裁判要点），引用其他内容（未表明引用内容，或者引用指导案例其他内容的）的有 116 例（见图 2－11）。行政指导性案例在司法实践中的援用例证，具有规则性质的裁判要点更受当事人、法院的青睐（64% 的应用案例援用裁判要点）。

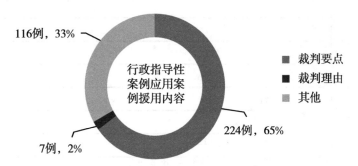

图 2－11　行政指导性案例应用案例援用内容

据此，本书追求的行政指导性案例类型化是否可以做行政指导性案例"裁判要点"的类型化理解？援引"其他"者，按照《〈最高法案例指导规定〉实施细则》，法院"应当参照相关指导性案例的裁判要点作出裁判"，最终法院的回应将指向行政指导性案例的裁判要点具有必然性。例如，指导案例 5 号的应用案例郑州海王工业盐销售有限公司诉中牟县盐务管理局不服行政处罚案，原告提出该 5 号案例用以证明被告作出处罚于法无据。法院回应，"5 号案例中苏州盐务局作出处罚的依据是地方性规章，根据行政处罚法的规定地方性规章无权设定行政处罚，而本案被告作出处罚依据的地方性法规有权设定行政处罚，直接指向了行政指导性案例 5 号的裁判要点。再如，行政指导性案例 39 号应用案例中山大学新华学院与刘岱鹰不授予学士学位决定纠纷上诉案中，刘岱鹰仅提出"中山大学新华学院不授予其学士学位的决定与指导性案例理念不符"，法院回应（属隐性回应）"办学自主权应当在法律规定的范围内行使，学位授予行为涉及学生的基本权益，高校制定的实施细则应严格遵守上位法的规定，不得在上位法规定以外附加非学术评价条件或作扩大解释，《中山大学新华学院学士学位授予工作细则（试行）》相关规定的法律依据不足，不能作为本案处理的有效依据，原审法院对此认定不当，本院予以纠正"，回应内容上也指向行政指导性案例 39 号的裁判要点 2。可以看出，行政指导性案例类型化以裁判要点为主具备实践基础。

（三）各级法院对行政指导性案例的态度

案例指导制度实际功能能否有效发挥，依赖裁判者对该制度的态度。换言之，法院、法官的态度，实际影响案例指导制度的司法实践运行效果。根据实践状况，法院、法官关于行政指导性案例的态度，表现在以下方面。

第一，最高人民法院及其大法官的态度。《最高法案例指导规定》要求"各级人民法院审判类似案例时应当参照指导性案例"，其中"应当"在法理上表示各级法院的"义务性"。但是"参照"是将其作为裁判依据，或是裁判中的其他部分援用，定位模糊。《中华人民共和国行政诉讼法》（以下简称《行政诉讼法》）第六十三条第三款规定，

"人民法院审理行政案件,参照规章",本条款中的"参照"效力是规章可作为裁判依据予以援用。指导性案例的"参照"与《行政诉讼法》中的参照是否相似,胡云腾大法官等在《〈关于案例指导工作的规定〉的理解与适用》一文中明确,指导性案例的约束力是内在的、事实上的作用,是依靠法官案件内心确认过程对同类或类似个案的判断,影响和指导法官裁判。指导性案例本身不作为裁判依据,而是将其应用至个案说理中,支持法官论证。[1]2018年胡云腾大法官关于"应当参照"效力的态度发生转变,在肯定我国案例指导制度与英美法系判例制度之区别后,提出"要通过司法解释明确规定:指导性案例的裁判要点像司法解释一样可以在裁判文书中引用,引用的顺序可以放在引用法律、行政法规和司法解释之后"。[2]即指导性案例可以作为裁判依据。指导性案例的裁判要点作为具体引用内容,其基本效力定位及参照定位是,"裁判要点是最高人民法院审判委员会总结出来的审判经验,因此,可以视为与司法解释具有相似的效力。在司法实践中,指导性案例的裁判要点既可以作为裁判说理依据引用,也可以作为裁判依据引用"。[3]

据此,未来我国案例指导制度发展,在方向上会偏向"司法解释"。换言之,行政指导性案例可以成为我国立法性司法解释之外,另一种独特的解释形式,即个案性司法解释。[4]

第二,主动援引所占比例较低。最高人民法院关于指导性案例的司法解释对法院、法官的义务性规定的实效,反映出法院、法官

---

〔1〕 胡云腾、罗东川、王艳彬等:《〈关于案例指导工作的规定〉的理解与适用》,载《人民司法》2011年第3期。

〔2〕 胡云腾:《打造指导性案例的参照系》,载《法律适用》2018年第14期。

〔3〕 同上。

〔4〕 赵静波:《行政指导案例制度转型的法理分析》,载《吉林大学社会科学学报》2016年第4期。

对行政指导性案例应用态度并不明确。《最高法案例指导规定》明确
规定各级人民法院在审理类似案件时"应当参照"指导性案例，并
且在《〈最高法案例指导规定〉实施细则》中规定，一是正在审理
的案件，基本案情和法律适用方面，与最高人民法院发布的指导性
案例相类似的，应当参照指导性案例；二是"在办理案件过程中，
案件承办人员应当查询相关指导性案例"，即案件承办人员对指导性
案例具有主动查询的义务。换言之，法官在案件审理过程中，应当
主动查询指导性案例中是否存在与正在审理的案件相类似的情形，
并予以参照适用。"应当"作为义务性规定，具有必须行为的意义，
没有为法官保留选择余地。但是，行政指导性案例应用总计 347 次，
法院在审判过程主动援用的仅有 24 次，仅有 7% 的主动援用率（见
图 2 - 7）。该数据在一定程度上反映出行政指导性案例进入行政审判
实践时，法院、法官并非持一种积极的态度。另外，法院、法官对
公众一方（包括行政相对人、第三人等）、行政机关的援引回应中，
明示回应 90 例，占比 26%；隐性回应 177 例，占比 51%；未回应
36 例，占比 10%；其他方式回应 20 例，占比 6%（见图 2 - 12）。

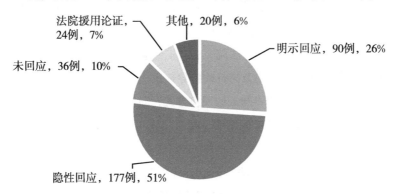

图 2 - 12　行政指导性案例引用法院的回应方式

说明：图中"其他"是指除法院明示回应、隐性回应、未回应，以
及法院主动援引外的方式，或者案件因其他理由审结无需回应的情形。

法院、法官针对当事人等引用行政指导性案例，以隐性回应、不回应为主。隐性回应时，不载明行政指导性案例名称或者行政指导性案例号等，而是直接论证说理。例如，行政指导性案例41号应用案例李震诉西华县公安局处罚纠纷案中，原告认为，"被告适用的法律是殴打他人，而该案是双方互殴，被告处罚适用处罚法第四十三条第二款之规定，而该条第二款有三项，根据最高人民法院行政指导案例第41号，未引用具体条、款、项、目的属于适用法律错误"。法院论证则没有指出行政指导性案例41号，而是直接论证认为，"《中华人民共和国治安管理处罚法》第四十三条第二款规定'有下列情形之一的，处十日以上十五日以下拘留，并处五百元以上一千元以下罚款：（一）结伙殴打、伤害他人的；（二）殴打、伤害残疾人、孕妇、不满十四周岁或者十六周岁以上的人的；（三）多次殴打、伤害他人或者一次殴打、伤害多人的。'本案被告适用《中华人民共和国治安管理处罚法》第四十三条第二款的规定作出行政处罚，没有引用具体哪项，且在诉讼中没有证明该具体行政行为符合法律的具体规定，应视为该行政处罚没有法律依据，属适用法律错误。原告认为被告作出行政处罚未引用具体哪项，属于适用法律错误的意见本院予以采纳。"法院、法官不回应的情况，则在裁判证据认定、论证说理中，不提及与行政指导性案例相关的内容。因而，法院主动援引及其对诉讼参加人的回应方式，即反映出下级法院、法官对待行政指导性案例态度的不明，既少几分"暧昧"，也没有确定的拒绝。

第三，当事人援引，法官回应方式折射出行政审判对指导性案例实际应用有所回避。《〈最高法案例指导规定〉实施细则》要求法院主动查询援用，或者在公诉机关、案件当事人及其辩护人、诉讼代理人引述时，回应是否参照并说明理由。如图2-12所示，法院、法官在行政审判过程中，针对当事人或者第三人引述行政指导性案例时，是以隐性回应为主的。具体回应时，不指明被引述的行政指导性案例，而是直接就当事人或者第三人引述行政指导性案例支持的主张独立地论述。指导案例 60 号应用案例王国峰与东莞市食品药品监督管理局、东莞市人民政府食品药品安全行政复议案中，王国峰引述行政指导性案例裁判要点支持其关于多力牌橄榄葵花食用调和油存在"需要标示而未标，应当予以处罚"的主张。法院回应，"涉案产品标签图案显示，产品外包装中显示商品名称为'橄榄葵花食用调和油'，九个字的大小均匀，字体一致，颜色统一，并没有突显或着重强调的部分；配料为'葵花籽油、特级初榨橄榄油'，参照《橄榄油、油橄榄果渣油》（GB 23347—2009）的规定，'特级初榨橄榄油'是橄榄油等级分类的标准化标示方式，亦未特别强调配料存在特殊成分；包装上'精选多力葵花籽与特级初榨橄榄油'及'同时享有橄榄油和葵花籽油'的字样中也不存在突显或着重标示的部分；包装上配有橄榄果及葵花籽图案，比例相当，并不存在突显或着重强调的部分"，作为不予支持原告王国峰主张的理由，但未指明本案与指导案例 60 号的不同之处并按要求阐明理由。

又如指导案例 69 号应用案例于艳艳诉茌平县人力资源和社会保障局劳动和社会保障行政管理案中，于艳艳引用行政指导性案例 69 号作为证据，证明"在交警部门不能认定交通事故责任的情况下，被告应依法调查并作出事实认定"。[1]法院回应，"王善磊上班途中骑摩托车发生道路交通事故受伤害致死，聊城市公安局交通巡逻警察支队茌平大队作出该道路交通事故成因无法查清的《道路交通事故证明》，第三人（于艳艳）向被告提起工伤认定申请，在工伤认定

---

〔1〕 本案中于艳艳引述的是行政指导性案例 69 号裁判理由的内容。

过程中，通过交警部门出具交通事故证明无法查清涉案道路交通事故成因，且第三人茌平信发铝制品有限公司认可王善磊发生交通事故受伤死亡为工伤的情况下，被告没有证据证明王善磊负交通事故的主要责任或全部责任。据此，被告茌平县人力资源和社会保障局作出的茌人社工伤［2017］70068 号《工伤不予认定决定书》属认定事实不清，证据不足，依法应予撤销。"尽管法院论证内容与指导案例 69 号的裁判要点相似，但是法院仍是自行论证，而不是引述指导案例 69 号之裁判要点。

上述自主论述的隐性回应方式，基本都在隐性回应的 177 例应用案例中被采用。而这种方式代表法院的一种"折中"的回应方式，但是依照《〈最高法案例指导规定〉实施细则》的义务性规定，可判断这种方式实际凸显下级法院及其法官对指导性案例的有意回避。

第四，行政指导性案例对于法官需求的满足度。我国正式实行裁判文书公开制度的意义在于，一方面使得法院裁判受到外部监督，限制法官裁量权的滥用；另一方面也可以提高当事人对所涉案件的预测，这种预测可间接作用于审判，规范法官案件审理。这种方式的作用过程，是裁判文书公开，当事人可查询案件，因而法院、法官本人在遇到类似案件时，会受本院、法官本人之前裁判的约束。而这种约束会促进法官裁判的客观化，并且随时间的推移逐渐固定化（类型化，相似问题条件明确且裁判明确）。进而促进法律适用的统一，保障司法公正。案例指导制度运行的目的价值，在《最高法案例指导规定》表明，"为总结审判经验，统一法律适用，提高审判质量，维护司法公正"。实践中，我国行政指导性案例运行，需要解决以下问题。

首先，行政指导性案例实际指导力不足。当前行政指导性案例总计发布 30 例（含 2 例行政赔偿指导案例），涉及的公共行政领域相对狭窄，指导面上存在明显不足。因而导致行政指导性案例实际指导力的不足。其次，法律、法规、司法解释等规范更新与行政指导性案例编纂的矛盾。行政指导性案例在其当时所适用的法律、法规、司法解释的背景下产生，当适用规范修改，或者相同领域新增法律时，行政指导性案例的指导能力必然受实际条件变化的限制。再次，行政指导性案例的指导应当具有层级性，是全国性适用还是地方性的特定指导，不同层级应考虑不同的指导需求。最后，行政指导性案例的编纂，不仅需要就适用规则作理论阐释，而且应当在基本法理上做突出解释，满足基层法官对裁判观点准确把握的需求。

因此，行政指导性案例在司法实践中，需要满足案例指导的需求，以及考量地方性特定指导的需求，同时保证公布的及时性以及论述说理的充分性，以满足基层法官的应用需求。

二、我国行政指导性案例的适用困境与理论路径

（一）我国行政指导性案例的适用困境

1. 行政指导性案例内容的功能适应性较弱

根据《〈最高法案例指导规定〉实施细则》的规定，指导性案例由标题、关键词、裁判要点、相关法条、基本案情、裁判结果、裁判理由以及包括生效裁判审判人员姓名的附注等组成。行政指导性案例所包含的内容，各自对行政指导性案例的实践应用传递特定的信息，其中对行政指导性案例应用比较重要的，裁判要点传递具有参照价值的特定规则，相关法条表明案例适用的法条，基本案情则是法院审判确认的案件事实，裁判结果是法院确认的案件事实及法律规定对行政行为的最终评价，裁判理由是最终评价的支撑理由。

裁判要点与裁判理由的关系，前者是后者的抽象提取，或者是对后者的摘录。当事人或者第三人援引行政指导性案例是以满足诉讼意愿作为考虑，通过信息判断确定其援引的具体内容，法院主动援引及其对当事人援引的回应也不外乎裁判需求的满足。

因此，当前实践中，法院主动援引或者回应当事人的援引时，先考虑论证需求，决定是否主动援引，或者按照裁判要点回应，履行司法解释规定援引"裁判要点"的义务。当事人援引时，则以需求的满足决定是否援引，以及援引的行政指导性案例的具体内容。15 例被应用的行政指导性案例中，当事人或者第三人援用裁判要点或者裁判理由存在三种主要的态度，首先，论述行政指导性案例支持其主张的依据时，一般会主动说明本案与行政指导性案例的相似性。其次，截取裁判要点的片段支持其主张。指导案例 77 号应用案例张自林诉开封市地方税务局稽查局税务行政管理（税务）案中，原告认为与被告处罚行为有利害关系，提出"最高人民法院第 77 号指导性案例认定了举报人的主体适格，本案应当参照指导性案例，认定上诉人的主体资格"，其截取的是指导案例 77 号裁判要点 2 的片段"举报人与行政机关的举报处理行为具有法律上的利害关系"，但是忽略这种利害关系的成立是以"举报人的举报是因自身合法权益受侵害"为条件。最后，有时则只列出行政指导性案例，对援引内容或者援引目的不予说明。正如行政指导性案例 5 号应用案例曹斌诉东乌旗盐务管理局案，原告将案例只单纯列为证据；行政指导性案例 39 号应用案例中山大学新华学院与刘岱鹰不授予学士学位决定纠纷上诉案，中山大学新华学院（上诉人）上诉时提出原审法院撤销其不授予被上诉人学位的决定显失公平，与行政指导性案例 39 号的理念不相符。

另外，当事人或者第三人对行政指导性案例引用的具体内容，

要么是裁判要点，要么是裁判理由，要么不说明援引内容。如行政
指导性案例41号的应用案例中援引裁判要点22例，裁判理由0例，
不说明的8例；60号应用案例中援引裁判要点20例，裁判理由1
例，不说明的28例；77号应用案例中援引裁判要点86例，裁判理
由0例，不说明的34例；其他案例同样如此（见图2-13）。简单来
说，行政指导性案例应用过程中，引用内容具有随意性。

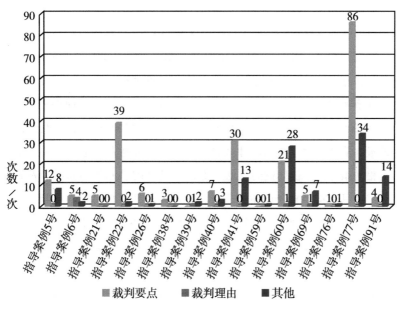

图2-13　行政指导性案例应用援用内容情况

　　前述情况成因主要是，行政指导性案例裁判要点、裁判理由等
功能地位的不明。《最高法案例指导规定》要求各级法院应当参照指
导性案例，《〈最高法案例指导规定〉实施细则》要求各级法院应当
参照裁判要点，在裁判理由中引述裁判要点，即裁判要点对裁判论
证的支持功能。但是"基本案情""裁判理由"等则缺少与裁判要
点在各自功能的连接。如何探索行政指导性案例中"基本案情""裁

判理由"等的功能，及它们的实际功能如何连接？有待于考察行政裁判结果的产生过程。

行政审判结果产生的基本过程，是行政纠纷经原告起诉到法院后，法官依据原告、被告的陈述及他们所提供的证据，对双方发生的争议进行确认查明，然后通过论证将确认的案件事实要素涵摄于法律规范描述的要件下，形成小前提。也就是确定"法条构成要件所指陈的要素，其于陈述所指涉的生活事件中完全重现"。[1]然后，通过演绎推理获得法律的最终评价（法效果）。[2]移此过程至行政指导性案例，那么行政指导性案例的各内容本身的功能意义自然显露。行政指导性案例的基本案情，即"法院经审理查明……"部分，是案件事实的确认；裁判理由，"法院生效裁判认为……"即将案件事实涵摄于法律规范要件，是形成裁判小前提的基本过程；裁判结果即最终演绎推理获得的法律效果。此外，据最高人民法院《关于编写报送指导性案例体例的意见》提到，"裁判要点可以直接摘录裁判文书中具有指导意义的主要部分，也可以对其进行提炼和概括。裁判要点应简要归纳和提炼指导性案例体现的具有指导意义的重要裁判规则、理念或方法，应当概要、准确、精练，结构严谨，表达简明，语义确切，对类似案件的裁判具有指导、启示意义。"已发布的行政指导性案例裁判要点，是对裁判理由的抽象概括。因而，裁判要点包括对法律构成要件要素事实的具体确认，然后法院再通过大前提演绎最终的法律结果。

我国行政诉讼领域，法院导出行政诉讼法律效果的大前提是，

---

〔1〕〔德〕卡尔·拉伦茨：《法学方法论》，陈爱娥译，商务印书馆2003年版，第152页。

〔2〕这里强调的是行政裁判结果形成的形式推理过程，然而法律适用绝不可能只作形式推理即可，还有实质推理过程。

《行政诉讼法》第六十九条至第七十八条行政诉讼判决规定。如第七十条规定，"行政行为有下列情形之一的，人民法院判决撤销或者部分撤销，并可以判决被告重新作出行政行为：（一）主要证据不足的；（二）适用法律、法规错误的；（三）违反法定程序的；（四）超越职权的；（五）滥用职权的；（六）明显不当的。"简示："适用法律、法规错误的，人民法院判决撤销或者部分撤销，并可以判决被告重新作出行政行为。"在该大前提中，"适用法律、法规错误"，需要法院通过论证构建案件事实与"适用法律、法规错误"的符合性，完成小前提搭建，即"A 行政行为是适用法律、法规错误"。然后通过三段论获得判决结果撤销 A 行政行为。以行政指导性案例 41 号为例，裁判要点"行政机关作出具体行政行为时未引用具体法律条款，且在诉讼中不能证明该具体行政行为符合法律的具体规定，应当视为该具体行政行为没有法律依据，适用法律错误"。通过解剖可获得适用法律错误的构成要件：具体行政行为未引用具体法律条款；诉讼中不能证明该具体行政行为符合法律的具体规定。前者是裁判理由第一段的概括抽象，后者是裁判理由第二段的概括抽象。此二段裁判理由即法官通过内部证成获取小前提的过程。基本案情则是行政相对人与行政机关发生纠纷的事实情况，是裁判理由形成的基础。由此，行政指导性案例"裁判要点""基本案情""裁判理由""裁判结果"功能连接即明晰。[1]

　　这种功能连接关系，在行政指导性案例的应用案例中，也能得到反映。具体来说，当事人或者第三人援引行政指导性案例支持其诉讼主张时，首先是对自己所涉案件事实作自我认定，其次是寻找规则支持其诉讼主张，对行政指导性案例选择援用本质是以规则寻

---

[1]　这种功能连接关系，也表明适用裁判要点时需要回访"基本案情""裁判理由""裁判结论"。

找为基础，最后决定援引与否。换言之，当事人、第三人援引指导性案例就是对案件的涵摄过程，确认本案符合裁判要点揭示的构成要件，类比即裁判要点构成要件要素的判断。行政指导性案例 22 号应用案例楼樟富等与金华市人民政府其他行政行为纠纷上诉案中，原告上诉时，提出："根据最高人民法院发布的指导案例 22 号的裁判要点，地方人民政府对其所属行政管理部门的请示作出的批复，一般属于内部行政行为，不可对此提起诉讼。但行政管理部门直接将该批复付诸实施并对行政相对人的权利义务产生了实际影响，行政相对人对该批复不服提起诉讼的，人民法院应当依法受理。在本案中，被上诉人作出的批复行为虽属于内部行政行为，但后续金华山旅游经济区管委会直接根据该批复筹集资金并开始实施城中村改造工作。该实施行为对于上诉人的权利义务具有明显的、直接的影响。本案的情形显然属于前述指导案例裁判要点所称的行政管理部门直接将批复付诸实施并对行政相对人的权利义务产生了实际影响。因此，本案被诉行政行为属于可诉的行政行为。请求二审法院撤销一审裁定，指令原审法院继续审理。"[1]楷体字部分是原告就案件事实的自我认定，涵摄于裁判要点的过程。行政指导性案例援引过程同样能够揭示"基本案情""裁判理由""裁判结果""裁判要点"之间的关系。

2. 行政指导性案例数量、质量待补足

（1）行政指导性案例数量上不足以指导行政审判。从 2010 年我国正式建立案例指导制度以来，截至 2022 年 9 月最高人民法院共发布 32 批 185 例指导案例，行政指导性案例 30 例（含 2 例国家赔偿案例）。根据最高人民法院发布的数据，2015 年 4 月最高人民法院发布《关于人民法院推行立案登记制改革的意见》，同年 5 月正式实施立案登

---

[1] 此因原审法院驳回原告起诉。

记制度后，行政案件数量在 2015 年较之前有突进增长，2015 年全国法院受理 220 398 件，2016 年受理 225 485 件，2017 年受理 230 432 件，审结数量分别为 198 772 件、225 020 件、229 112 件，2018 年审结 25.1 万件[1]。2015~2018 年行政指导性案例数量与全国法院一审行政案件审结数量相比约为 1∶116016，即 1 例行政指导性案例指导 116 016 件行政案件，行政指导性案例数量远不够多。图 2 – 14 为 2013~2017 年全国行政案件一审受理、审结情况。

图 2 – 14　2013~2017 年全国行政案件一审受理、审结数量[2]

行政指导性案例在指导面上，存在对行政行为类型覆盖不够的问题，对公共行政领域也尚未完全覆盖。首先，已发布的行政指导性案例覆盖行政处罚、行政确认、行政登记、行政许可、行政批准、行政合同、行政受理、行政征收、政府信息公开、其他行政行为，对行政给付、行政奖励、行政规划等行为领域尚未覆盖。其次，已发布行政

〔1〕　数据来源为第十三届全国人民代表大会第二次会议最高人民法院工作报告。
〔2〕　数据来源为《最高人民法院公报》。

指导性案例涉及公安（交通）、资源（土地）、工商、农业、物价、交通运输、劳动和社会保障、民政、教育、盐业等管理领域，但是，对公安行政（消防、治安）、资源行政（林业、草原、能源等）、卫生行政、环境保护行政、交通运输行政等行政管理领域尚未涉及。从行政行为类型角度，行政机关作出相同类型的行政行为，在程序上具有共性，程序共性方面行政指导性案例可以发挥其指导功能。但是，在行政行为存在不同种类时，如行政处罚包括警告、罚款、拘留、没收、吊销证照、责令停产停业等，各自适用的具体行政程序又有特定的指导需求。另外，特定行政管理领域所执行的法律规定，既有独立的规范性也有特定的目的追求。具体而言，A 行政处罚依据的实体法是 B，C 行政处罚（与 A 种类相同）依据的实体法是 D（B、D 属不同行政管理领域），A、C 行政处罚作出的程序合法的前提下，实体合法必须依赖 B、D 规范包含的构成要件。因行政管理领域的不同，规范构成要件具有特定性。因此，行政指导性案例具有覆盖不同行政管理领域的需求。这种覆盖依赖公共行政领域的有效划分，部门行政法实践与研究的发展推动。

（2）行政指导性案例裁判要点有完整性、充实性的需求。"无论是采用排他性定义方式，还是列举式方式，法律适用者都必须在对规范进行具体化的最后得出一个'明确断言'：他从其论证链条中得出，有待检验事实状况满足规范事实构成的要素。"[1]而待验案件事实涵摄于规范的构成要件，前提在于规范构成要素是完整的。行政指导性案例的裁判要点作为行政裁判的小前提，其规范构成要素应完整。然而，已发布的行政指导性案例中，有的裁判要点仍然需要补足。

---

〔1〕 〔德〕伯恩·魏德士：《法理学》，丁晓春、吴越译，法律出版社 2013 年版，第 296 页。

行政指导性案例22号裁判要点："地方人民政府对其所属行政管理部门的请示作出的批复，一般属于内部行政行为，不可对此提起诉讼。但行政管理部门直接将该批复付诸实施并对行政相对人的权利义务产生了实际影响，行政相对人对该批复不服提起诉讼的，人民法院应当依法受理。"换作更为清楚的前提表述模式："地方人民政府基于其所属行政管理部门请示作出的批复，属于内部行政行为，但直接付诸实施并对行政相对人的权利义务产生了实际影响的，人民法院应当依法受理。"从中可提取内部行政行为可诉性的构成要件，包括：行政管理部门向地方人民政府请示；地方人民政府作出属于内部行政行为的批复；该行政管理部门直接实施了该批复；对行政相对人权利义务产生了实际影响。这样解构裁判要点，似乎已经完整。但是实践中，对"直接实施了该批复"存有不同理解，朱龙文诉南陵县人民政府土地行政批复纠纷案中，原告认为案涉南政秘（2009）186号批复被执行，法院查明实际影响原告权利义务的是"（2010）1号公告及说明"（法院认定该公告是南陵县国土资源局以公告形式作出了收回国有土地使用权的决定），所以原告的诉讼请求被驳回。珠海东昭投资发展有限公司与珠海市人民政府土地行政管理纠纷上诉案中，上诉人认为珠海市人民政府71号批复实际影响了其权利义务，被上诉人援引行政指导性案例22号答辩认为，"本案中，答辩人对所属国土部门的请示作出的71号批复，属于内部行政行为，且该批复从未直接送达给被答辩人，答辩人所属国土部门也并未将71号批复直接付诸实施，而是通过制作并送达对外发生法律效力的收地决定（251号收地决定），该批复并未外化为直接对外发生法律效力的行政行为，对被答辩人的权利义务明显不产生实际影响，因此本案批复行为不属于受案范围"。法院采纳被上诉人的答辩意见，指出"由于71号批复并未直接送达给东昭投资公司，并未外化为对外发生法律效力的行政行为，属于行政机关的内部行政行为，对东昭投资公司的权利义务尚未产生实际影响，因此不属于行政诉讼的受案范围。对东昭投资公司的合法权益直接产生影响的是珠海市国土资源局的251号收地决定，因此，东昭投资公司应当以珠海市国土资源局为被告提起诉讼"，支持原审法院驳回原告起诉的裁定。从两案法院的意见，可抽象出行政指导性案例22号裁判要点指称的"直接付诸实施"，至此可认为该裁判要点获得补足。

又如行政指导性案例39号裁判要点2，"高等学校依照《中华人民共和国学位条例暂行实施办法》的有关规定，在学术自治范围内制定的授予学位的学术水平标准，以及据此标准作出的是否授予学位的决定，人民法院应予支持"。"学术自治范围"尚且处于不确定状态，39号案例应用案例中山大学新华学院与刘岱鹰不授予学士学位决定纠纷上诉案中，中山大学新华学院一审败诉后上诉提出：《中山大学新华学院学士学位授予工作细则（试行）》对作弊学生是否规定、如何规定申请学士学位的补救措施，是上诉人自主办学权的体现，原审以《学位授予工作细则》"对考试舞弊学生提出比普通学生更加严格的学术评价标准"为由，认定上诉人对被上诉人作出不予授予学位的决定显失公平，实际上是对上诉人根据自身办学理念、教学实际情况制定的学术标准予以评判，不仅干预了上诉人的自主办学权，而且与最高人民法院2014年发布的39号指导案例（何小强诉华中科技大学拒绝授予学位案）中体现的审判理念不符。二审法院认为："办学自主权应当在法律规定的范围内行使，学位授予行为涉及学生的基本权益，高校制定的实施细则应严格遵守上位法的规定，不得在上位法规定以外附加非学术评价条件或作扩大解释，《中山大学新华学院学士学位授予工作细则（试行）》相关规定的法律依据不足，不能作为本案处理的有效依据……"因此，法院最终确认"学术自治范围"是法律授权范围内的自治，也就是自治需符合公法领域"法无授权即保留"，并不是中山大学新华学院理解的"学术自由"。"学术自治范围"另一不确定性是指哪些事项属于该范围。

（3）除上述概念内涵的补足需求外，行政指导性案例裁判要点内涵价值也需予以补足，避免"恶意行为"，防止行政、司法等公共资源浪费。行政指导性案例77号裁判要点2，"举报人就其自身合法权益受侵害向行政机关进行举报的，与行政机关的举报处理行为具有法律上的利害关系，具备行政诉讼原告主体资格"。"就其自身合法权益受到侵害"是否排除举报人的"恶意"，或者限制在举报人合法、合理行为内，具有特定价值。77号案例应用案例，黄载回与博罗县市场监督管理局等因其他行政行为纠纷上诉案中，黄载回援引77号案例支持其上诉请求，但是法院查明"黄载回不服惠州市惠城区人民法院作出的（2017）粤1302行初7~16号行政裁定共10宗案件，均向本院提起上诉。从（2017）粤1302行初7~16号共10宗案件来看，黄载回主要是以其从商家购买的食品、药品存在质量问题为由，向行政机关进行举报投诉，黄载回认为相关行政机关不履行法定职责或是履行职责不到位，遂向一审法院提起行政诉讼"。同时指出："黄载回频繁地向行政机关投诉举报、申请复议，并频繁提起行政诉讼，其行为已不具有保护人身权、财产权需要的正当目的性，客观上也导致了行政、司法等公共资源被严重浪费。原审裁定驳回黄载回的起诉，并无不当。"法院未援引77号案例裁判要点2，而是作上述裁判论证。据该案法院裁判论证可推知缘由："若直接适用77号案例裁判要点2，不能阻却原告超出生活正常需求内的频繁举报，反而会形成支持'职业打假'的可能。不仅会浪费行政、司法等公共资源，而且会扰乱社会经济秩序等。"另有77号案例应用案例，邓飞、宁波市市场监督管理局质量监督检验检疫行政管理纠纷案，法院查明"2015 年 1 月至今（2017 年），以'邓飞'为原告对宁波地区市场监管部门提起诉讼的案件已经法院审结的有二十余件"；周阳与五莲县食品药品监督管理局食品药品安全行政管理纠纷案涉及 6 件；周洋、应城市食品药品监督管理局食品药品安全行政管理（食品、药品）纠纷案涉及 28 件。因此，行政指导性案例应当保证裁判价值的完整性，避免前述情形的案件，使得法院拒绝适用。从法律适用统一的角度，行政指导性案例不应该仅追求法律规范内容的统一，更应该追求法律价值的统一。

3. 行政指导性案例的定位不明、效力不确定

《最高法案例指导规定》要求各级人民法院审判类似案例时应当参照指导性案例，《〈最高法案例指导规定〉实施细则》规定各级人民法院审理参照指导性案例的，应在裁判理由部分引述指导性案例的编号和裁判要点。对指导性案例而言，最高人民法院关于指导性案例的两个司法解释，获得了相应的法律效力地位。但是在应用案例中，不同主体引述行政指导性案例支持其主张，以及当事人或者第三人引述，法院回应意见时，行政指导性案例性质的尴尬就会体现出来。

（1）行政指导性案例具备证据性质吗？当事人或者第三人援用作为诉讼主张支持"依据"是否更恰当？被应用的 15 例行政指导性案例的 347 例应用案例中，当事人或者第三人将行政指导性案例作为证据援引的有 95 例，226 例将其作为支持诉讼请求的"依据"或者明示请求法院参考（作为一种隐式请求支持其诉讼请求的表述方式）。在作为证据引用时，法院、法官存在两种观点：一是支持行政指导性案例的证据属性。左右龙诉重庆市食品药品监督管理局长寿区分局撤销行政答复案中，原告援引 60 号案例作为证据，法院证据采信时认为"本院对上列证据的真实性、合法性、关联性予以确认"。行政指导性

案例 60 号应用案例四川江中源食品有限公司诉中江县食品药品监督管理局食品药品安全行政管理行政处罚案，被告将 60 号案例作为证据 21 援引，法院证据采认时认为"该组证据与本案不具有关联性，本院不予采信"；行政指导性案例 91 号应用案例巴叶红诉郑州市金水区人民政府不服行政侵权赔偿案，原告援引 91 号案例作为 6 号证据，法院采认证据时认为，"该证据与本案无关联性，本院不予采纳"。明示承认行政指导性案例的证据属性，或是否认证据关联性，是默示认为行政指导性案例的证据属性。二是认为行政指导性案例缺少证据的形式，不属于证据。行政指导性案例 77 号应用案例郑兴兰诉中国人民银行舒城县支行金融行政管理（金融）案，原告援引 77 号案例作为证据，法院证据采信时认为"原告所举依据 6（77 号案例）不符合证据的形式要件，不能作为处理本案的依据"，否认行政指导性案例的证据属性。此种情形下，法院裁判理由鲜见地对当事人或者第三人援引的行政指导性案例作出回应说明，与最高人民法院关于指导性案例的两个司法解释要求法院在裁判理由回应是否参照并说明理由的要求，不相符合。鲜见情形如，行政指导性案例 69 号应用案例于杰、潘丽君诉呼伦贝尔市人力资源和社会保障局行政确认案，原告援引 69 号案例作为证据，法院证据采信时认为，"对原告提供的最高人民法院指导性案例 69 号，其虽不是本案证据，但可作为本案的参照"，裁判理由论述"被告在作出《工伤认定中止通知书》后，直到二原告起诉时，仍以中止认定情形尚未消除为由，拒绝恢复工伤认定程序。虽然被告作出的《工伤认定中止通知书》是工伤认定中的一种程序性行为，但该行为将导致二原告的合法权益长期乃至永久得不到依法救济，对二原告的权利义务产生实际影响，并且二原告也无法通过对相关实体性行政行为提起诉讼以获得救济。故被告作出的《工伤认定中止通知书》属于可诉的行政行为。"隐性回应原告对 69 号案例的援引。[1]因此,行政指导性案例性质的不明,使得当事人或者第三人常将其作为证据援引,在某种意义上,降低了法院回应当事人或者第三人等本案是否参照并说明理由的概率。

行政指导性案例可否作为行政诉讼的证据?以行政诉讼过程为视角,当事人或者第三人援引行政指导性案例支持其诉讼主张,首先要判断行政指导性案例是否符合《行政诉讼法》规定的证据形式。根据《行政诉讼法》规定,我国行政诉讼证据包括:①书证;②物证;③视听资料;④电子数据;⑤证人证言;⑥当事人的陈述;⑦鉴定意见;⑧勘验笔录、现场笔录。本书观点认为,行政指导性案例作为最高人民法院确认发布的特殊"公文",并且是以其本身的文字记载所表达的意思来证明当前案件的事实,实际上符合书证的特征,可以认定行政指导性案例是书证的特定形式。因此,行政指导性案例可以作为证据使用。

行政指导性案例最终能否被采认,是行政指导性案例是否具备证据能力,具备何种证据证明力的问题。我国一般证据法理论及实践通行的观点认为证据应当具有客观性(真实性)、关联性、合法性三大属性。证据的客观性确定证据是否具有证明能力,"一个证据能否发挥证明与案件有关事实的作用,原因在于它所具有的对客观事实的正确反映"。[2]《最高人民法院关于行政诉讼证据若干问题的规定》指出证据不具有真实性,不得作为定案依据的情形:当事人无正当理由拒不提供原件、原物,又无其他证据印证,且对方当事人不予认可的证

---

〔1〕 行政指导性案例 69 号裁判要点:"当事人认为行政机关作出的程序性行政行为侵犯其人身权、财产权等合法权益,对其权利义务产生明显的实际影响,且无法通过提起针对相关的实体性行政行为的诉讼获得救济,而对该程序性行政行为提起行政诉讼的,人民法院应当依法受理。"

〔2〕 陈光中主编:《证据法学》,法律出版社 2015 年版,第 148 页。

据的复制件或者复制品；被当事人或者他人进行技术处理而无法辨明真伪的证据材料；不能正确表达意志的证人提供的证言。行政指导性案例由最高人民法院发布，能够排除不具有真实性的法定情形。因此，行政指导性案例具备真实性。证据的关联性，简单表述为与待证事实必须存在某种可认知的关系，反映一定的案件事实。证据的关联性取决于待证事实，而待证事实的确定又取决于法律规范的要件。[1]证据的合法性在于证据形式，收集主体、方法和程序应当符合法律规定。《行政诉讼法》规定"以非法手段取得的证据，不得作为认定案件事实的根据"。《最高人民法院关于行政诉讼证据若干问题的规定》关于行政诉讼非法证据排除者，包括：严重违反法定程序收集的证据材料，以偷拍、偷录、窃听等手段获取侵害他人合法权益的证据材料，以利诱、欺诈、胁迫、暴力等不正当手段获取的证据材料，当事人无正当事由超出举证期限提供的证据材料，在中华人民共和国领域以外或者在中华人民共和国香港特别行政区、澳门特别行政区和台湾地区形成的未办理法定证明手续的证据材料。因此，笔者认为，当事人或者第三人援引行政指导性案例作为证据时，经质证后，法官基于内心确认，对证据的客观性、关联性、合法性，认可且其能够证明案件事实时，应当确认其证据效力。当事人或者第三人对提出的证据承担客观性、关联性、合法性的保证责任，若经质证确认属性不完整，将承担不被法院采信的否定结果。

（2）行政指导性案例法律效力不确定，实际发挥的约束力不足。"应当参照"不过是一种义务性要求，并没有确定行政指导性案例作为法律渊源，义务性规定表面是必须履行，但是审理法院未履行该义

---

〔1〕　何海波：《行政诉讼法》，法律出版社 2016 年版，第 412 页。

务时，不仅缺少责任审查主体，[1]而且缺少未援引的否定性效果。如果在司法解释中确定法院、法官未履行该义务的责任，那么最高人民法院必然受到通过司法解释赋予行政指导性案例法源性质的越权质疑。因此，最高人民法院在制定司法解释时陷入两难。对于"应当参照"，在行政指导性案例实际应用时，如图 2 - 12 所示，在 347 例案件中，法官主动援引比例仅占 7% ，明示回应仅占 26% ，隐性回应的占 51% ，其中隐性回应主要是指裁判法官的自主论证与行政指导性案例的表述相近或者吻合。行政指导性案例 22 号应用案例李维忠诉巴彦淖尔市人民政府土地行政批复及行政赔偿案，原告提出："参照最高人民法院第 22 号指导案例，批复对行政相对人的权利和义务产生了实际影响，行政相对人对该批复不服提起诉讼的，人民法院应当依法受理。"法院裁判理由指出："《批复》是巴彦淖尔市政府针对巴彦淖尔市国土资源局《关于公开出让新华街北、水源路东、利民街南、规划路西一宗国有建设用地的请示》而作出的内部行政行为，对上诉人的合法权益明显不产生实际影响，不属于行政诉讼的受案范围。"该论述虽然可当作对当事人或者第三人援引行政指导性案例的回应，但本质上是法官独立的判断，且更倾向于对指导性案例的回避。因为《〈最高法案例指导规定〉实施细则》中要求回应的内容包括"是否参照了该指导性案例"和"是否参照的理由"。但是，如果依托法院上下级之间的监督关系以及行政诉讼审级制度，"应当参照"的效力则可以在行政诉讼中获得实效，而且法院、法官具有履行的内在动力。

4. 行政指导性案例的发布主体单一

《最高法案例指导规定》确定，为总结审判经验统一法律适用，

---

〔1〕 从近年行政裁判数量看，由确定的某个主体承担审查义务，本就不现实。

提高审判质量，维护司法公正，由最高人民法院作为单一主体行使指导性案例的编纂发布权。我们认为，何种主体能够获得指导性案例的编纂发布权，需解决的前置问题："统一法律适用"的本质为何，及其实现的过程如何？

有研究者以司法裁判的基本构成要素为视角论证统一法律适用的推动，指出司法裁判通常包含裁判规范、司法经验、法律方法和裁判说理，四个基本构成要素。[1]我们认为，裁判规范是纯粹规范与价值的结合体。司法经验、法律方法和裁判说理是对纯粹规范构成要件的解析，规范完整性的完善，以及对规范价值的明晰、确定，然后在国家法律体系内解决规范效力，确认案件应当适用的法律条文。因此，统一法律适用可以理解为，既包括规范构成要件解释与规范层级效力的统一，也包括规范价值的统一。也就是，"同案同判"包括在适用规范层级效力冲突上作相同解释，并且对规范构成要件作相同或类似解释，确定的法律价值相近或者相同，追求相同的法律效果。这种目的追求在司法实践中，而司法实践依赖司法制度构成及其运行。

有学者认为，司法案例自然发生作用最为重要的原因是统一的司法管辖权制度和法院的审级制度。在一个统一的司法管辖权制度下，基于法院审级构造的裁判原理，下级法院在裁判中必然会高度重视上级法院先前同样或同类的判决。同时，基于司法裁判均衡的伦理要求和行动逻辑，基于法官职业共同体的建构，一个法院也会尽量在裁判活动中保持与自己先前的判决一致，会关注同级法院，甚至下级法院的案例。[2]行政诉讼审级关系上，我国行政诉讼程序包括第一审程序

---

〔1〕　黄祥青：《加强裁判要素管理推进法律适用统一》，载《法律适用》2012年第8期。

〔2〕　何家弘、刘品新主编：《法治国家建设中的司法判例制度研究》，经济科学出版社2017年版，第14页。

（普通程序、简易程序）、第二审程序、审判监督程序。从当事人角度，是权利获得有效保障的制度设计；从法院上下级关系角度，是法院监督关系在行政诉讼中具体化之一。在此，我们仅就法院角度解析。我国行政诉讼中，经第一审程序形成的行政判决或者行政裁定，在效力上仅获得裁判的拘束力。我国台湾地区学者指出："法院判决宣告之后，原则上即受自己的判决（终局判决与中间判决）拘束，纵然判决尚未确定，仍不得以发现事实上或法律上理由错误为由，自行撤销、变更或补充，此一效力，即称为判决之羁束力，亦称为自缚力或不可变更力。"[1]第一审行政裁判的确定力须经下述三种情形：经过上诉期限，当事人未上诉；经第二审法院裁判维持一审裁判；上诉人撤回上诉。若当事人上诉，经二审程序作出下述裁判，那么一审裁判将失去拘束力：依法改判、撤销或者变更的；发回原审人民法院重审，或者查清事实后改判；裁定撤销原判决，发回原审人民法院重审的。再审程序则是对生效具有执行力裁判的确定或者否认，其作出后会再进入二审，产生与一审裁判相同裁判效力。上述过程反映出，一审裁判者将自然考虑与上级裁判者沟通，或者查询上级法院相同或类似的案件以防止自己的判决失去效力。最终得以形成"同案同判"，获得法律适用统一。

另外，在我国现有制度下，除非法院、法官对当前审判的案件有正当理由作出不同以往的裁判，法官作为最熟悉自己是否作出过相同裁判或者审理过类似案件的人，会受自己曾经裁判的约束；法院作为裁判结果对外发布者，同样要受本院过往判决的拘束。[2]该种情况的实现过程包括：一是裁判文书公开，特别是裁判文书的互联网公开。

---

〔1〕　陈清秀：《行政诉讼法》，元照出版优先公司2018年版，第710页。
〔2〕　必要说明：该论述将面对法官独立性受到损害的质疑，然而基于正当理由作出不同的判决，决定论述内容没有损害法官独立性。

2013 年《最高人民法院关于人民法院在互联网公布裁判文书的规定》（2016 年又修订）发布，正式推进我国诉讼裁判文书可视化，公众可轻松获取法院裁判文书。由此形成一种监督力量，限制法院、法官裁判的任意性。二是行政诉讼中，追求胜诉的动力，促使当事人或者其诉讼代理人有查询与所涉或者代理的案件相同或者类似案件的法院过往裁判。笔者曾向律师友人作过下述简单咨询：

A：××，您在诉讼代理过程中，了解过指导性案例吗？

B：有……

A：在您代理案件过程中，在接受委托后，怎样处理该案呢？

B：在接受委托后，一般是先就案件事实作梳理，然后通过裁判文书网或者其他网站，查询有没有类似的案件。而且，我一般都会重点关注一下代理案件的审理法院以前的裁判，如果审理法院以前审判过相同或者类似的案件，那么案件胜诉概率就会提高。

两种过程的互动，推动了法官、法院的"同案同判"，限制了裁判的任意性，也是法律适用统一的动因。至于上级法院是否会考虑下级法院已经生效的裁判的问题，本书暂时搁置。

前述内容旨在表明，法律适用统一的推进在行政诉讼程序运行中可以获得实现，现有司法制度下法院、法官裁判会受到拘束。显然，固定最高人民法院作为行政指导性案例编纂、发布的主体，或者说最高人民法院编纂、发布指导性案例不是法律适用统一的必要条件。当然，行政诉讼过程并不需要追求绝对的"一对一"指导参照，而需要考虑指导必要性。

5. 行政指导性案例遴选、编纂机制的限制

（1）内部主体与外部主体推荐结合的遴选机制。就指导性案例遴选的决定主体而言，最高人民法院设置案例指导工作办公室承担指导性案例的征集、遴选、审查、发布、研究和编纂，最高人民法院审判

委员会决定收到的推荐案例是否作为指导性案例。就推荐主体而言，指导性案例由法院体系内部推荐，以及外部主体如人大代表、政协委员、专家学者、律师，还有其他关心人民法院审判、执行工作的社会各界人士推荐。我国指导性案例来源方式是法院本身司法裁判的专业性与民主性的结合。就遴选条件而言，确认作为指导性案例的条件包括：社会广泛关注的，法律规定比较原则的，具有典型性的，疑难复杂或者新类型的，或者其他具有指导作用的案例。就遴选程序而言，包括：①推荐程序。最高人民法院各审判业务单位对该院和地方各级人民法院符合条件生效裁判，行使推荐权；高级人民法院、解放军军事法院对本院及本辖区内地方法院的生效裁判向最高人民法院推荐；中级人民法院、基层人民法院对本院生效裁判层报高级人民法院，由高级人民法院向最高人民法院推荐。②决定程序。推荐案例由案例指导工作办公室审查，必要时咨询相关国家机关、部门、社会组织及案例指导工作专家委员会委员、专家学者的意见，最后递交最高人民法院审判委员会决定、发布。

（2）遴选机制衍生问题。整体而言，我国指导性案例遴选发布属于自下而上的类行政化程序，与行政诉讼程序、司法制度出现关系断层，最终影响行政指导性案例应用率。具体而言，我国行政诉讼程序具备推进法律适用统一的功能。在此仅就再审程序展开。我国行政诉讼再审程序启动包括：当事人申请，原审法院自主启动，最高人民法院针对各级法院启动、上级法院针对下级法院启动，检察院抗诉启动。最高人民检察院对各级人民法院抗诉启动和上级人民检察院对下级人民法院抗诉启动。根据《行政诉讼法》第九十一条规定具有下列情形之一的，人民法院应当再审：①不予立案或者驳回起诉确有错误的；②有新的证据，足以推翻原判决、裁定的；③原判决、裁定认定事实的主要证据不足、未经质证或者系伪造的；④原判决、裁定适用法律、法规确有错误的；⑤违反法律规定的诉讼程序，可能影响公正审判的；⑥原判决、裁定遗漏诉讼请求的；⑦据以作出原判决、裁定的法律文书被撤销或者变更的；⑧审判人员在审理该案件时有贪污受贿、徇私舞弊、枉法裁判行为的。其中因第一项、第四项启动再审程序时，法院实际的审判活动，承担法律适用统一的当然功能。特别是在最高人民法院、上级法院针对下级人民法院生效裁判进行再审时，该种情形下，原生效裁判的法院、法官存在内在的动力关注被再审的案件，以对未来审理相同或者类似案件提供经验。

在上述遴选程序中，因为决定权的集中，决定了指导性案例遴选的条件是基于全国性视角。但是各地推荐的备选案例，推荐时所使用的并非全国性视角，而更多是以区域性视角，即推荐法院或者层报请求推荐的法院认为本案具有指导性案例要求的属性，其更倾向于辖区内适用而不是扩展至全国适用的考量角度。区域性视角与全国性视角关系上，不是等于关系，而是案例因所在地区不同表现为符合或者不符合。从图2-4行政指导性案例来源地及来源地近年国内生产总值可以看出全国性视角偏向社会经济发展较快的区域。本书并不否认这种视角的正当性，因为法律本身就是发展的。但是，图2-10表明的行政指导性案例应用也主要是在社会经济发展较快的地区。在这种遴选机制下，行政指导性案例难以适应我国地域性差异以及地域经济发展的不平衡，结果是行政指导性案例缺少地方适应能力，最终影响应用率。因此，行政指导性案例遴选机制的反思，特别是遴选权力横向、纵向地配置，显然已是提高行政指导性案例指导能力、促进行政指导性案例应用的必要条件。

（二）理论路径

关于指导性案例的性质与效力，理论上存在法源论者与非法源论者的观点。法源论者又存在法律拘束力、准法律拘束力两种观点，两种观点共通之处在于解决指导性案例是何物的问题，前者认为指导性案例具有司法解释性质，后者则认为指导性案例既非"司法解释"亦非"判例"，而是准法源论性质。非法源论者则以适用法律的方法为基础，亦有事实上的拘束力与无所谓拘束力两种观点，前者基于"同案同判"原理导出，后者则注视指导性案例只在功能上为待裁判案件提供论理说明。但是，后一观点也许在刑法领域、民法领域可以成立，在行政法领域则未必成立，因为行政审判裁判与其他裁判不同，裁判大前提由行政诉讼法固定，而且法官审查行政行为时作的论证同样属于法律适用之范畴。下面展开详尽论述。

1. 正式法源论者：法律拘束力与准法律拘束力

法律拘束力论者认为，赋予指导性案例以法律拘束力，在我国特定的法治背景下，根深蒂固的"不成法不具有法律效力"的观念是瓶颈所在。若得推动改变，使得指导性案例获得实质法律效力，在法律变动层面上有三种方式：①修改宪法与立法法，使指导性案例成为正式法律渊源；②修改《加强法律解释工作的决议》，使指导性案例为司法解释形式之一；③修改《最高人民法院关于司法解释工作的规定》扩充司法解释类型，将指导性案例纳入。[1]本书认为，第三种选择为最佳之选，并响应可能对最高人民法院是否有此权限的质疑：最高人民法院扩充司法解释类型并不违反全国人大常委会的授权范围；该授权规范并不违反宪法和上位法，因而授权合法，依法律效力传递的原理，最高人民法院所获授权合法。[2]

准法律拘束力论者认为，我国指导性案例"应当参照"的效力是"具有一定制度支撑的说服力"，因为制度设计中蕴含"理性、制度、

---

〔1〕 陆幸福：《最高人民法院指导性案例法律效力之证成》，载《法学》2014年第9期。

〔2〕 同上。

权威", 获得指导性案例资格的案例本身具有"正确的决定性判决理由", 是一种说服力, 说服力产生的权威是理性的权威, 是"理由产生权威";"经最高审判组织确定认可的程序安排", 获得一种制度权威。"理性、制度、权威"三者, 制度加强了理性、说服力, 理由正当化了制度安排。[1]简言之, 指导性案例赋予具有说服力的已裁判案例有别于一般案例, 而又不同于正式法律渊源的效力。另有学者认为, 一国最高审判机关发布的先例在整个先例体系中拥有最高的权威。指导性案例由最高人民法院确定并统一发布, 从外延上看属于一国最高审判机关颁布的先例。但是,《最高法案例指导规定》并非来自最高权力机关, 可能存在自我授权之嫌, 因而可认为指导性案例并不具有明文规定的法律效力, 制度拘束力并不完备。指导性案例, 可以理解为不过是依据《加强法律解释工作的决议》中"凡属于法院审判工作中具体应用法律、法令的问题, 由最高人民法院进行解释"及《人民法院组织法》第37条第2款"最高人民法院对属于审判工作中具体应用法律的问题进行解释, 应当由审判委员会全体会议讨论通过; 发布指导性案例, 可以由审判委员会专业委员会会议讨论通过"之规定获得授权。在现有体制下, 只不过是附有相关的案情, 理解会比一般司法解释更加准确的一种法律解释(司法解释)形式。同时"参照"一语也说明指导性案例的拘束力弱于制定法。[2]所以, 它的效力是弱于制定法的准法律拘束力。

　前述两种法源论观点, 前者虽然论证了指导性案例作为司法解释的正当性, 但是未关注指导性案例(个案性)与一般司法解释(立法

---

〔1〕 张骐:《再论指导性案例效力的性质与保证》, 载《法制与社会发展》2013年第1期。

〔2〕 雷磊:《法律论证中的权威与正确性——兼论我国指导性案例的效力》, 载《法律科学》2014年第2期。

性、普适性）之特性及其二者之间的区别，统一为现有司法解释的一类，难免造成适用冲突。而后者中，前种观点以《最高法案例指导规定》确定的制度安排去支持指导性案例的说服力，缺少对制度（自我授权）正当性的论理支撑。同时论者遵循《〈最高法案例指导规定〉实施细则》要求法官说明待决案件与指导性案例同否，适用与否并说明理由的义务性规定，作为"应当参照"指导性案例的一种制度保证。[1]不能脱离制度支撑的正当性质疑，同时也无法解决法官前述应用态度阻力。后种观点虽然解决了制度正当性问题，以及效力问题，但是没有考虑在准法律拘束力下"应当参照"没能改变其作为义务性规定的不完整性。

2. 非全法源论者：事实上的拘束力与功能供应

事实上的拘束力多受《〈关于案例指导工作的规定〉的理解与适用》影响而得。所以，有学者认为指导性案例不是法律渊源，但是自其发布就对包括最高人民法院在内的所有法院产生了一种拘束力。这种拘束力的权威性来自制度权威性。因而"应当参照"具有强制性，法官在相同或相类似的案件中必须参照，遵照"同案同判"。法官倘若未参照，则由上级法院通过诉讼机制（审级制度）纠正，以及规定法官拒绝参照时的说理义务，达到指导性案例功能发挥的目的。[2]虽然该学者称此观点为"参照功能说"，但本质是通过指导性案例的权威性追求事实上的拘束力。它发挥功能的机制是行政化的，既存在"应当参照"的强制性而使指导性案例具有事实上的法源性，但也存在侵犯司法独立性之虞。因而自陷矛盾，受理论研究者的质疑。

因此，另有学者认为指导性案例是具有独立法源地位的案例。

---

〔1〕 张骐：《再论指导性案例效力的性质与保证》，载《法制与社会发展》2013 年第 1 期。

〔2〕 王利明：《我国案例指导制度若干问题研究》，载《法学》2012 年第 1 期。

该学者认为"事实上的拘束力"不在于坚持"同案同判"原则，当中的"事实"既包括消极层次，即"事实"仅指指导性案例的效力不是源于立法权威授权，而是另有来源和根据，也包括积极层次，即以消极含义为基础，指出指导性案例效力的具体来源和根据。消极层次上，认为要打破"立法性法源"的唯一性，立法与司法不过是法律系统内部运作的装置及结果，法律系统的内部运作特性决定案例能作为独立的、与立法性法源平等的法源。另外，在积极层面上，则希望通过司法实践（法律方法）推进指导性案例的适用，最后以实践积极适用获得这种法源地位，不过目前作为过渡阶段，眼前的重点是在于推进指导性案例的适用罢了。[1]也就是过渡阶段的指导性案例应用遵循该司法过程，实现对司法活动的间接指导。此所谓积极层面的"事实上的拘束力"，即通过先例式比对、推理达到"同案同判"的效果。

功能供应观点认为，指导性案例历史发展的"系谱"经验与当前司法实践的现实经验，为指导性案例的应用提供了正当性基础。指导性案例作为具备正当性基础的司法改革举措，在规范性缺位的前提下，应坚持《〈最高法案例指导规定〉实施细则》第十条"应当将指导性案例作为裁判理由引述的参照规定"，并借强大现实逻辑指引（制度性权威与说理功能），促使指导性案例以法的非正式渊源身份在裁判说理中工作，辅以"立法"后的统一法律适用。关键者，其中的"参照"并不解决由本体论解决的指导性案例性质、效力的问题，而是方法论上的适用方式，"参照"是通过模拟技术实现，"参照"是模拟技术在指导性案例制度中的规范表达，"参照"使指导性案例为待决案件提供裁判理由，而非通常法律规范中的"准用

---

〔1〕　泮伟江：《论指导性案例的效力》，载《清华法学》2016 年第 1 期。

性"规定。"应当",只为对待决案件审理法官提供行动理由的规范性要求。[1]

方法论者认为关于指导性案例的应用,依赖法律共同体建设,特别是法官共同体的建设,才能达到法律适用统一的目的。但是从指导性案例的实践情况来看,企望通过方法论推动指导性案例应用,不过是理论理想,事实上尚缺少基础支持。一是不能回避我国法学教育中,法学方法论上的薄弱。不能否认,当前法官专业素养较改革开放初期已然得到很大提升,但是并非在全局范围普遍实现。二是法官审判工作量的原因,少有法官能够主动援引没有缺少法律拘束力的案例,在待决案件裁判中作为论理依据。法官对行政指导性案例实际援引的情况,或者响应当事人援引的状况足以对此充分证明。更何况,上述两种观点,前者虽是过渡性视角下的阐述,但是最终还是未能脱离正式法源性思考;后者依然依赖制度权威性推动其所谓的非正式法律渊源在说理中发挥功能,而这种制度权威很难免于行政化、损害下级法院独立等质疑的责难。

三、行政指导性案例运行机制的影响因素

(一)立法权的上与下

我国行政法渊源有宪法、法律、行政法规、地方性法规、规章(部门规章和地方政府规章)等,在法律效力层次上,依次为法律、行政法规、地方性法规、规章,地方性法规效力高于本级和下级地方政府规章。在适用效力上,《中华人民共和国立法法》(以下简称

---

〔1〕 雷槟硕:《如何"参照":指导性案例的适用逻辑》,载《交大法学》2018年第 1 期。

《立法法》）第五章作了规定，包含适用冲突的裁决规则。地方性法规与部门规章之间冲突先由国务院裁决，若国务院认为应当适用部门规章的，由全国人民代表大会常务委员会裁决；部门规章、部门规章与地方政府规章之间冲突，由国务院裁决。从立法权限来说，行政指导性案例的发布、应用与之紧密相关。因为根据立法权限分配，我国地方政府行政管理过程中所执行适用的法律规范，既包括国家统一性也具有地方特性。

在国家整体层面，《立法法》中规定法律保留的立法事项范围，涉及行政法领域的主要包括对公民限制人身自由的强制措施和处罚；税种的设立、税率的确定和税收征收管理等税收基本制度；对非国有财产的征收、征用；基本经济制度以及财政、海关、金融和外贸的基本制度。对公民限制人身自由的强制措施和处罚属于法律绝对保留，法律绝对保留事项外，若法律尚未作出规定者，经全国人民代表大会及其常务委员会授权，国务院可以制定行政法规。法律、行政法规的执行、适用在全国范围之内具有统一性。因此，由执行法律、行政法规产生的行政纠纷形成的行政指导性案例，在全国范围类似案件中，当然能够发挥普遍指导的效力。

然而，根据《立法法》的授权，省、自治区、直辖市，根据本行政区域的具体情况和实际需要，在不同宪法、法律、行政法规相抵触的前提下，针对法律、行政法规的执行，以及就地方性事务制定地方性法规，在内容上，不是对法律、行政法规规定的简单重复，具有其特殊性。同时，在法律、行政法规尚未制定时，地方性法规可就法律保留之外的事项制定地方性法规，具体内容不可能整齐划一，必然需要适应地方需求。设区的市、自治州可在不同上位法冲突的条件下，根据本市的具体情况和实际需要，对城乡建设与管理、环境保护、历史文化保护等方面的事项制定地方性法规。因地方"具体情况"和

"实际需要"必然反映地方情形，强调具体内容的地方适应性，因地制宜。因此，因适用地方性法规，行政执法过程中产生的纠纷带有的地方性与特殊性，具有必然性。在这类纠纷参照适用全国性指导案例过程中，全国性指导案例指导功能的发挥会显乏力。

省级人民政府可以根据法律、行政法规和本省、自治区、直辖市的地方性法规，就为执行法律、行政法规、地方性法规的规定需要制定规章的事项，本行政区域的具体行政管理事项，制定地方政府规章。设区的市、自治州的人民政府可就城乡建设与管理、环境保护、历史文化保护等方面的事项为执行法律、行政法规、地方性法规的规定，以及本行政区域内的具体管理事项，制定规章。以行政程序规范化为例，在缺少上位法关于行政程序规定的背景下，湖南、山东、江苏等省份，西安、兰州、汕头等设区的市制定了关于行政程序规定的规章，在本行政区域内运行。所以，行政机关执行地方政府规章，特别是规定地方性事务的规章而引起的行政纠纷，其特殊性也不得不考量。尽管依据《行政诉讼法》规定，规章在行政案件仅有参照适用效力，但是在"应当制定地方性法规但条件尚不成熟的，因行政管理迫切需要，可以先制定地方政府规章"或者类似情形下，规章的司法适用具有必然性。

我国作为单一制国家，在公共行政领域不实行地方自治，中央行政和地方行政都同归国家行政范畴。《立法法》关于地方性法规、地方政府规章的立法授权，在法律层面表明我国公共行政具有国家统一性和地方性。所以，最高人民法院发布的全国性行政指导性案例，其应用也面临对地方性的不适应。

（二）行政法官行政裁判的影响因子

我国行政法官在行政裁判过程中一个基本取向是保证自己的裁判不被改变，获得当事人的支持。因而法官在裁判过程中，需要考虑不同裁判的影响因子。这些影响因素，以是否具有法律属性，可分为法律影响因子和非法律影响因子。就法律因子而言，具体包括：

第一，法律规范的完整性。一是法律规范构成要件的缺失，需要法官通过解释完成补充。二是法律漏洞。"法官不得因没有法律拒绝裁判"，当法院所面对的行政案件缺少法律规定时，应当通过法律方法予以补充。行政案件法律漏洞的独特性在缺少确定法律规范时，行政机关依照类似规定作出行政行为，引起诉讼法官能否作出此类漏洞补充。《行政诉讼法》第六十三条规定："人民法院审理行政案件，以法律和行政法规、地方性法规为依据。地方性法规适用于本行政区域内发生的行政案件。人民法院审理民族自治地方的行政案件，并以该民族自治地方的自治条例和单行条例为依据。人民法院审理行政案件，参照规章。"因此，当前依法行政条件下，我国行政诉讼不支持法院、法官进行法律漏洞填补，行政机关缺少法律规定作出行政行为时，法院只能以行政行为违法作出撤销或者确认违法判决。

第二，法律规范中不确定法律概念，或者概括条款的补充。行政指导性案例94号重庆市涪陵志大物业管理有限公司诉重庆市涪陵区人力资源和社会保障局劳动和社会保障行政确认案中，罗仁均因见义勇为受伤申请工伤认定，重庆市涪陵区人力资源和社会保障局依据《工伤保险条例》第十五条第二项视同工伤的规定："在抢险救灾等维护国家利益、公共利益活动中受到伤害的"，认定罗仁均所受之伤视同因工受伤，法院判决支持该认定。《工伤保险条例》第十五条第一款第二项中"等""公共利益"即为不确定法律概念。在本案中法院确定"见义勇为"能否纳入"等"字范围，是否是为了"公共利益"，即属于不确定法律概念的补充。行政指导性案例77号罗镕荣诉吉安市物价局物价行政处理案，裁判要点1，行政机关对与举报人有利害关系的举报仅作出告知性答复，未按法律规定对举报进行处理，不属于《最高人民法院关于执行〈中华人民共和国行政诉讼法〉若干问题的解释》第一条第六项规定的"对公民、法人或者其他组织权利义务不产生实际影响的行为",因而具有可诉性,属于人民法院行政诉讼的受案范围。"行政机关对与举报人有利害关系的举报仅作出告知性答复,未按法律规定对举报进行处理"作为概括条款"对公民、法人或者其他组织权利义务不产生实际影响的行为"排外情形的判断补充。前述情形,法官补充具体法律概念不可避免,具体补充时,倚赖价值判断作出补充,补充过程遵循:"法院就不确定的规范性概念或概括条款予以价值补充时,须适用存于社会上可以探知认识之客观伦理秩序、价值、规范及公平正义之原则,不能动用个人主观的法律情感。"[1]中国台湾地区学者同时认为:"法官将不确定的法律概念具体化,并非为同类案件例定一个具体的标准,而是'case by case',随个个具体案件,依照法律的精神、立法目的,针对社会的情形和需要,予以具体化,以求实质的公平和妥当。"[2]但是,从 94 号和 77 号案例来看,在行政诉讼领域,该观点可能有所不适,"见义勇为"原本为保护个人利益,前者将其纳入维护"公共利益"的范畴,显然具有普遍适用性,且不违反公平正义要求;后者是对《最高人民法院关于执行〈中华人民共和国行政诉讼法〉若干问题的解释》第一条第六项规定的具体化情形之一,在相同或者类似案件中,同样不乏普遍效力。

第三,法律规范价值。法律规范价值的意义,在于实质正义的实现。当法律规范价值模糊不确定时,法院、法官需判断法律规范立法价值,同时判断当前价值是否发生变化。在具体行政案件中,法律的价值既要符合行政相对人权利保障要求,又不得因此损害公共利益、

---

〔1〕 杨仁寿:《法学方法论》,中国政法大学出版社 2013 年版,第 185、186 页。

〔2〕 同上注,第 186 页。

国家利益，须在私人权利保障与公共利益、国家利益间进行利益衡量。

第四，考核奖励与司法责任。就法官考核奖励而言，根据《中华人民共和国法官法》（2019 年修订）规定，法官年度考核结果作为调整法官等级、工资以及法官奖惩、免职、降职、辞退的依据。具有以下表现之一的，应当给予奖励：公正司法，成绩显著的；总结审判实践经验成果突出，对审判工作有指导作用的；在办理重大案件、处理突发事件和承担专项重要工作中，做出显著成绩和贡献的；对审判工作提出改革建议被采纳，效果显著的；提出司法建议被采纳或者开展法治宣传、指导调解组织调解各类纠纷，效果显著的；有其他功绩的。

就非法律规范因子而言，首先，是法官自身形成的约束。本书论及行政诉讼程序，以自 2013 年我国实施裁判文书互联网公开后的自然约束，以及当事人及其委托代理人对先前裁判的使用，形成一股约束力，推动法院、法官在除了有正当理由存在（法律、法规修改、废止等）外，自行遵循本院或者本人的先前判决。其次，当事人与社会公众对法院审判的影响。此种因素的影响与现代媒体信息传播紧密相关。具体在行政案件审判中，有的当事人或者代理人容易利用微信、微博等自媒体发布信息，案件信息迅速广泛地传播，引起社会公众关注。在此，社会公众通过评论等特定的方式表达价值观，影响法院、法官案件审理。这种情况下，需要法官根据所审理的案件（案件事实、行政行为作出的法律规范依据），甄别信息中蕴含的社会正义价值，选择案件应当遵循的正义价值。

（三）部门行政法与行政指导性案例类型化

公共行政作为行政主体对公共事务组织管理的活动，涉及社会生活的诸多方面，如教育、民政、公共安全、税务、土地、矿产资源、卫生等众多领域。各自领地，由其独特的专业性法律、法规调整所涉及的国家与公民之间的关系。19 世纪，德国学者史坦恩将国家行政分为外务行政和内务行政。内务行政以行政领域与人的生活的基本关系，分为个人自我的生活领域、个人的经济生活领域、个人的社会生活领域，[1]然后再将此三个部分细化具体，如个人自我生活领域分为个人生理生活的行政（人口行政、卫生行政、警察行政、监护行政）、个人精神生活的行政（亦称教育行政）。通过个体与整体（国家）相互间形成的关系为基础类型化国家行政，构建国家行政分类体系，其最终目的在于表现不同行政领域行政法的调整特性。对史坦恩的行政分类，我国行政法学对部门行政法的研究有论著，[2]但是尚未形成体系的背景下，仅提供了一种分类启示。国家行政是以人民美好生活为目的追求，人民与国家发生不同行政法律关系，可以指引部门行政法体系建构。实践中，最高人民法院在"中国裁判文书网"关于行政案例案由中，分为公安行政管理（消防、道路、公共安全）、资源行政管理（土地、林业、草地、地矿、能源等）、城乡建设行政管理（规划、拆迁、房屋登记等）、计划生育行政、工商行政管理（工商）、商标行政管理（商标）、质量监督检疫行政管理（质量监督、质量检验等）、卫生行政管理、食品安全行政管理（食品、药品）、农业行政管理（渔业、畜牧等）、环境保护行政管理、劳动和社会保障行政管理等 27 个方面。由最高人民法院的分类，可以推定行政审判过程中，涉及不同的公共行政领域时，对行政机关行政行为的合法性审查具有行政领域的特性。

---

〔1〕 ［德］史坦恩：《行政理论与行政法》，张道义译，五南图书出版股份有限公司 2017 年版，第 62 页
〔2〕 主要有崔卓兰编著的自学考试教材：《部门行政法学》，北京大学出版社2005 年版；章志远：《部门行政法专论》，法律出版社 2017 年版。

再以行政处罚为例，《中华人民共和国行政处罚法》（以下简称《行政处罚法》）的规定以概括性为主，具有总则性质，如第十五条规定，行政处罚由具有行政处罚权的行政机关在法定职权范围内实施。若 A 破坏环境，环保部门要对 A 进行处罚。环保部门必须依据《中华人民共和国环境保护法》（基本法）、《中华人民共和国水污染防治法》等具体法律的授权，及其处罚规定，并依照《行政处罚法》的管辖、程序等规定作出处罚。类似者，行政许可的运行。

因此，我们认为，行政指导性案例的类型化过程，需要照顾公共行政领域的独特性，同时厘清行政法总论与各公共行政领域的关系，引导行政指导性案例类型化的体系。基于行政法总论与各公共行政领域法律的一般与特殊关系，有学者指出行政法总论的体系性功能包括：行政法总论作为法治国家之概括性、稳定性法理知识，提供简单、明确并切中事物本质的法律思维，有助于把握个别问题的一般原理，能为具体领域的问题指明正确的解答路径；行政法总论的法律概念和法律制度，有助于廓清部门行政法领域法律规范之基本内涵；行政法总论提供的秩序观念和人权理念，对部门行政法的体系建构、政策选择、实体内容设计具有约束作用。[1]具体应用到行政指导性案例类型化的过程，可以形成总论部分的指导和各公共行政领域行政行为的指导。

四、行政指导性案例类型化的选择

案例指导制度构建目的是追求法律适用统一，行政指导性案例类

---

[1]　宋华琳：《部门行政法与行政法总论的改革——以药品行政领域为例证》，载《当代法学》2010 年第 2 期。

型化本质上是通过类型化手段，构建行政指导性案例的指导体系，促进该目的的实现。如何实现行政指导性案例类型化，方向如何？根据前述论证，我们认为，行政指导性案例类型化可以从以下方面建构。

第一，行政指导性案例构成要素的功能关系，决定行政指导性案例类型化对象。本章论证行政指导性案例内容功能适应性时，从行政诉讼裁判过程与当事人或者第三人引用的过程，观察了行政指导性案例裁判要点、基本案情、裁判结果、裁判理由的功能连接关系。基于这种功能连接关系，本书认为，裁判要点是行政指导性案例类型化的主要对象，其他方面支持裁判要点发挥功能。

第二，一般行政裁判与行政指导性案例的效力关系。《行政诉讼法》关于生效裁判的效力，包括对裁判法院、当事人及其主体（如上级人民法院或者上级人民检察院）的拘束力，要求法院当事人不得有与裁判内容不符的行为，并要求其他主体予以尊重。但是因为我国并非判例法国家，一般生效裁判对后来的审判没有法定的拘束力，要求法院在类似或相同案件中非依正当理由，不得作出与已生效裁判不同的判决。相反，行政指导性案例追求目的的实现，主要发挥的功能就是以过往的行政裁判拘束当前或者未来的行政裁判。尽管一般行政裁判缺少这种法定功能，但是依据前文针对行政指导性案例发布主体不统一的论述，不能否认一般行政裁判对法律适用统一的事实功能。同样，目前的行政指导性案例诞生于全国范围，有全国性视角，但实际应用率低，地方适应能力的不足，可以通过一般行政裁判的案例化获得补充。不过，该过程依赖行政指导性案例制度建构完善中行政指导性案例发布权力的分配。

第三，行政指导性案例发布权分配。尽管行政指导性案例制度设计是对法律适用统一的追求，但是前述论证可以推论出最高人民法院专享行政指导性案例发布权，并非法律适用统一的充要条件。我们认为，行政指导性案例发布权分配具体包括：首先，司法解释权与上下级法院监督关系的权力衍生。1981 年《加强法律解释工作的决议》授予最高人民法院对"凡属于法院审判工作中具体应用法律、法令的问题"，行使司法解释权。《人民法院组织法》规定，上级人民法院监督下级人民法院的审判工作。据此可划分个案性司法解释性行政指导性案例与非司法解释性行政指导性案例，前者是以"全国性"视角考虑全国性应用，将行政指导性案例作为个案性司法解释。在当前依赖制度权威的准法源性、法律方法获取实效不足的情况下，个案性司法解释是作为过渡阶段解决适用实效最有效的选择。后者是以"地区性"视角，以法院上下级监督关系，为法律适用统一追求，衍生的具体监督方式。个案性司法解释性指导性案例一方面承担立法性司法解释的补足功能，如指导性案例 22 号对《最高人民法院关于适用〈中华人民共和国行政诉讼法〉的解释》第一条第五项的补足，因为该解释实际上也仍然抽象；另一方面可以作为司法解释留白的独立性解释。非司法解释性行政指导性案例则承担地方性案例指导功能，满足地方性需求。其次，具体权力设置分配。最高人民法院专享个案性司法解释性行政指导性案例的发布权，同时保留非司法解释性行政指导性案例的备案审查权。前者目的在保证全国性法律适用的统一，后者主要目的是预防非司法解释性行政指导性案例法律适用准确性和法律价值发生偏离。高级人民法院分别享有上述行政指导性案例发布权，理由是将行政指导性案例发布权下放过低，可能造成行政指导性案例权威性不足，以及法律适用标准过度地方化，不利于行政纠纷的解决。

第四，行政指导性案例指导面的扩展。根据发布权力分配，行政指导性案例对不同层级的指导面，主要考虑行政法体系结构。首先，最高人民法院专享以下两种性质的指导性案例发布权：一是行政法总则方面的行政指导性案例。例如，行政处罚法、行政许可法、行政强制法的具体适用问题，不得下放。二是部门行政法中需要在全国范围统一标准的（特别是行政管理标准）。其次，高级人民法院对部门行政法的其他领域以及因地方性公共事务引起的行政纠纷行使行政指导性案例的发布权；同时，高级人民法院应当在具体行政领域内充实行政指导性案例，扩展行政指导性案例的指导面。最后，行政指导性案例类型化应当考虑法律规范的完整性。具言之，行政指导性案例可以根据法律规范完整性，在法律规范构成要件补充，不确定法律概念或者概括条款确定，法律价值明确等方面进行类型划分。

综上内容，行政指导性案例类型化应当以公共行政特征为基础，紧密结合行政诉讼审级关系、法院上下级监督关系，照顾全国性需求和地方性需求，平衡因社会经济发展不平衡决定的具体行政案件类型的不平衡。同时，也要防止行政裁判法律适用价值地方化。

第三章
行政指导性案例类型化的
基本理论

    随着中国特色社会主义法律体系建成，我国已经从大规模立法阶段转向法律实施阶段，即"后立法时代"，[1]"后立法时代"重在提高立法质量，关注法律实施活动。司法是法律实施的主要方式之一，行政审判作为司法的具体形态，关乎法律实施效果如何。长期以来，"同案不同判"引发社会广泛关注，法学界和司法实务界都在探寻如何保证统一法律适用，实现"同案同判"的问题。案例指导制度是在此背景之下产生的，并且在实现"同案同判"上被寄予了厚望。为了使案例指导制度切实发挥应有之功能，需选取有效

---

    〔1〕 傅达林：《关注"后立法时代"的法规检修》，载《法治与社会》2007年第9期。

的研究方法。随着案例指导制度的快速发展，行政指导性案例的数量必将越来越多，如何正确认识繁杂的行政指导性案例，并发现其背后所蕴含的规律，已经成为法学界无法回避的课题。而且，法学界和司法实务界有责任去探寻和挖掘行政指导性案例背后的规律，以最大限度地发挥其应有之意。

目前，相关的行政指导性案例研究已经取得了阶段性成果，有些学者以特定行政指导性案例为分析对象进行个案研究，有些学者以行政案例指导制度为对象展开整体研究，也有些学者对行政案例指导制度发布主体、遴选程序或者效力等要素展开研究。大部分研究都是从概念分析入手对行政指导性案例展开研究，而对行政指导性案例类型化研究的成果相对较少。其实，行政指导性案例研究不仅需要概念思维，更需要类型思维，以类型化方法分析研究行政指导性案例。这主要是因为：行政指导性案例以个案状态存在，独立存在的行政指导性案例无法体现出内在规律性。引入类型化方法分析行政指导性案例，可以把看似无关联的行政指导性案例按照特定的标准予以分类和整合，在繁杂的行政指导性案例之中发现规律，并构建出行政指导性案例类型体系，促进案例指导制度发展完善。

一、行政案例指导制度的出发点与定位

根据《最高法案例指导规定》，案例指导制度的出发点是：总结审判经验，统一法律适用，提高审判质量，维护司法公正。换句话说，案例指导制度主要是针对司法裁判中存在的"同案不同判"现象所进行的制度设计。而欲解决"同案不同判"现象，必问其原因如何，方能对症下药，取得良好效果。有关"同案不同判"的成因

有很多，其中，法官的自由裁量权无疑是主要原因之一。

（一）法官的自由裁量权

所谓法官的自由裁量权，"是指法官或法庭在诉讼活动中依法自由斟酌以确定法律规则或原则的界限的一种权力"。[1]与其他的自由裁量权一样，法官的自由裁量权也是为了确保司法裁判过程中的个案公正，要求法官结合案件具体情形，正确适用法律，努力实现个案的司法公正。过去，人们一直对法官的自由裁量权三缄其口或者避而不谈，但仍然无法否定法官自由裁量权的客观存在。曾几何时，人们满怀信心地认为，"必定能够通过精确制定的规范建立绝对的法律清晰性和法律确定性，特别是保证所有法官和行政机关的决定和行为的明确性"。德国的博克尔曼描述了这种美好："法官适用制定法应该像自动机一样运转，它带有的唯一特点是，运转的装置不是机械式的，而是逻辑式的自动控制。"[2]然而，大量的司法实践证明，法官绝不是"制定法的奴隶"，更非孟德斯鸠宣称的"国家的法官不过是宣告法律的嘴"，法官拥有自由裁量权，这是无法否认的客观现实。并且，法官的自由裁量权贯穿司法裁判的整个过程，无论是事实认定还是法律适用，法官都有一定的裁量空间。在认定事实过程中，法官作出裁判所依据之事实并非真正的客观事实，而是通过证据还原的"事实"，两种事实之间存在的"差距"为法官的自由裁量权提供了可能，集中体现为自由心证制度。同时在适用法律过程中，由于法律存在滞后性、模糊性以及法律漏洞等，法官仍然享有裁量的空间。朱维究等从三个方面论证了法官的自由裁量权的正当性："行政案件错综复杂，千变万化，难以用一部法典予以统一

---

〔1〕　杨开湘：《法官自由裁量权论纲》，载《法律科学》1997 年第 2 期。
〔2〕　[德] 卡尔·恩吉施：《法律思维导论》，郑永流译，法律出版社 2014 年版，第 130 页。

规定，确实有必要通过法官运用其知识和经验来审查和判断，以便充分保护相对人的合法权益，保障行政职权的合法行使"；"成文法的局限性所要求的"，我国是成文法国家，法律的滞后性和概括性不可避免，为司法裁量留下了巨大空间；法官适用法律的过程，并非生搬硬套，必须把法律抽象性和概括性与具体个案相结合，追求司法公正。[1]总之，为了司法公正，司法裁量必不可少，如果司法权过度地被限制在特定空间中，必然缺少裁判的灵活性和机动性，行政审判可能会与人们的正义观念产生冲突，甚至出现人们对行政裁判结果正当性的否定。可见，司法裁量权不是洪水猛兽，而是法官在裁判案件过程中不可或缺的东西，恰当地运用司法裁量权，能够提高行政审判的权威性，增强司法公信力。

与民事诉讼和刑事诉讼相比，由于行政诉讼对象的特殊性，即以行政争议作为审理对象，决定了在行政司法过程中，法官的自由裁量权具有自身的特点。

一是法官的自由裁量权与行政的发展密切相关。现代行政已经远超秩序行政或者警察行政的时代，行政犹如"普洛透斯的脸"，呈现出太多的变化，行政疆域扩张和行政裁量权增大，新型行政行为大量涌现，治理方式日益多样化。行政权力有了更"广阔"的作用空间，可以名正言顺地对社会经济进行干预。为了避免行政权力成为"脱缰之马"，威胁公共利益和私人利益，需要及时通过立法予以约束。但是，不断地制定新法并非是明智的选择，因为制定新法仍会面临上述问题，过度立法会产生规则之癌，最终会放大立法不足，而未必能很好地约束行政权力。因此，现代有关行政的立法显现出

---

〔1〕 朱维究、陈少琼：《司法裁量权与我国司法审查监督的范围》，载《行政法学研究》1997 年第 4 期。

高度的概括性，以保证能够紧跟行政变迁之趋势。诚如德国的魏德士所言："技术、经济、社会、文化和政治不断变化不可能不触及现行的法律……对于这种变化，符合宪法的新立法者通常可能反应迟钝，他们经常长时间地完全无事可做。这通常导致空闲的立法将其任务和作用转移给司法。根据禁止拒绝裁判原则，司法必须作出判决。"[1]立法的高度概括性为法律适用留下了越来越大的裁量空间，法官的自由裁量权不断增大。

二是行政法难以制定统一法典。"行政法在形式上不同于民法和刑法，民法和刑法都有一部集基本规范为一体的统一法典，而行政法一般不存在这样的法典，它的法律规范广泛地散见于各种法律规范文件之中。"[2]一方面行政法没有统一法典，法官在司法裁判过程中不得不在"浩如烟海"的行政法律规范之中苦苦寻找相关的法律条文；另一方面由于我国制定法的法源地位，法官在行政审判过程中必须适用法律、法规，参照规章，因此，法官在行政审判过程中，可能面临更多的法律适用难题。现实的行政实践活动丰富多样，法律规范却高度概括，并且不同法律规范之间存在冲突，如何正确适用法律既是对法官的考验，更是对法官自由裁量权的考验。"何况当代社会日新月异，已经变得这么复杂多元，普适性法律的地盘在缩小，临机应变的判断的需要在增强，完全的可预测性几乎成了天方夜谭，因而很少有人还要坚持那种法官等于法律拟人化的僵硬公式。"[3]

---

[1]　[德]伯恩·魏德士：《法理学》，丁晓春、吴越译，法律出版社2013年版，第400页。

[2]　姜明安：《行政法与行政诉讼法》（第6版），北京大学出版社2015年版，第27页。

[3]　季卫东：《法治构图》，法律出版社2012年版，第246页。

在司法裁判中"同案同判"[1]是司法公正的体现，更是个案公正的内在要求。法官的自由裁量权的初衷就是通过对具体案件情形之判断，正确适用法律，以实现司法公正。但是，在司法实践中，类似案件裁判结果竟然完全不同，甚至同一个案件在一审和二审的裁判结果截然相反，即所谓"同案不同判"，司法裁判背后的法官裁量权受到社会关注。司法体制改革过程中，让审理者裁判，努力追求法官独立裁判，但法官裁量权却被忽视了。近些年"同案不同判"现象屡见不鲜，极大地影响了司法权威。2017 年 6 月 8 日，最高人民法院第三巡回法庭行政审判工作座谈会在上海召开，时任最高人民法院党组副书记、副院长、第三巡回法庭庭长江必新在会议上指出，应"统一行政案件裁判尺度，规范法律适用"。可见，"同案不同判"已经受到社会的广泛关注，甚至上升到影响司法公正的高度。之所以出现上述现象，主要有以下几方面原因。

一是法官素质的差异。法官作为司法裁判的具体行为主体，法官素质的高低直接影响司法公正的实现程度。法官素质是个高度概括的词语，主要包括法官具有的法律专业知识、司法经验、社会生活经验、公正无私精神、良知和人文精神等。[2]由于素质不同，不同的法官对于法律规范会产生不同的理解，进而形成不同的司法裁判结果。"基于法官法理水平、社会阅历、职业水准、道德良知、职

---

〔1〕 张骐认为，"同案同判"的表述易生歧义，主张置换为"类似案件类似审判"。"类似案件类似审判"原则有助于实现形式公正，有助于规范法官的自由裁量权、限制司法专横，有助于判决的合理性。参见张骐：《论类似案件应当类似审判》，载《环球法律评论》2014 年第 3 期。

〔2〕 俞亮、张驰：《提高法官素质是增强司法能力的根本途径》，载《北京交通大学学报（社会科学版）》2006 年第 1 期。也有学者把法官素质分为政治素质、业务素质、职业道德素质等内容，参见徐益初：《论司法公正与司法人员》，载《中国法学》1999 年第 4 期。

业伦理千差万别，以至于对同样的法律概念会出现不同的理解。"[1]
目前，随着我国法治化进程的加快，法官素质得到了较大提高，法
官司法审判能力显著增强。但是，我国的法官在专业知识、职业伦
理和审判技巧等方面，还有较大的提升空间，并且不同层级、不同
地区人民法院的法官素质还存在较大的差距。由于法官队伍职业素
质的差距，每个人对法律理解的不同，造成"同案不同判"，甚至有
些案件在不同层级人民法院之间出现截然相反的结果。

二是法官的自由裁量权缺乏有效的参照标准。由于成文法法源
和法官的自由裁量权，使得法官在司法裁判过程中缺乏相对具体的
参照标准。尤其是在重大疑难案件中，由于认定案件事实和适用法
律都存在不确定性，法官的自由裁量空间更大，"同案不同判"的概
率更高。应该更好地规范法官自由裁量权，一方面发挥法官自由裁
量权的积极作用，促进个案公正；另一方面又要防止法官的自由裁
量权恣意行使，造成明显的"同案不同判"，影响司法公正。

（二）有助于统一裁判尺度

如前所述，我国的制定法法源要求法官在司法裁判中必须适用
法律、法规，参照规章，案例并不能成为法官行政审判的依据。然
而，制定法的概括性、滞后性等问题，以及禁止法官拒绝裁判，特
定的司法环境为法官的司法裁判提出了更高的要求，法官的自由裁
量权如何"善用"也就变得更加关键。"法官的法律适用活动，不是
简单地按图索骥，它既是一种经验性很强的诉讼技术工作，同时也
是一个复杂的逻辑思辨活动。"[2]实际司法裁判过程中，"同案不同
判"现象严重地影响了司法权威和司法公正，引起了法学界和司法

---

〔1〕　傅国云：《法律模糊概念与法官自由裁量》，载《国家检察官学院学报》
2007年第2期。

〔2〕　李瑰华：《指导性行政案例研究》，法律出版社2012年版，第141页。

实务界的广泛关注。其实，解决"同案不同判"和实现"同案同判"，必须对法官的自由裁量权进行规范，在高度抽象的法律规范与具体的案件事实之间寻求一种相对具体的"审判标准"，以形成统一的裁判尺度。这种"相对统一的裁判"不能通过立法得以实现，而是需要在司法实践中得以实现。《最高人民法院关于发布第一批指导性案例的通知》指出，各级人民法院对于上述指导性案例，要组织广大法官认真学习研究，深刻领会和正确把握指导性案例的精神实质和指导意义；要增强运用指导性案例的自觉性，以先进的司法理念、公平的裁判尺度、科学的裁判方法，严格参照指导性案例审理好类似案件，进一步提高办案质量和效率，确保案件裁判法律效果和社会效果的有机统一，保障社会和谐稳定。[1]由此可见，最高人民法院发布行政指导性案例集中体现了最高人民法院的价值判断，案例具有具体性和应用性等特点，为法官审理类似案件确立了一个相对具体的参照标准，也必将对行政审判产生重要影响。

第一，有利于提升行政审判效率和质量。司法公正是司法裁判的最高要义，法官审理包括行政案件在内的各种案件，都应以司法公正为基本价值追求。司法公正并不否定效率，没有效率的所谓公正并非真正的司法公正。法官在司法裁判中必须考虑效率问题。现代社会的民主法治，产生了一种矛盾现象，行政案件增多的同时，对人民法院司法裁判的质量提出了更高要求。然而，人民法院不可能通过短时间扩张组织结构和法官队伍规模来解决这种矛盾，那就只能转向另外一种途径，即提高司法裁判效率。而行政指导性案例可以为法官裁判节约时间和精力，提高裁判的效率。"它使法院

---

〔1〕《最高人民法院关于发布第一批指导性案例的通知》，http：//gongbao. court. gov. cn/Details/c796c701e6f036c15e3272b478c0ec. html，2019 年 10 月 10 日访问。

在一个法律问题每次重新提出时就重新考察该问题的做法成为不必要。"[1]通过行政指导性案例类型化建设，对行政指导性案例予以科学分类，形成行政指导性案例体系，为法官在裁判案件时快速检索提供便利，进而发挥行政指导性案例的指导作用，提升审判效率和质量。

第二，有利于精准规范法官的自由裁量权。法官的自由裁量权是在具体个案裁判过程中的裁量空间，包括认定案件事实和选择适用法律方面，旨在通过法官的自由裁量权实现个案正义。法官的自由裁量权为法官在多种价值选择中提供了"自由"，这种自由是为了保证行政审判趋于最佳，行政指导性案例要求法官在行使裁量权时予以参照，然后再去衡量如何做到行政审判符合最佳的要求。因此，法官不能机械地适用法律，因为法律有时太过僵化，应当结合个案的具体情形，权衡利弊得失，以追求司法公正之良心，主动做出公正裁决，主动弥补法律缺陷。行政案例指导制度为法官合理行使自由裁量权提供了有益的参照，突出法官在司法裁判过程中的自律约束机制，为精准规范法官的自由裁量权提供了可能。"而案例往往是对法律适用中的某个具体问题做出回应，因其源于审判实践，覆盖面更小、实效性更强、灵敏度更高，对新类型、疑难案件审理的指导更为及时，对立法缺陷的弥补也更为细致。"[2]也有学者将其称为裁判自律，"就是人民法院和法官在裁判活动中不仅要受法律、司法解释的约束，同时还应受自己制作的判决和裁定的约束。"[3]

---

〔1〕　[美]博登海默：《法理学——法哲学及其方法》，邓正来、姬敬武译，华夏出版社1987年版，第523页。

〔2〕　席建林、董燕：《统一法律适用背景下对完善案例指导制度的思考》，载《上海政法学院学报》2012年第4期。

〔3〕　武树臣：《法律涵量、法官裁量与裁判自律》，载《中外法学》1998年第1期。

第三，有利于实现法律效果与社会效果的统一。"同案同判"是法律的社会效果，体现了平等原则和法的安定性，但这种社会效果不应该脱离法律效果，而应是法律效果与社会效果的统一。如果把"同案同判"纳入法律话语体系，司法公正是行政审判所追求的目标，"同案同判"是司法公正题中的应有之义。因此，法律效果与社会效果并非是分开的，法律效果离不开社会效果，社会效果也不能脱离法律效果去大讲特讲。"实际上，所谓法律效果只能是法律实施的社会效果，而不可能有别的什么效果。脱离开社会的所谓法律效果或者政治效果是不存在的。"[1]《最高法案例指导规定》第2条所规定的指导性案例认定标准，正是对司法实践作出的回应，希望通过指导性案例为司法实践中遇到的典型疑难复杂案件提供帮助，引导法官面临多种选择时作出最佳裁判。

二、行政指导性案例类型化的正当性

如前所述，根源于我国司法实践的案例指导制度，对于统一法律适用，促进司法公正具有举足轻重的作用。行政案例指导制度作为案例指导制度的组成部分，同样担负着统一法律适用和促进司法公正的重任。行政指导性案例与民事、刑事指导性案例相比较而言，无论是案例数量，还是对司法实践的影响力方面，都存在较大差距。同时，行政指导性案例是针对行政审判而言，在行政审判中无法避免司法机关与行政机关之间的关系，使得行政指导性案例又不同于

---

[1] 陈金钊：《被社会效果所异化的法律效果及其克服——对两个效果统一论的反思》，载《东方法学》2012年第6期。

民事、刑事指导性案例，显现出自身的鲜明特点。为了促进行政指导性案例发展，发挥规范司法审判的功能，有必要对行政指导性案例予以类型化研究，构建行政指导性案例类型体系。

（一）行政指导性案例类型化的内涵

所谓行政指导性案例类型化，是指通过累积行政指导性案例，然后根据特定标准把相似案例归类形成案例群，进而抽取出一些典型的特征，经过反复归类以后，逐渐形成行政指导性案例体系的过程。行政指导性案例内含一些司法理念、生活习惯、社会政治制度等，随着行政指导性案例库的不断丰富，内容涵盖广泛，无论是否具有强制要求，法官都会自觉不自觉地在司法裁判中运用行政指导性案例，把待决案件与行政指导性案例进行比较，如果待决案件契合行政指导性案例，那么法官就可以参照行政指导性案例对待决案件进行裁判。当然，行政指导性案例类型化绝非一个抽象的理论说辞，而是为了解决司法裁判实践中的问题，努力实现司法裁判的公平正义。

（二）行政指导性案例类型化的理论基础

1. 概念涵摄模式的局限性

概念作为一种思维方式，在人类社会发展过程中起着巨大的作用，"科学研究，尤其是理论研究，在某种意义上就是提出、分析、论证和积累概念的过程"。[1]概念对法学发展产生了重要影响，任何法学研究和法律规范都离不开概念，可以说，没有概念就无法构建相应的知识体系和法律体系。但是，概念的巨大作用并不能掩盖或者否定概念自身所具有的局限性。这种局限性主要体现在以下四个方面。

一是概念是高度抽象和概括。概念的高度概括和抽象具有积极的面相，"一般条款的真正意义在于立法技术领域。由于其很大的普

---

〔1〕　张文显：《法哲学范畴研究》，中国政法大学出版社 2001 年版，第 1 页。

适性，一般条款可能使一大组事实构成无漏洞地和有适应能力地承受一个法律结果。"[1]但概念的高度抽象和概括易于陷入抽象的逻辑论证之中，忽视对具体现象的关注，导致概念缺乏对社会现象的回应性。相反，如果概念过于关注个别的、具体的现象，又会导致无法发现散乱现象背后的规律，失去概念自身的价值。法律概念同样具有高度抽象和概括的特征，并且成为一种主要的法律思维方法，深深扎根在法学研究之中。显然，高度抽象和概括的法律概念使得法律概念的内容处于不确定状态，甚至连具有法律专业知识的法官都无法明确某些法律概念所指之内容。德国恩吉施指出，"在法律中，绝对确定的概念是罕见的"。[2]"传统法律思维是一种以追求概念为目的的抽象化思维，此种思维所隐藏的一个危险是，它易于偏向'抽象化过度'之极端。"[3]与此同时，法律概念高度抽象，又会导致法律适用者享有广泛的自由裁量权，甚至通过个性化解释导致法律规范形同虚设。法官在司法裁判过程中并非是机械地适用法律，"会有需要填补的空白，也会有需要澄清的疑问和含混，还会有需要淡化——如果不是回避的话——的难点和错误"。[4]可见，尽管高度抽象的法律概念能够涵摄更广泛的法律事实，却无疑加大了"同案不同判"的风险，因为法官在适用法律时可能会受到价值观念、专业知识、司法环境以及心理因素等影响，对相同或者类似案件作出不同的裁判。

〔1〕 〔德〕卡尔·恩吉施：《法律思维导论》，郑永流译，法律出版社2014年版，第130页。

〔2〕 同上注，第133页。

〔3〕 李可：《类型思维及其法学方法论意义》，载《金陵法律评论》2003年秋季卷。

〔4〕 〔美〕本杰明·N.卡多佐：《司法中的类推》，苏力译，《外国法译评》1998年第1期。

　　二是概念具有封闭性。概念思维遵从抽象到具体的概念涵摄模式，符合法律概念的构成要素，即属于该法律概念所涵摄之内容，不符合构成要素，则该法律概念就无法涵摄特定的案件事实。有些情况下，案件事实涵盖了法律概念的部分构成要素，此时法律概念就显得有些"力不从心"。如果严格遵从法律概念，不属于概念所指涉之事物，将出现使之逃离相关法律规范约束之情形。如果把符合部分构成要素的案件事实纳入法律概念之下，又与概念要求不一致，破坏了法律概念的严谨性。因此，法律概念这种"非此即彼"的界限划分，无法紧跟社会经济发展，使得某些具有"中间状态"的案件事实游离法律约束之外。甚至是法律概念沉浸在自己的逻辑结构之中，而对变化的案件事实无法及时给出有效的解释。显然，法律概念的封闭性与行政案件的多样性、动态性无法完全融合，不能及时对行政变迁作出回应，也会影响法官的司法裁判效果。

　　三是概念无法掩饰立法者认知的局限性。众所周知，人的认知是有限的，更无法对未来作出准确预测。立法者亦是如此。立法者制定法律规范所确立的法律概念，体现了立法者认知的局限性。丹宁法官在西福德·考特不动产有限公司诉阿舍尔案的判词中写道，"必须记住，无论是一项法律什么时候被提出来考虑，人们都没有能力预见到在实际生活中可能出现的多种多样的情况。即使人们有这种预见能力，也不可能用没有任何歧义的措辞把这些情况都包括进去。……如果国会的法律是用神明的预见和理想的清晰语言草拟的，它当然会省去法官们的麻烦。但是在没有这样的法律时，如果现有的法律暴露了缺点，法官们不能叉起手来责备起草人，他必须开始完成找出国会意图的建设性的任务。他不仅必须从成文法的语言方面去做这项工作，而且要从考虑产生它的社会条件和通过它要去除的危害方面去做这项工作。然后，他必须对法律的文字进行补充，以便给立法机构的意图以'力量和生命'。……如果立法者自己偶然遇到法律织物上的这种皱折，他们会怎样把它弄平呢？很简单，法官必须像立法者们那样去做。一个法官绝不可以改变法律织物的编织材料，但是他可以，也应该把皱折熨平。"[1]丹宁勋爵用平实的语言揭示了立法者的局限性，并且指出法官裁判具有"熨平皱折"之功能。换句话说，立法者自身的局限性导致制定法上的法律概念的要素不能涵盖以后所有情形。此时，法律概念无法服务立法目的，因此需要借助立法目的对法律条款进行解释。

四是司法三段论是概念思维的集中体现。法律适用通常存在两种典型方式：一种是通过概念思维、演绎推理，遵循从抽象到具体的思维过程；另一种途径是通过类比推理，遵循从具体到具体的思维过程。过去，行政审判过程中较多运用前一种途径，通过演绎推理方式，运用三段论来适用法律。大前提是寻找法律，小前提是认定事实，法律与事实之间具有相关性，得出结论。"判决传统地体现着一个三段论。法律规则是大前提；经确证的案件事实是小前提；决定本身便是结论。"[2]司法三段论意味着法官在行政审判中对法律规范的遵从，严格从法律规范这个大前提出发，进而涵摄待决案件事实，得出司法裁判的结论。司法三段论要求法官对法律规范的服从，法官的责任是限于把立法者制定的法律适用于特定的案件。那么，法官究竟是"机械适用的工匠"，还是"身陷迷局的造法者"？在前一种情形是假设制定法是完美的，不存在法律空白或者法律漏洞，法官仅是把法律的"模具"套在特定的案件事实之上，如果二

---

〔1〕 〔英〕丹宁：《法律的训诫》，杨百揆、刘庸安、丁健译，法律出版社1999年版，第12－14页。

〔2〕 〔法〕雅克·盖斯旦、吉勒·古博：《法国民法总论》，陈鹏等译，法律出版社2004年版，第36页。

者符合，就产生特定的法律效果。后一种情形是假设制定法的高度抽象，很少直接拿来套用在案件事实之上，需要法官发挥主观能动性去解释乃至创制法律，再赋予特定的法律效果，法官是名副其实的立法者。大量司法实践证明，司法裁判过程是法官在"事实与法之间的往返运动"[1]，法官在司法裁判过程中必然是往返于案件事实与法律规范之间，寻求二者之间的最佳结合点。但案件事实与法律规范之间并非存在着明显的联系，法官能够轻而易举地寻找到恰当的法律以评价案件事实，这种情况毕竟只是少数。法官面对的大部分案件都不能轻易找到法律规范与案件事实之间的结合点，疑难案件、新型案件更是如此。因此，法官不得不寻求行政指导性案例，通过检索或寻找类似案例，在行政指导性案例与待决案件之间作出类比，如果符合类似案件之要求，即可参照行政指导性案例作出裁判。后一种方式主要采用了类型思维。可见，类型思维使法官审判的重点由以法律规范为中心，转变为以事实判断为中心。

2. 类型归属模式的优势

"类型，是对事务或存在本质的概括，是研究者为了解释现象整体或难以直接认清的情势整体而人为创设的一种东西，其目的在于明确揭示社会结构本身。因此，类型思考必须植根于人们所能够观察到的经验和现象，并在此基础上进行高度提炼。"[2]类型化方法的经典理论就是德国马克斯·韦伯的"理想类型"，是介于高度抽象概念与具体现象之间，是一种"适度抽象"的研究方法，在抽象概念与具体现象之间搭建桥梁。一方面把高度抽象概念具体化，另一方

---

〔1〕 〔法〕雅克·盖斯旦、吉勒·古博：《法国民法总论》，陈鹏等译，法律出版社 2004 年版，第 40 页。

〔2〕 周光权：《类型思考与中国法学研究》，载《中国社会科学评价》2015 年第 4 期。

面又对众多的具体现象予以分类和抽象，是抽象与具体的一种中间状态。马克斯·韦伯的"理想类型"虽为理性建构，但以个别具体的现象为基础。换句话说，理想类型构建来源于构建者对具体社会现象的认识和经验积累，进而形成一种规律性的认识，再用以解决具体问题。当然，理想类型并非是最终目标，而是通过构建理想类型，然后用以分析现实社会问题。"通过特别地突出一种或几种观点，通过把鼓励出现的分散而零碎的现象连成一体，即通过既已择定的有所侧重的观点对时而数量巨大、时而数量微小，时而随处可见、时而又踪迹全无的现象进行整理，继而形成一幅匀称和谐的思维图案，这样，人们就获得了理想类型。"[1]理想类型并不追求完美，而是尽可能接近完美。

这里把理想类型称之为"适度抽象"，"虽然理想类型在一定程度上是抽象的，但它并没有概括也不意图概括现实事物的所有特征，它只是为了研究的目的单向侧重概括了事物的一组或某种特征，这就避免了我们对概念的要求过于完美。事实上，能够使各种不同立场、不同价值、不同认识的人达成一致共识的十全十美的绝对的概念不可能存在。"[2]类型化方法具有以下几项优势。

第一，类型化方法具有开放性。首先，类型并非如概念那样非此即彼，而是具有程度之别，并且类型边界具有模糊性；与此同时，类型的构成要素并不是一成不变的，而是具有相对固定性，即主要构成要素相符即可。类型化方法更强调开放和包容，在研究对象和研究领域不断开疆拓土。

---

〔1〕 周光权：《类型思考与中国法学研究》，载《中国社会科学评价》2015 年第 4 期。

〔2〕 吴晓：《论类型化方法对宪法学研究的意义》，载《政法学刊》2006 年第 1 期。

　　第二，类型化方法是一种价值导向的建构模式。类型以事实的中心价值为基本内涵，该中心价值正是类型化方法衡量事实的基本评价标准，通过这种标准将事实划入特定类型中。类型化方法坚持价值中立，但并非不关心价值，而是对多元价值采取平等对待的态度，这也符合类型化方法的开放和包容之特定。类型化方法只有坚持价值中立，方能平等地对待多样化的行政指导性案例，并且不断吸纳"新成员"进入队伍之中，以避免行政指导性案例体系的僵化和封闭。如，《行政处罚法》规定，吊销许可证或者执照、责令停产停业以及较大数额罚款等，适用听证程序。那么，没收行为是否适用听证程序，并没有明确规定。如果通过概念思维方法，没收应该属于《行政处罚法》的法律空白，概念无法将其涵摄。但如果我们关注吊销许可证或者执照、责令停产停业以及较大数额罚款等，这些行政处罚行为蕴含一个共同的价值标准，即对相对人权利义务影响较大，适用听证程序。最高人民法院指导案例6号，裁判法院正是基于这种认识，作出没收适用听证程序的裁判。

　　第三，类型化方法具有直观性。与概念的抽象性相比，类型化方法可以称为是"适度抽象"。在司法裁判过程中，之所以运用类型来判断案件事实，寻找案件事实之间的相似性，而不是通过概念进行抽象概括，是因为类型具有直观性，并且更有利于为司法裁判寻找到恰当的裁判尺度或者标准。有学者将类型化方法的优势总结为以下三点：类型的开放性可以有效把握事物的多样形态；类型的意义性能够弥补抽象概念式思维意义的空洞化趋势；类型所具有的体系建构功能能够帮助认识特定法律制度内在的意义脉络。[1]

---

〔1〕　梁迎修：《类型思维及其在法学中的应用》，载《学习与探索》2008年第1期。

总之，"类型作为法律思考的工具，可以让概念更有力量。在法教义学的框架下，借助于类型的应用……法律内涵的公平正义得以实现。"[1]引入类型化方法分析归纳行政指导性案例可以完善行政指导性案例类型化体系。

三、行政指导性案例类型化的意义

2010 年，《最高法案例指导规定》颁布，随着案例指导制度的理论研究不断深化，取得了较为丰硕的研究成果。但由于研究方法未得到充分挖掘，极大地影响了案例指导制度的进一步研究，实战中也没有及时对案例指导制度实践中出现的问题予以回应。随着案例指导制度研究逐渐深入，研究方法受到了学界越来越多的关注，科学的研究方法有助于拓宽研究视野，亦有助于反思原有研究中存在诸多不足之处。因此，案例指导制度亟需引入新的研究方法。

行政指导性案例不可能借用概念思维构建严格的概念体系，因为行政指导性案例针对司法裁判的具体案例，具有个别的、具体的特点，高度抽象的概念思维不适合行政指导性案例。而类型思维和类型化方法，通过对行政指导性案例按照不同标准进行分类，加强行政指导性案例的体系性、整体性，进而构建行政指导性案例的"理想类型"，探寻行政指导性案例的内在规律，发现理想类型与现实之间的差距，可以科学地指导行政指导性案例的发展和

---

[1] 张志坡：《法律适用：类型让概念更有力量》，载《政法论丛》2015 年第4 期。

完善。

　　将类型化方法引入行政指导性案例研究中，有助于克服行政指导性案例研究的同质化，以及价值偏见和认识上的绝对化。法学类型化方法主要是发生在抽象概念所构建的逻辑体系不足以涵摄法律现象多样性时，通过某种特定的标准形态诠释类似的法律现象。类型化方法开放、灵活、具体等特性，将具有共同点的法律现象按照一定标准进行归类，进而探寻其内部规律，但不追求具体法律现象必须完全一致。

（一）类型化有利于明确行政指导性案例的效力

　　通常情况下，上级人民法院对下级人民法院的监督和指导，主要集中在程序正义的监督和指导，而非实质正义的监督指导。因此上级人民法院监督和指导下级人民法院主要是通过对下级人民法院审判过程的监督和指导。最高人民法院发布行政指导案例是上级人民法院对下级人民法院的监督方式，目的是监督和指导下级人民法院的行政审判工作，以实现统一法律适用和促进司法公正。《最高法案例指导规定》第七条的"应当参照"与法院的监督指导、司法独立之间存在密切关系。最高人民法院通过行政案例指导制度，把符合条件的案例确定为指导性案例，要求地方各级人民法院在审判时予以参考。本书认为，"应当参照"表达了两层含义：一是下级人民法院在行政审判过程中有义务检索指导性案例，是下级人民法院法官必须做的强制性规定；二是法官检索发现指导性案例与待决案件属于类似案件，那么法官应当作出相同案件相同裁判，如果法官作出的裁判背离指导性案例要说明理由。所以说，该规定第七条"应当参照"并非矛盾的规定，而是充分考虑了现行法院的监督指导关系、指导性案例与判例的不同，进而作出的符合我国国情的制度安排。由于"参照"一词具有多重内涵，是"一个富有弹性的多维概念"[1]，导致行政指导性案例效力模糊。那么，如何理解行政指导性案例的效力？应该对"参照"作一元化解读，还是多元化解读？目前，有些学者主张行政指导性案例的参照效力是多样化的，不能做"一刀切"式解读，那样会导致行政指导性案例的功能异化。而应通过行政指导性案例类型化，以明确行政指导性案例的参照效力，如资琳对指导性案例予以分类，分析不同类型的指导性案例效力的不同，在指导性案例类型与效力类型之间搭建桥梁。[2]所以说，行政指导性案例效力的判定不能宽泛地作一元化解读，而应该通过行政指导性案例类型化分析，针对不同类型的行政指导性案例予以不同的效力认定，对法官的司法裁判产生不同程度的拘束力。

（二）类型化有利于避免行政指导性案例的同质化处理

最高人民法院行政指导性案例呈现多样性，但有关行政指导性案例研究却将其作同质化处理，进而导致行政指导性案例在司法实践中适用混乱。学者对行政指导性案例予以同质化处理，更多地关注造法型行政指导性案例，其原因有二：一是以西方判例制度视角研究行政案例指导制度，甚至把行政案例指导制度等同于西方判例制度的移植和嬗变。如认为，案例指导制度是"走向有中国特色的'判例制度'的一个过渡性质的制度"。[3]二是造法型行政指导性案例引发的争议更大，关注度更高，这也是学者研究造法型行政指导性案例的重要原因。陈兴良把案例指导制度称为"具有中国特色的

---

〔1〕　瞿灵敏：《指导性案例类型化基础上的"参照"解读——以最高人民法院指导性案例为分析对象》，载《交大法学》2015年第3期。

〔2〕　资琳：《指导性案例同质化处理的困境及其突破》，载《法学》2017年第1期。

〔3〕　周佑勇：《作为过渡措施的案例指导制度——以"行政〔2005〕004号案例"为观察对象》，载《法学评论》2006年第3期。

判例制度"，属于一种归责创制机制。[1]从《最高法案例指导规定》
和《〈最高法案例指导规定〉实施细则》来看，并没有对行政指导
性案例作出类型化处理，无论是行政指导性案例的法律效力、遴选
机制、适用方式、退出机制等都予以统一规定，这种同质化处理，
极大地影响了行政指导性案例的功能发挥。

因为行政指导性案例类型不同，其适用方法必然有别，随着行
政案例指导制度的快速发展，对行政指导性案例作同质化处理的弊
端逐渐显现出来。虽然目前最高人民法院行政指导性案例数量较少，
但随着案例指导制度的不断发展，行政指导性案例的数量和种类都
将快速增加，浩如烟海的行政指导性案例如果缺少科学的研究方法，
必然影响行政案例指导制度功能的发挥。因此，将类型或者分类方
法引入行政指导性案例研究之中，通过对行政指导性案例分类，厘
清行政指导性案例的特点，掌握不同类型指导性案例的适用方法。
我们只有了解一个行政指导性案例的本来样子，才能将该行政指导
性案例运用到司法裁判过程之中，但理解一个案例并非易事。最高
人民法院发布的行政指导性案例已经被简单化处理，在形式上主要
包括关键词、裁判要点、基本案情、裁判结果和裁判理由等部分。
行政指导性案例类型化研究，就是从不同维度研究行政指导性案例，
多角度透视行政指导性案例的内在构造和运行机理，推动行政指导
性案例研究的发展。

（三）类型化有利于对行政指导性案例进行多维度分析

行政指导性案例本质上体现了司法与行政之间的关系和行政权
力形态多样化，这决定了行政指导性案例的复杂性。因此，行政指
导性案例研究方法亦应是多元的，坚持一种开放和包容的研究方法，

---

〔1〕　陈兴良：《案例指导制度的规范考察》，载《法学评论》2012年第3期。

符合行政指导性案例动态发展之内在要求。行政指导性案例类型化研究具有多元性、开放性和包容性的特点，根据不同的标准建构行政指导性案例体系，给予不同类型行政指导性案例以不同维度的关怀，这也是案例指导制度发挥功能作用的前提和基础。案例指导制度的生命力源于司法实践，遵循从具体到具体的运行机理，通过类型化行政指导性案例指导司法裁判活动，一方面接受人们在司法实践中发现的理论缺陷，以及给予理论批评，并在反思的基础上不断完善理论体系；另一方面通过指导具体的司法裁判活动，规范法官的自由裁量权以实现"同案同判"。行政指导性案例类型化研究可以使理论研究和司法实践更加紧密。类型化方法引入指导性案例研究之中，改变传统的指导性案例的研究视角，不再局限于传统概念自上而下的抽象推演，类型化研究方法更强调自下而上的归纳。

综上，分析具体的行政指导性案例，然后按照特定标准形成案例群，以案例群为基础构建行政指导性案例类型体系。行政指导性案例作为一种法律现象，存在多种多样的表现形式且内容错综复杂，若要系统地认识行政指导性案例，获取行政指导性案例的现状和整体特性，厘清不同行政指导性案例之异同，仅认识行政指导性案例的概念是不够的，还需要引入更科学的法学研究方法。类型化方法作为一种重要的法学研究方法，为我们多维度研究行政指导性案例提供了有效路径。

（四）类型化有利于增强行政指导性案例的可操作性

笔者通过访谈，现整理某位基层人民法院法官对行政指导性案例的看法：第一，关于行政指导性案例的来源。在日常学习中对行政指导性案例会进行自主学习；在案件审理时，会进行有针对性的查阅学习；同时，在案件审理过程中当事人也会主动向法院提交一些可供参考的行政指导性案例，对此情况在查阅核实的基础上，也会用作参考。第二，关于行政指导性案例的价值。行政指导性案例对行政审判中裁判标准的补强和统一具有非常好的价值，对具体案件审判具有积极的指导意义。第三，关于行政指导性案例的适用。对行政指导性案例的借鉴主要集中在对行政指导性案例说理部分的借鉴，即裁判逻辑和裁判规则的借鉴。每个案件的具体情况都有不同之处，因此借鉴行政指导性案例只能借鉴其"神"，而不能借鉴其"形"。对行政指导性案例的借鉴不会在案件裁判文书中呈现出来，即不会在文书中注明借鉴了哪个行政指导性案例或者直接引用了哪个案例，而是在判决说理部分体现所借鉴的行政指导性案例的裁判逻辑或裁判规则。

可见，行政指导性案例对法官的司法裁判存在较大影响，但由于行政指导性案例缺乏有效的研究方法，法律效力定位模糊，导致法官在司法裁判过程中更多的是隐形适用。而行政指导性案例类型研究弥补了概念高度抽象的不足，把行政指导性案例研究置于高度抽象与具体现象之间，作为一种"适度抽象"的研究方法，既不像概念那样高度抽象，又不像具体个案那样无规律可循，而是一种兼顾了抽象与具体的"中间样态"，有利于总结审判经验，统一法律适用。并且，通过不同的分类标准，把行政指导性案例划分为不同类型，继而在应用中发现类型覆盖是否均衡，有助于促进行政指导性案例体系的完善。例如，通过行政行为标准，发现行政指导性案例集中反映哪些类型的行政行为以及哪些行政行为的关键节点，进而显露行政指导性案例尚未涉及之内容，以不断完善行政指导性案例的覆盖范围，并有方向地更新行政指导性案例。

四、确立行政指导性案例的分类标准

行政指导性案例类型化面临诸多难题，其中对行政指导性案例进行合理分类是关键环节，而合理分类的前提是确立分类标准。但是，行政指导性案例类型化标准或者说区分标准可能多种多样，在相关文献中，可以发现诸如发布主体标准、强制程度标准、行为类型标准、适用主体标准等不同标准。这些分类标准促进了行政指导性案例的精细化和体系化，使人们认识到行政指导性案例的多层次性。当然，行政指导性案例分类切忌泛化，并非有差异就划分为新类型。行政指导性案例类型的多少并不能体现行政指导性案例分类研究的成熟程度。因此，行政指导性案例分类研究不应陷入"失序"之误区，不应认为行政指导性案例类型多多益善，而应确定行政指导性案例科学的分类标准。

那么，行政指导性案例究竟应该坚持何种标准？瞿灵敏认为，指导性案例类型划分标准必须满足以下要求：①涵盖所有的分类对象；②避免将同一对象归入不同的类型之中；③类型划分与效力判断存在关联性。[1]本书认为，行政指导性案例类型划分标准必须强调划分的目的，目的与确立标准之间具有十分密切的关系。行政指导性案例的标准具有双重功能：其一，它是行政指导性案例划分的依据和理由；其二，也是行政指导性案例划分的评价尺度。行政指导性案例并非在真空中进行划分，亦不是纯粹的技术过程，而是以

---

〔1〕 瞿灵敏：《指导性案例类型化基础上的"参照"解读——以最高人民法院指导性案例为分析对象》，载《交大法学》2015 年第 3 期。

特定的司法环境和司法实践为基础，以实现和维护特定的法律秩序为目的的活动。行政指导性案例的分类或者类型研究并非目的，而是为了促进行政指导性案例的功能发挥，即统一法律适用，促进司法公正，实现"同案同判"。行政指导性案例的研究和应用犹如硬币之两面，不可分割，缺乏分类目的或者特定功能的行政指导性案例分类研究，必然导致类型混乱。此外，行政指导性案例的分类标准还应有助于相似案件的识别与判断。行政指导性案例是为类似案件提供参照，因此发现待决案件与行政指导性案例之间的"相似性"就成为关键的环节。判断待决案件与行政指导性案例之间的相似性，离不开行政指导性案例类型的运用。科学、合理地确立行政指导性案例的分类标准，行政指导性案例类型为待决案件提供具体的"观测点"，有助于快速发现待决案件与行政指导性案例之间的共同属性，在待决案件与行政指导性案例之间建立联系，为法官在司法裁判中参照行政指导性案例提供便利。

第四章
行政指导性案例类型体系

　　行政指导性案例的类型，从不同的角度、根据不同的标准可以作出多元划分：以行政行为类型为标准，可以划分为行政处罚型案例、行政许可型案例、行政强制型案例、行政确认型案例、行政协议型案例、行政征收型案例等；以行政指导性案例发布主体为标准，可划分为最高人民法院案例、高级人民法院案例；以行政指导性案例功能为标准，可划分为法律解释型案例、规则创制型案例以及政策宣示型案例。以不同分类标准划分行政指导性案例，有助于厘清行政指导性案例的性质和功能，促进案例指导制度的发展和完善。现有的行政指导性案例编撰在数量、内容和规模上都有待提高，因此行政指导性案例体系化构建存在难度，这也恰恰是行政指导性案例类型化研究的意义所在。

一、以行政行为种类为划分标准

行政行为分类研究是行政法学的重要方法之一，无论行政法学教科书还是经典著作，都把行政行为分类作为主要研究内容，并以行政行为分类为基础构建知识体系，这被称为"行政行为形式论"[1]。2014年，《行政诉讼法》修订后，"行政行为"概念由学理概念上升为法律概念，行政行为理论研究进入新的发展阶段。[2] 2020年，《最高人民法院关于行政案件案由的暂行规定》，明确行政行为种类有行政处罚、行政强制措施、行政强制执行、行政许可、行政征收或征用、行政登记、行政确认、行政给付、行政允诺、行政征缴、行政奖励、行政收费、政府信息公开、行政批复、行政处理、行政复议、行政裁决、行政协议、行政补偿、行政赔偿、不履行××职责、××（行政行为）公益诉讼共22种。虽然最高人民法院对行政行为分类的目的在于界定行政案件案由，但也足见行政行为分类的必要性和复杂性。行政行为分类的标准是多元化的。以内部和外部效果为标准，行政行为可以分为内部行政、中间行政和外部行政三种类型。以行政的内容和活动方式为标准，行政行为可以分为秩序行政、给付行政、计划行政、可持续发展行政、

---

〔1〕 高秦伟：《行政法学方法论的回顾与反思》，载《浙江学刊》2005年第6期。

〔2〕 2000年，《最高人民法院关于执行〈中华人民共和国行政诉讼法〉若干问题的解释》（现已失效）第1条第1款规定，"公民、法人或者其他组织对具有国家行政职权的机关和组织及其工作人员的行政行为不服，依法提起诉讼的，属于人民法院行政诉讼的受案范围"。可见，"行政行为"被引入《行政诉讼法》之前，已经作为法律概念存在于司法解释之中。

后备行政、经济行政等行为类型。根据行政活动的法律形式，可以把行政行为分为司法形式的行政和公法形式的行政。[1]行政行为分类标准的多元化，直接导致行政行为种类的多样化，既为我们研究行政行为提供了有益借鉴，也使行政行为分类错综复杂，莫衷一是。行政行为种类是行政法学核心内容之一，行政行为分类的错综复杂直接影响行政指导性案例类型化研究。"所谓类型化是指根据行政行为的种类，按照一定的标准对行政纠纷进行归类总结，将具有代表性和典型性的案件上升为行政判例，以为法律适用和弥补法律漏洞提供参考。"[2]这里我们先抛开行政行为复杂的种类划分，主要以最高人民法院行政指导性案例所涉及的行政行为种类为对象，来分析行政指导性案例的类型，以及人民法院对不同种类行政行为的审查节点所在。在此基础之上，分析行政指导性案例类型中存在哪些不足，对行政指导性案例未来发展方向作出判断，而后提出建设性意见。

（一）以行政行为种类为标准研究行政指导性案例的意义

第一，有助于明确人民法院审查行政行为的关键节点。行政行为作为行政权力运行的具体形态，具有多样性。不同种类的行政行为具有不同的构成要素，体现不同的行政法律关系，与此同时，人民法院对不同种类行政行为的审查节点也不相同，司法审查的密度亦有不同。对传统高权行政，司法审查一般较为严格，而对非强制性行政行为，体现出司法谦抑以及人民法院对行政机关的

---

〔1〕 ［德］汉斯·沃尔夫、奥拓·巴霍夫、罗尔夫·施托贝尔：《行政法（第1卷）》，高家伟译，商务印书馆2002年版，第30－35页。

〔2〕 赵静波：《行政案例指导制度转型的法理分析》，载《吉林大学社会科学学报》2016年第4期。

尊重。

第二，有助于法官和行政机关工作人员查询行政指导性案例。在案例指导制度的发展初期，行政指导性案例数量有限，查阅和学习行政指导性案例比较容易。但是，随着案例指导制度的发展，行政指导性案例的数量持续上升，内容也变得越来越复杂，如何在浩如云烟的案例中快速查阅和学习行政指导性案例就成为必须解决的问题。按照行政行为种类划分行政指导性案例类型，并编制"行政指导性案例汇编索引"，为法官和行政机关工作人员查询和学习行政指导性案例提供便捷的工具。当然，在编制"行政指导性案例汇编索引"时，可以把行政行为种类与行政案件案由相结合，提高行政指导性案例类型的实用性。

第三，为人民法院科学发布行政指导性案例提供指引。以行政行为种类为划分标准，对行政指导性案例予以细化梳理，明确行政指导性案例类型，分析哪些行政行为、哪些行政行为节点已经存在行政指导性案例，哪些行政行为尚未受到关注等，为人民法院科学发布行政指导性案例提供参考，以免重复发布行政指导性案例，以及根据行政行为变化及时对行政指导性案例进行更新，以提高行政指导性案例的体系完整性。

（二）行政指导性案例类型的实证分析

截至2022年9月，最高人民法院共发布32批指导性案例，其中行政指导性案例共30例。这些行政指导性案例涉及行政处罚、行政许可、行政强制、行政确认、行政协议、行政征收、行政登记、信息行政、行政公益诉讼等行政行为种类。

1. 行政处罚型案例

行政处罚型案例，是指人民法院对行政处罚行为进行司法裁判，进而形成的行政指导性案例。通过行政处罚型案例分析，可发现人民法院对行政机关行政处罚行为的审查节点有哪些，并分析内在原因。目前，最高人民法院行政指导性案例涉及行政处罚的主要有指导案例 5 号、指导案例 6 号、指导案例 60 号、指导案例 90 号、指导案例 138 号、指导案例 139 号、指导案例 177 号、指导案例 178 号。指导案例 5 号鲁潍（福建）盐业进出口有限公司苏州分公司诉江苏省苏州市盐务管理局盐业行政处罚案裁判要点：盐业管理的法律、行政法规对盐业公司之外的其他企业经营盐的批发业务没有设定行政处罚，地方政府规章不能对该行为设定行政处罚。地方政府规章违反法律规定设定行政处罚的，人民法院在行政审判中不予适用。指导案例 5 号明确了《行政处罚法》中有关行政处罚设定的法定原则，地方政府规章不得违法设定行政处罚。同时也是人民法院间接行使规章审查权的体现，即违反上位法的规章，人民法院不予适用。指导案例 6 号黄泽富、何伯琼、何熠诉四川省成都市金堂工商行政管理局行政处罚案中，主要涉及行政处罚程序问题。如何理解《行政处罚法》有关听证程序的适用条件，即对"行政机关作出责令停产停业、吊销许可证或者执照、较大数额罚款等行政处罚决定"中"等"究竟如何解释？该行政指导性案例的裁判要点明确：行政机关作出没收较大数额涉案财产的行政处罚决定时，未告知当事人有要求举行听证的权利或者未依法举行听证的，人民法院应当依法认定该行政处罚违反法定程序。换句话说，行政处罚听证程序具有开放性的特点，不局限于所列举的行政处罚种类，而是与所列举处罚种类具有同等侵害程度的行政处罚种类都可能适用行政处罚听证程序。当然，对于"等"作"等外等"的扩张性解释，也会带来许多争论，例如，行政拘留对于相对人权益造成的侵害可能更大，是否能够适用行政处罚听证程序？依据何种标准判断行政处罚种类的侵害程度？无论如何，指导案例 6 号为行政处罚听证程序适用的扩张、更好地保护相对人合法权益开创了先河。指导案例 60 号盐城市奥康食品有限公司东台分公司诉盐城市东台工商行政管理局工商行政处罚案，主要涉及行政处罚中如何适用《中华人民共和国食品安全法》有关"食品安全标准"的具体内容。而指导案例 90 号贝汇丰诉海宁市公安局交通警察大队道路交通管理行政处罚案，主要涉及对交通法规中"行人正在通行"的具体判断。指导案例 60 号和指导案例 90 号，虽然看似是非常具体的法律适用问题，但体现出食品安全行政处罚和交通行政处罚领域经常面临的认定难题；指导案例 137 号、指导案例 138 号和指导案例 177 号是关于环境领域采取严格责任和严厉惩处的行政处罚案例，指导案例 178 号是关于行政处罚中共同违法情形认定的案例。所以，最高人民法院通过行政指导性案例的方式进一步明确相关内容，以便法官在以后遇到类似案件时能够作出正确的司法裁判。

2. 行政许可型案例

行政许可与行政处罚虽然都属于行政行为，但二者存在明显不同。"行政许可，是指在法律规范一般禁止的情况下，行政主体根据行政相对人的申请，经依法审查，通过颁发许可证或者执照等形式，依法作出准予或者不准予特定的行政相对人从事特定活动的行政行为。"[1]由于行政许可自身的特点，行政争议诱因主要存在行政许可设定、申请人资格和信赖利益、申请期限，以及许可撤销、注销、变更等环节上，因此，人民法院对于行政许可的审查主要集中在这

---

〔1〕　姜明安：《行政法与行政诉讼法》，北京大学出版社 2015 年版，第 219 页。

些关键节点上。指导案例 5 号鲁潍（福建）盐业进出口有限公司苏州分公司诉江苏省苏州市盐务管理局盐业行政处罚案，是由行政许可设定引起的行政处罚问题。行政许可应当依法设定，该案裁判要点认为，地方政府规章违反法律规定设定行政许可的，人民法院在行政审判中不予适用。这体现了最高人民法院对行政许可依法设定的强调。指导案例 88 号张道文、陶仁等诉四川省简阳市人民政府侵犯客运人力三轮车经营权案，主要涉及行政许可期限，以及行政机关未履行告知期限义务是否属于违反法定程序的问题。该案裁判要点明确：行政许可具有法定期限，行政机关在作出行政许可时，应当明确告知行政许可的期限，行政相对人也有权利知道行政许可的期限。行政机关在作出行政许可时没有告知期限，事后以期限届满为由终止行政相对人行政许可权益的，属于行政程序违法。

3. 行政强制型案例

行政强制，是指行政过程中出现违反义务或者义务不履行的情况下，由有权机关通过法定措施迫使相对人履行法定义务之行为。按照《行政强制法》规定，行政强制分为行政强制措施和行政强制执行。由于行政强制主要涉及行政机关对相对人的财产、人身、自由的限制，引发行政争议的诱因涉及行政强制程序，以及行政强制导致的损害赔偿问题。指导案例 91 号沙明保等诉马鞍山市花山区人民政府房屋强制拆除行政赔偿案，主要涉及行政强制导致的损害赔偿问题。即在行政强制过程中，行政强制损害赔偿的举证责任以及赔偿标准如何确定。该案的裁判要点明确：在房屋强制拆除引发的行政赔偿案件中，原告提供了初步证据，但因行政机关的原因导致原告无法对房屋内物品损失举证，行政机关亦因未依法进行财产登记、公证等措施无法对房屋内物品损失举证的，人民法院对原告未超出市场价值的符合生活常理的房屋内物品的赔偿请求，应当予以支持。指导案例91号要求行政机关在作出行政强制行为时应当严格按照法定程序，注意行政强制过程中的举证收集和存档，以最大程度保护相对人的合法权益。

4. 行政确认型案例

行政确认是行政机关对相对人的法律地位、法律关系和法律事实的确定、认可和证明，并通过特定形式予以宣告的行政行为。因此，行政确认常常会由于相对人不认同而引发争议，进而引起行政诉讼。目前，从最高人民法院指导性案例所涉及的内容来看，关于"工伤认定"的有3例，关于"建设工程消防验收备案结果通知"的有1例。其中，工伤认定案例主要涉及指导案例40号、指导案例69号、指导案例94号。指导案例40号孙立兴诉天津新技术产业园区劳动人事局工伤认定案，主要是对如何理解《工伤保险条例》关于"因工作原因""工作场所""职工在从事本职工作中存在过失是否影响工伤认定"等内容的判断。该案裁判要点明确："因工作原因"是指职工受伤与其从事本职工作之间存在关联关系；"工作场所"是指与职工工作职责相关的场所，有多个工作场所的，还包括工作时间内职工往来于多个工作场所之间的合理区域；职工在从事本职工作中存在过失，不属于《工伤保险条例》第十六条规定的故意犯罪、醉酒或者吸毒、自残或者自杀情形，不影响工伤的认定。通过该案对"因工作原因""工作场所"以及"职工在工作中过失不影响工伤认定"等情形予以明确，为行政机关在工伤认定中准确适用《工伤保险条例》的相关内容提供指引，也为法官以后遇到类似案件提供有力参考。指导案例69号王明德诉乐山市人力资源和社会保障局工商认定案，则是对工伤认定中"程序性行政行为"予以明确，特定情况下，程序性行政行为也会对相对人权利义务产生实际影响，成为行政诉讼的受案范围。而指导案例 94 号重庆市涪陵志大物业管理有限公司诉重庆市涪陵区人力资源和社会保障局劳动和社会保障行政确认案主要涉及《工伤保险条例》中关于"视同因工受伤"是否包括"见义勇为"行为。该案裁判要点予以明确：职工见义勇为，为制止违法犯罪行为而受到伤害的，属于《工伤保险条例》规定的"为维护公共利益受到伤害的情形，应当视同工伤"。此外，指导案例 59 号戴世华诉济南市公安局消防支队消防验收纠纷案，主要涉及"消防验收备案结果通知"的行为性质认定，即是否属于行政确认行为。该案裁判要点明确：建设工程消防验收备案结果通知含有消防竣工验收是否合格的评定，具有行政确认的性质，当事人对公安机关消防机构的消防验收备案结果通知行为提起行政诉讼的，人民法院应当依法予以受理。

5. 行政协议型案例

2014 年，新修订的《行政诉讼法》把行政协议纳入行政诉讼受案范围，行政协议作为一种行政行为类型，已然得到法律的充分肯定。所谓行政协议，"是指行政机关以实施行政管理为目的，与行政相对人就有关事项经协商一致而成立的一种双方行为"。[1]行政协议是行政机关与相对人之间的双方行为，既有行政性又兼具契约性，因此人民法院审查行政协议时必须注意行政协议的特殊性，尤其是行政协议所体现出的契约性。最高人民法院指导案例 76 号萍乡市亚鹏房地产开发有限公司诉萍乡市国土资源局不履行行政协议案，主要体现行政机关与相对人之间约定条款的法律效力。该案裁判要点明确：行政机关在职权范围内对行政协议约定条款进行的解释，对

---

〔1〕 姜明安：《行政法与行政诉讼法》，北京大学出版社 2015 年版，第 310 页。

协议双方具有法律约束力，人民法院经过审查，根据实际情况，可以将其作为审查行政协议的依据。由此可见，行政协议作为一种行政行为，人民法院在审查时，尊重了行政协议的特点。在司法审查过程中，一方面注意到行政协议的契约性，对行政协议双方约定条款的效力予以认同，另一方面，又考虑到行政行为的确定力，对行政机关和相对人都具有约束力，行政机关亦不得随意变动。随着公共治理的兴起与行政法的发展，行政协议将会成为一种主要的行政行为类型，由行政协议引发的行政争议将会成为司法审查的主要任务之一。正如最高人民法院行政审判庭法官梁凤云所言："司法实践中，鉴于行政协议案件中既有单方变更、解除等行政行为，也有不依法履行、未按照约定履行等违约行为，对于审理行政协议案件除了适用行政法律规范之外，是否适用民事法律规范，特别是是否适用合同法的问题还有不同认识。"[1]可见，行政协议司法审查关键节点的确认，还有待于学界与实践部门的共同努力，不断探寻科学、合理的司法审查标准。

6. 行政征收型案例

行政征收作为一种独立的行政行为类型，是指行政机关依法向行政相对人强制性征集一定数额金钱和实物的行政行为。行政征收是对行政相对人私有财产权或者使用权的剥夺和处分，因此必须严格依法进行。由于行政征收的前提"公共利益"属于不确定法律概念，导致行政征收易于被滥用，以至侵犯相对人的合法财产权利，法律对行政征收作了较为严格的限制。由行政征收引发的行政争议主要集中在行政征收是否出于公共利益、行政征收程序是否合法、

---

〔1〕　梁凤云：《行政协议案件的审理和判决规则》，载《国家检察官学院学报》2015 年第 4 期。

行政征收补偿是否适当等方面，即行政征收司法审查的关键节点。其中，法院在审查行政征收时主要关注行政征收程序是否合法，而对于是否符合公共利益、是否适当补偿等方面则较少关注。[1]行政程序合法对控制行政征收具有重要作用，因此审查时受人民法院关注。最高人民法院指导案例 21 号、指导案例 41 号，都涉及行政征收的依据问题。其中，指导案例 21 号内蒙古秋实房地产开发有限责任公司诉呼和浩特市人民防空办公室人防行政征收案，主要涉及"易地建设费"行政征收是否属于国务院《关于解决城市低收入家庭住房困难的若干意见》，以及建设部等七部委《经济适用住房管理办法》规定的"免收各种行政事业性收费和政府性基金"情形。该案裁判要点明确：建设单位违反人民防空法及有关规定，应当建设防空地下室而不建的，属于不履行法定义务的违法行为。建设单位应当依法缴纳防空地下室易地建设费的，不适用廉租住房和经济适用住房等保障性住房建设项目关于"免收城市基础设施配套费等各种行政事业性收费"的规定。此案争议在于国务院和建设部等七部委的文件已经明确廉租住房和经济适用住房免征行政事业性收费，因此相关部门再收取"易地建设费"已经缺乏立法依据。该案例关键点主要是行政征收的法律依据如何确定。指导案例 41 号宣懿成等诉浙江省衢州市国土资源局收回国有土地使用权案，主要涉及行政征收的法律依据应该明确具体的法律条款，而不能仅说明行政征收所依据的法律名称。该案的裁判要点明确：行政机关作出具体行政行为时未引用具体法律条文，且在诉讼中不能证明该具体行政行为符

---

〔1〕 乔仕彤等通过对裁判文书网上各省高级人民法院对行政征收审查的判决书（2014～2015 年）进行分析，发现在行政征收的司法审查中，人民法院主要关注行政征收的程序是否合法、正当。参见乔仕彤、毛文峥：《行政征收的司法控制之道：基于各高级法院裁判文书的分析》，载《清华法学》2018 年第 4 期。

合法律的具体规定，应当视为该具体行政行为没有法律依据，适用法律错误。[1]由此可见，不仅行政征收而且其他行政行为亦是如此，行政机关作出行政行为时必须明确具体适用的法律条款，否则将会被视为该行政行为没有法律依据和适用法律错误。

7. 行政登记型案例

行政登记究竟能否成为一种行政行为类型，目前仍然存在许多争论，罗豪才教授把行政登记列入行政确认范畴，而叶必丰教授则将行政登记作为行政许可的一种具体形态。如果根据 2020 年《最高人民法院关于行政案件案由的暂行规定》，以及最高人民法院指导案例关键词来看，行政登记应该被视为一种具有独立性的行政行为。为了更全面地分析行政指导性案例类型，本书把涉及行政登记的行政指导性案例单独作为一种类型予以研究。行政登记型案例通常是由于行政机关拒绝登记或者登记错误引发行政争议，进入行政诉讼程序。由于行政登记的性质界定困难，有关行政登记的理论研究不足，给行政登记的司法审查带来了一定的困难。最高人民法院指导案例 89 号"北雁云依"诉济南市公安局历下区分局燕山派出所公安行政登记案，主要涉及姓名权问题。该案裁判要点明确：公民选取或者创设姓氏应当符合中华传统文化和伦理观念，不得违背公序良俗。指导案例 89 号认为行政机关在行政登记过程中对所登记事项进行实质审查，登记内容不得有违反法律和违背公序良俗的情形。正是由于学界对行政登记存在诸多争论，导致法学界对指导案例 89 号

---

〔1〕　对指导案例 41 号有不同看法，认为"未引用具体法律条款"存在两种情形：一种情况是行政征收实质上欠缺法律依据，另一种情况是仅仅形式上未明示法律依据。如果仅仅在形式上未明示法律依据，是否应该认定为"适用法律错误"，尚值得商榷。参见张亮：《对行政行为未引用具体法律条款的司法审查——兼评指导性案例 41 号》，载《政治与法律》2015 年第 9 期。

存在不同的评价。因此，尚需时间和更多行政登记型案例来明晰行政登记的属性，规范行政登记行为。

8. 信息行政型案例

信息行政，"指通过提供设施、数据和其他知识促进或者简化交流、行政活动和决策过程，提高行政的透明度，构筑'信息社会'。"[1]之所以引入信息行政，主要是因为现代网络信息技术的发展，对行政权力运行产生影响，由此引发的行政争议将会不断增多，"信息行政"的包容性为行政指导性案例分类提供了新的视角。

政府信息公开、政务公开以及自动化行政等都是信息行政的具体形态，最高人民法院指导性案例主要涉及政府信息公开行为，包括最高人民法院指导案例 26 号、指导案例 89 号、指导案例 101 号三个案例。其中，指导案例 26 号李健雄诉广东省交通运输厅政府信息公开案，主要是涉及相对人通过政府公众网络体系向行政机关提出政府信息公开申请时，如何界定"申请提交成功的日期"的问题。该案裁判要点明确：公民、法人或者其他组织通过政府公众网络系统向行政机关提交政府信息公开申请的，如该网络系统未作例外说明，则系统确认申请提交成功的日期应当视为行政机关收到政府信息公开申请之日。行政机关对于该申请的内部处理流程，不能成为行政机关延期处理的理由，逾期作出答复的，应当确认为违法。最高人民法院通过指导案例 26 号进一步明确了在电子政府时代，行政机关应该如何更好地服务社会、服务民众。而指导案例 101 号罗元昌诉重庆市彭水苗族土家族自治县地方海事处政府信息公开案，主要是明确行政机关在政府信息公开申请中，不能以"政府信息不存

---

〔1〕〔德〕汉斯·J. 沃尔夫、奥拓·巴霍夫、罗尔夫·施托贝尔：《行政法（第 1 卷）》，高家伟译，商务印书馆 2002 年版，第 33 页。

在为由"作出答复，甚至是应付行政相对人，而是应当依法履行查找、检索义务，然后向行政相对人作出负责任的答复。如前所述，信息行政不仅指政府信息公开，还包括自动化行政、智能政务等更广泛的行政行为方式。2017 年，国务院发布《新一代人工智能发展规划》，明确提出智能政务，[1]即"开发适于政府服务与决策的人工智能平台，研制面向开放环境的决策引擎，在复杂社会问题研判、政策评估、风险预警、应急处置等重大战略决策方面推广应用。加强政务信息资源整合和公共需求精准预测，畅通政府与公众的交互渠道"。自动化行政、智能政务等与传统行政活动存在较大的差异，包括"行政裁量的手续化、程序的缺省、数据的流通更容易侵犯隐私权、传统的法律规范可能由算法所替代"。[2]由此，必然导致行政争议带有时代的特点，法官如何裁判这类行政争议案件，还需要法学界和司法实务界的共同努力。

9. 行政公益诉讼型案例

2015 年至 2017 年我国进行了公益诉讼制度的试点改革。2017 年修正的《行政诉讼法》增加了一个条款，即第二十五条第四款规定了行政公益诉讼涉及的四个领域。至此行政公益诉讼制度开始全面推行。作为一类新型诉讼，目前我国学界对公益诉讼的理论研究尚不成熟，实践中也在不断探索，相关规定主要是 2018 年《最高人民法院　最高人民检察院关于检察公益诉讼案件适用法律若干问题的解释》。司法实践中涉及行政公益诉讼的诸多具体问题尚不清楚，有待进一步明晰并统一认识，"两高"公布的指导性案例对拓展立法条文的内容、确立新的规则、指导行政公益诉讼审判实践具有重要

---

〔1〕《新一代人工智能发展规划》，国发〔2017〕35 号，国务院 2017 年 7 月 8 日印发实施。

〔2〕 胡敏洁：《自动化行政的法律控制》，载《行政法学研究》2019 年第 2 期。

意义。

实施公益诉讼制度以来，"两高"共公布了9个行政公益诉讼类指导性案例，其中最高人民法院指导性案例2个，最高人民检察院指导性案例7个。最高人民法院的指导性案例137号，明确了环境公益诉讼中，人民法院审查行政机关是否履行法定职责的标准；最高人民检察院检例第141号浙江省杭州市余杭区人民检察院对北京某公司侵犯儿童个人信息权益提起民事公益诉讼、北京市人民检察院督促保护儿童个人信息权益行政公益诉讼案，检例第143号福建省福清市人民检察院督促消除幼儿园安全隐患行政公益诉讼案，检例第144号贵州省沿河土家族自治县人民检察院督促履行食品安全监管职责行政公益诉讼案，检例第145号江苏省溧阳市人民检察院督促整治网吧违规接纳未成年人行政公益诉讼案，作为同一批指导性案例，这四个案例主要针对未成年人权益保护，可以说从权益保护和行政机关法定监管职责角度拓展了行政公益诉讼的受案范围。这些指导性案例对今后行政公益诉讼案件的审理，乃至行政公益诉讼制度的进一步发展具有重要的作用。

除了类型化的行政行为以外，还有大量的非类型化的行政行为，作为行政权力的具体形态存在，这些非类型化的行政行为同样会对行政相对人的权利义务产生实际影响，进而引发行政争议进入行政诉讼之中，也是行政指导性案例应该关注的行政行为。并且，随着行政法理论和实践的发展，有些非类型化的行政行为将会转化为类型化的行政行为。"行政行为的型式化正如树上之果实，只有成熟时才会掉下来。因此，我们也将行政行为型式化的判断条件称之为'成熟标准'。'成熟标准'并不是一个确切的概念，只是一种形象的概括，它包括行政行为的影响、司法实践的需求、社会认知的程度等三个方面的因素。"[1]总之,非类型化的行政行为与类型化的行政行为一样重要,二者构成非常庞大的行政行为集合。随着公共行政改革的推进,还会显现出更多具体的行政行为形态。目前,最高人民法院指导案例 22 号、指导案例 38 号、指导案例 39 号、指导案例 77 号,属于非类型化的行政行为范畴,可以说这只是"冰山一角",还有大量没有显露的案例等待我们去挖掘。下面仅就最高人民法院指导性案例所涉及的非类型化的行政行为予以阐述。其中,指导案例 22 号涉及内部批复行为,指导案例 38 号和指导案例 39 号涉及行政不作为,指导案例 77 号涉及举报答复行为。指导案例 22 号魏永高、陈守志诉来安县人民政府收回土地使用权批复案,该案主要涉及人民政府对其所属行政管理部门的请示作出批复,本属于内部行政行为,不具有可诉性。但是,行政管理部门直接将该批复付诸实施且对行政相对人权利义务产生实际影响,视为内部行政行为外部化,因此属于行政诉讼受案范围。指导案例 38 号田永诉北京科技大学拒绝颁发毕业证、学位证案,涉及高等学校颁发证书行为的性质认定、高等学校主体资格以及高等学校依据校规校纪的管理行为性质认定等,最高人民法院通过该行政指导案例,对高等学校的颁发证书行为和管理行为的予以澄清。指导案例 39 号何小强诉华中科技大学拒绝授予学位案,主要涉及高等学校的学术自治的权利,以及学位授予权与学术自治之间的关系,该案例明确了高等学校享有学术自治的权利。指导案例 77 号罗镕荣诉吉安市物价局物价行政处理案,主要涉及行政机关如何处理其与举报人存在利害关系的举报行为,是否属于受案范围的问题。该案裁判要点明确:行政机关

---

〔1〕 胡晓军:《论行政命令的型式化控制——以类型理论为基础》,载《政治与法律》2014 年第 3 期。

对与举报人有利害关系的举报仅作出告知性答复，未按照法律规定对举报进行处理，具有可诉性，属于行政诉讼受案范围，并且举报人具有行政诉讼原告资格。指导案例136号吉林省白山市人民检察院诉白山市江源区卫生和计划生育局、白山市江源区中医院环境行政公益诉讼案和137号云南省剑川县人民检察院诉剑川县森林公安局怠于履行法定职责环境行政公益诉讼案，主要针对新型的行政公益案件的立案和审理方式、是否履行法定职责标准的界定。

表4 1整理了以行政行为种类为标准划分的行政指导性案例。

表4－1　以行政行为种类为标准划分的行政指导性案例列表

行为类型		指导案例号
类型化行政行为	行政处罚型	指导案例5号、指导案例6号、指导案例60号、指导案例90号、指导案例138号、指导案例138号、指导案例177号、指导案例178号
	行政许可型	指导案例5号、指导案例88号
	行政确认型	指导案例40号、指导案例59号、指导案例69号、指导案例94号
	行政征收型	指导案例21号、指导案例41号
	行政协议型	指导案例76号
	信息行政型	指导案例26号、指导案例101号
	行政登记型	指导案例89号
	行政赔偿型	指导案例91号、指导案例116号
	行政公益诉讼型	指导案例136号、指导案例137号

续表

行为类型		指导案例号
非类型化行政行为	行政不作为型	指导案例 38 号、指导案例 39 号
	举报答复型	指导案例 77 号
	内部批复型	指导案例 22 号

因为最高人民法院行政指导性案例数量不多，无法完全体现出行政行为种类与行政指导性案例类型之间的关系，为此，表 4 - 2 对 1985~2019 年最高人民法院公报行政案例进行整理，把不同行政案件予以归类。通过对最高人民法院公报案例进行整理和分析，显示最高人民法院重点关注哪些行政行为种类，以及这种关注点的变化趋势。同时，有些行政指导性案例源于最高人民法院公报案例，所以公报案例能够为行政指导性案例提供佐证，包括人民法院审查关键节点的态度变化。可见，以法治推进我国现代化的进程中，人民法院不应是机械适用法律的"工匠"，更不应是法治的"旁观者"，而应该以司法裁判方式促进中国法治现代化进程。

表 4 - 2　最高人民法院公报行政案例（1985~2019 年）

行为类型		案例名称
类型化行政行为	行政处罚型	1. 区成不服九龙海关行政处罚决定案；2. 支国祥不服税务行政处罚案；3. 郑太发不服土地管理行政处罚案；4. 上海环球生物工程公司不服药品管理行政处罚案；5. 台湾"光大二号"轮船长蔡增雄不服拱北海关行政处罚上诉案；6. 梁宝富不服治安行政处罚复议决定案；

行为类型		案例名称
类型化行政行为	行政处罚型	7. 上海远洋运输公司不服宁波卫生检疫所国境卫生检疫行政处罚决定案；8. 香港昆利发展有限公司、晶泽有限公司不服湛江海关行政处罚决定案；9. 甘露不服暨南大学开除学籍决定案；10. 桐梓县农资公司诉桐梓县技术监督局行政处罚抗诉案；11. 平山县劳动就业管理局不服税务行政处理决定案；12. 昆明威恒利商贸有限责任公司与昆明市规划局、第三人昆明市盘龙区人民政府东华街道办事处行政处罚纠纷案；13. 廖宗荣诉重庆市公安局交通管理局第二支队道路交通管理行政处罚决定案；14. 邵仲国诉黄浦区安监局安全生产行政处罚决定案；15. 博坦公司诉厦门海关行政处罚决定纠纷案；16. 上海金港经贸总公司诉新疆维吾尔自治区工商行政管理局行政处罚案；17. 伊尔库公司诉无锡市工商局工商行政处罚案；18. 陈莉诉徐州市泉山区城市管理局行政处罚案；19. 宜昌市妇幼保健院不服宜昌市工商行政管理局行政处罚决定案；20. 福建省水电勘测设计研究院不服省地矿厅行政处罚案；21. 焦志刚诉天津和平公安分局治安管理处罚决定行政纠纷案；22. 上海罗芙仙妮化妆品有限公司诉上海市工商行政管理局金山分局工商行政处罚决定案；23. 无锡美通食品科技有限公司诉无锡质量技术监督局高新技术产业开发区分局质监行政处罚案；24. 苏州鼎盛食品公司不服苏州市工商局商标侵权行政处罚案；25. 盐城市奥康食品有限公司东台分公司诉盐城市东台工商行政管理局食品安全行政处罚案；26. 陈超诉济南市城市公共客运管理服务中心客运管理行政处罚案
	行政许可型	1. 沈希贤等182人诉北京市规划委员会颁发建设工程规划许可证纠纷案；2. 念泗三村28幢楼居民35人诉扬州市规划局行政许可行为侵权案；3. 益民公司诉河南省周

续表

行为类型		案例名称
类型化行政行为	行政许可型	口市政府等行政行为违法案；4. 丹阳市珥陵镇鸿润超市诉丹阳市场监督管理局不予变更经营范围登记案；5. 射阳县红旗文工团诉射阳县文化广电新闻出版局程序不正当注销文化行政许可纠纷案
	行政确认型	1. 胡德开申请确认房屋所有权案；2. 罗边槽村一社不服重庆市人民政府林权争议复议决定行政纠纷上诉案；3. 李治芳不服交通事故责任重新认定决定案；4. 罗伦富不服道路交通事故责任认定案；5. 何文良诉成都市武侯区劳动局工伤认定行政行为案；6. 眉山气雾剂厂诉眉山市人民政府、眉山市国土局土地行政登记案；7. 松业石料厂诉荥阳市劳保局工伤认定案；8. 孙立兴诉天津园区劳动局工伤认定行政纠纷案；9. 铃王公司诉无锡市劳动局工伤认定决定行政纠纷案；10. 杨庆峰诉无锡市劳动和社会保障局工伤认定行政纠纷案；11. 北京国玉大酒店有限公司诉北京市朝阳区劳动和社会保障局工伤认定行政纠纷案；12. 王长淮诉江苏省盱眙县劳动和社会保障局工伤行政确认案；13. 陈善菊不服上海市松江区人力资源和社会保障局社会保障行政确认案；14. 上海温和足部保健服务部诉上海市普陀区人力资源和社会保障局工伤认定案
	行政征收型	1. 兰州常德物资开发部不服兰州市人民政府收回土地使用权批复案；2. 宣懿成等18人诉衢州市国土资源局收回土地使用权行政争议案；3. 丰浩江等人诉广东省东莞市规划局房屋拆迁行政裁决纠纷案；4. 宋莉莉诉宿迁市建设局房屋拆迁补偿安置裁决案；5. 陆廷佐诉上海市闸北区房屋土地管理局房屋拆迁行政裁决纠纷案；6. 山西省安业集团有限公司诉山西省太原市人民政府收回国有土地使用权决定案

行为类型		案例名称
类型化行政行为	行政协议型	1. 寿光中石油昆仑燃气有限公司诉寿光市人民政府解除特许经营协议案；2. 潍坊市人民政府解除政府特许经营协议案
	信息行政型	1. 北京希优照明设备有限公司不服上海市商务委员会行政决定案；2. 中华环保联合会诉贵州省贵阳市修文县环境保护局环境信息公开案；3. 陆红霞诉南通市发展和改革委员会政府信息公开答复案；4. 孙长荣诉吉林省人民政府行政复议不予受理决定案
	行政登记型	1. 中国银行江西分行诉南昌市房管局违法办理抵押登记案；2. 张成银诉徐州市人民政府房屋登记行政复议决定案；3. 陈爱华诉南京市江宁区住房和城乡建设局不履行房屋登记法定职责案；4. 黄陆军等人不服金华市工商行政管理局工商登记行政复议案
	行政强制型	1. 李洪非法占用土地强制执行案；2. 张晓华不服磐安县公安局限制人身自由、扣押财产行政案；3. 贵州省电子联合康乐公司不服贵阳市城市规划局拆除违法建筑行政处理决定案；4. 黄梅县振华建材物资总公司不服黄石市公安局扣押财产及侵犯企业财产权行政上诉案；5. 丰祥公司诉上海市盐务局行政强制措施案；6. 再胜源公司诉上海市卫生局行政强制决定案；7. 于栖楚诉贵阳市住房和城乡建设局强制拆迁案；8. 刘云务诉山西省太原市公安局交通警察支队晋源一大队交通管理行政强制案；9. 定安城东建筑装修工程公司与海南省定安县人民政府、第三人中国农业银行定安支行收回国有土地使用权及撤销土地证案；10. 许水云诉金华市婺城区人民政府房屋行政强制及行政赔偿案；11. 上海珂帝纸品包装有限责任公司不服上海市人力资源和社会保障局责令补交外来从业人员综合保险费案

行为类型		案例名称
类型化行政行为	收容教育劳动教养	1. 陈迎春不服离石县公安局收容审查决定案；2. 任建国不服劳动教养复查决定案；3. 宿海燕不服劳动教养决定案；4. 白光华不服天津市劳动教养管理委员会劳动教养决定案
非类型化行政行为	行政不作为	1. 汤晋诉当涂县劳动局不履行保护人身权财产权法定职责案；2. 田永诉北京科技大学拒绝颁发毕业证案、学位证行政诉讼案；3. 溆浦县中医院诉溆浦县邮电局不履行法定职责案；4. 尹琛琰诉卢氏县公安局110报警不作为行政赔偿案；5. 彭学纯诉上海市工商局不履行法定职责纠纷案；6. 中海雅园管委会诉海淀区房管局不履行法定职责案；7. 中国光大银行诉武汉市人民政府不履行法定职责案；8. 杨宝玺诉天津服装技校不履行法定职责案；9. 何小强诉华中科技大学不履行法定职责纠纷案
	内部指示	建明食品公司诉泗洪县政府检疫行政命令纠纷案
	侵犯经营自主权	1. 刘本元不服蒲江县乡镇企业管理局侵犯财产权、经营自主权处理决定行政纠纷案；2. 点头隆胜石材厂不服福鼎市人民政府行政扶优扶强措施案
	行政允诺	崔龙书诉丰县人民政府行政允诺案
	行政赔偿	1. 王丽萍诉中牟县交通局行政赔偿纠纷案；2. 陈宁诉庄河市公安局行政赔偿纠纷案；3. 上海汇兴公司诉浦江海关行政赔偿案；4. 祁县华誉纤维厂诉祁县人民政府行政赔偿案；5. 陈山河与洛阳市人民政府、洛阳中房地产有限责任公司行政赔偿案
	行政处理	1. 谢培新诉永和乡人民政府违法要求履行义务案；2. 路世伟不服靖远县人民政府行政决定案；3. 吉德仁等诉盐城市人民政府行政决定案；4. 肇庆外贸公司诉肇庆海关

行为类型		案例名称
非类型化行政行为	行政处理	估价行政纠纷案；5. 广州市海龙王投资发展有限公司诉广东省广州市对外经济贸易委员会行政处理决定纠纷案；6. 黄金成等25人诉成都市武侯区房管局划分物业管理区域行政纠纷案；7. 夏善荣诉徐州市建设局行政证明纠纷案；8. 杨一民诉成都市人民政府其他行政纠纷案
	商标和专利	1. 许文庆与国家知识产权局专利复审委员会、第三人邢鹏万吉告发明专利权无效决定纠纷案；2. 重庆正通药业有限公司、国家工商行政管理总局商标评审委员会与四川华蜀动物药业有限公司商标行政纠纷案；3. 上海全能科贸有限公司诉上海市知识产权局专利侵权纠纷处理决定案；4. 劲牌有限公司与国家工商行政管理总局商标评审委员会商标驳回复审行政纠纷案；5. 赵东红、张如一及第三人邹继豪与国家知识产权局专利复审委员会专利无效行政纠纷案；6. 杭州啄木鸟鞋业与中华人民共和国国家工商行政管理总局商标评审委员会、七好（集团）有限公司商标争议行政纠纷案；7. 张迪军与国家知识产权局专利复审委员会：慈溪市鑫隆电子有限公司外观设计专利无效行政案；8. 郑亚俐与精工爱普生株式会社、中华人民共和国国家知识产权局专利复审委员会、佛山凯德利办公用品有限公司、深圳市易彩实业发展有限公司专利无效行政诉讼案；9. 曹忠泉与国家知识产权局专利复审委员会、上海精凯服务机械有限公司实用新型专利权无效行政纠纷案；10. 北京福联升鞋业有限公司与国家工商行政管理总局商标评审委员会、北京内联升鞋业有限公司商标异议复审行政纠纷案；11. 白象食品股份有限公司与国家知识产权局专利复审委员会及第三人陈朝晖外观设计专利权无效行政纠纷案；12. 泰山石膏股份有限公司与山东万佳建材有限公司、国家工商行政管理总局商标评审委员会商标争议行政纠纷案；13. 沃尼尔·朗伯有限责任公司与中华人民共和国国家知识产权局

行为类型		案例名称
非类型化行政行为	商标和专利	专利复审委员会等发明专利权无效行政纠纷案；14. 田边三菱制药株式会社与中华人民共和国国家知识产权局专利复审委员会发明专利申请驳回复审行政纠纷案；15. 普兰娜生活艺术有限公司与国家工商行政管理总局商标评审委员会商标申请驳回复审行政纠纷案；16. 罗世凯与斯特普尔斯公司、国家知识产权局专利复审委员会外观设计专利权无效行政纠纷案；17. 西峡龙成特种材料有限公司与榆林市知识产权局、陕西煤业化工集团神木天元化工有限公司专利侵权纠纷行政处理案；18. 北京万生药业有限责任公司与国家知识产权局专利复审委员会、第三人第一三共株式会社发明专利权无效行政纠纷案；19. 迈克尔·杰弗里·乔丹与国家工商行政管理总局商标评审委员会、第三人乔丹体育股份有限公司商标争议行政纠纷案；20. 蜘蛛王集团有限公司与国家工商行政管理总局商标评审委员会、美国蜘蛛集团有限公司商标异议复审行政纠纷案

（三）以行政行为种类的视角研究行政指导性案例的启示

第一，最高人民法院发布的行政指导性案例为深入研究行政行为理论提出了新要求。行政指导性案例除了类型化的行政行为以外，还包括行政不作为、内部行政行为、举报答复等非类型化的行政行为，并且将传统行政诉讼认为不属于行政诉讼受案范围的行为，逐渐纳入受案范围，体现了人民法院系统正在以司法裁判的方式推动行政法治的发展。

第二，人民法院对行政行为的司法审查，注重程序审查远胜于实体内容审查。之所以在司法裁判中呈现这种特点，其原因在于：行政具有较强的专业性，实体内容审查涉及行政与司法的边界划分，司法审查在实体内容上的慎重，体现了司法谦抑和行政尊重。而程序方面具有明确法律规定或者正当程序理念，较为明显且不易引发争议。与此同时，由于行政指导性案例总体数量较少，大量的疑难行政案件尚未得到充分挖掘，很多新的行政行为类型以及行政权力运行方式的司法审查节点有待进一步探寻。类型化的行政行为所涉及的行政指导性案例对于司法审查的节点仍有待细化和深入研究，以不断丰富行政指导性案例类型。

第三，以行政行为类型划分行政指导性案例应该注重与行政案件案由相结合，在行政行为类型划分与行政案件案由之间搭建"桥梁"，统一行政指导性案例的类型标准，为将来建立"行政指导性案例汇编索引"奠定基础。因为随着行政指导性案例不断增多，大量的行政指导性案例必然存在查阅和检索的难题，为了提高查阅和检索效率，必须建立行政指导性案例汇编索引，以方便法官和行政机关工作人员查阅和学习。

二、以行政指导性案例发布主体为划分标准

以行政指导性案例的发布主体[1]为标准，可以将行政指导性案例划分为一元发布主体型和多元发布主体型两种类型。之所以根据发布主体来划分行政指导性案例类型，主要是因为当前行政指导性案例发布主体模式存在的问题，已经限制了行政指导性案例功能的

---

[1] 亦被称为"颁布主体"或者"创制主体"，无论是颁布主体、创制主体，还是发布主体，都表明其具有将发生法律效力的案例确定为指导性案例的主体资格。为了和《最高法案例指导规定》表述一致，本书采取"发布主体"的表述形式。参见陈兴良：《案例指导制度的规范考察》，载《法学评论》2012年第3期；李瑰华：《指导性行政案例研究》，法律出版社2012年版，第66页。

发挥。本书试图构建新的行政指导性案例发布主体模式。

（一）最高人民法院发布指导性案例的模式

《人民法院组织法》第十八条第二款明确规定"最高人民法院可以发布指导性案例"。同时《最高法案例指导规定》第一条规定，"对全国法院审判、执行工作具有指导作用的指导性案例，由最高人民法院确定并统一发布"。可见，法律把指导性案例发布权赋予最高人民法院，案例指导工作办公室负责指导性案例的遴选、审查和报审工作，被推荐的案例报请提交最高人民法院审判委员会讨论决定。为了保证行政指导性案例的数量和质量，《最高法案例指导规定》第四条、第五条规定了行政指导性案例推荐制度，包括各级人民法院系统推荐和人大代表、政协委员、专家学者、律师等社会推荐。行政指导性案例推荐制度遵循逐级推荐程序，即"指导性案例通过原审人民法院逐级向最高人民法院推荐，由最高人民法院案例指导办公室编选"。[1]这样，初步构建了以最高人民法院作为发布主体，其他各级人民法院和社会民众为推荐主体的指导性案例的组织体系。

在《最高法案例指导规定》出台之前，最高人民法院通过公报发布典型案例，各地方人民法院发布参考性案例。但《最高法案例指导规定》实施之后，"指导性案例"专指由最高人民法院发布的指导性案例，其他各级人民法院所发布的案例不能再称为"指导性案例"。通过对"指导性案例"称呼的明确，进一步强化最高人民法院作为指导性案例唯一发布主体的特殊地位。胡云腾提出通过"指导性案例""参考性案例""典型案例"等称谓区别，以维护最高人民法院发布的指导性案例的特殊地位和垄断权威。最高人民法院发布

---

〔1〕　胡云腾：《关于案例指导制度的几个问题》，载《光明日报》2014 年 01 月 29 日，第 16 版。

主体说，坚持最高人民法院作为指导性案例的唯一发布主体，其他各级人民法院都不得发布指导性案例，主要是为了避免法律适用混乱，促进司法统一。各级人民法院可以通过总结审判经验而不对外发布案例的方式，指导本辖区内的司法审判工作。[1]

（二）最高人民法院垄断发布权的弊端

行政指导性案例发挥功用之前提，必须保证存在数量充足和质量较高的案例，否则案例指导制度就成了"空中楼阁"，全使这种颇具中国特色的司法制度创新陷入尴尬境地。法院和法官不愿意援引行政指导性案例，"原因可能在于，到目前为止，对指导性案例制度在现有的中国法学知识体系中安身何处，设计者不一定清楚，激情压过了理性。面对世界两大法系中的判例制度，我们既不想直接搬进来用，也不知道把它落在本国法原理中哪个支点上，更没有厘清指导性案例在中国审判制度体系中的工作原理"。[2]因此，对案例指导制度进行反思变得十分重要。

1. 行政指导性案例数量和质量的平衡难题

行政指导性案例发布主体特定，必然涉及行政指导性案例数量和质量的平衡问题。由于行政指导性案例遵循严格的遴选程序，在发布主体特定的情况下，行政指导性案例的数量和质量呈现负相关性，即行政指导性案例数量增多，质量就会下降，反之亦然。目前，最高人民法院已经发布了32批指导性案例，共185例，其中行政指导性案例为30例。仅有的30例行政指导性案例，还有内容存在争议、时间略显陈旧等问题。显然，我国行政指导性案例无论数量还是质量都有较大的提升空间，目前已公布案例的数量和质量与案例

---

〔1〕　周道鸾：《中国案例制度的历史发展》，载《法律适用》2004年第5期。

〔2〕　章剑生：《关于指导性案例的几个法理问题》，见郑春燕、[美] 罗伯特·威廉主编：《行政指导性案例中美研讨会文集》，法律出版社2017年版，第132页。

指导制度设计之初衷存在较大差距。

那么，如何提高行政指导性案例的数量和质量？这里以行政指导性案例的发布主体为切入点，反思当前行政指导性案例发布主体模式，阐释行政指导性案例的数量和质量与行政指导性案例发布主体模式的内在联系。最高人民法院作为指导性案例唯一发布主体，有助于保证行政指导性案例的质量和权威性。

最高人民法院作为行政指导性案例唯一发布主体，在保证行政指导性案例质量和权威性的同时，却由于单一的发布主体和严格的遴选程序导致行政指导性案例的数量严重不足，无法满足各级人民法院法官的司法实践需求。由此，以最高人民法院为行政指导性案例唯一发布主体模式，并没有较好地兼顾行政指导性案例的数量和质量在实践中充分应用的需求，极大地影响了案例指导制度的功能发挥。

2. 司法环境多样性与行政指导性案例普适性的冲突

《中华人民共和国宪法》（以下简称《宪法》）第一百三十二条规定，最高人民法院是最高审判机关。最高人民法院发布的指导性案例面向全国，必然要考虑所发布的行政指导性案例的普遍适用性和普遍指导性。但普适性行政指导性案例的裁判要点会有抽象的问题，与行政指导性案例作为"从具体到具体"的法律适用手段存在冲突，使得法官在适用行政指导性案例时不得不对裁判要点再次进行解释。我国各地经济社会发展程度不同，不同的地域存在着不同的风俗习惯，法院层级差别亦较为明显，这都会对行政审判产生影响。完全依靠最高人民法院来确定以及发布行政指导性案例，无法保证全方位贴近司法实践。最高人民法院作为指导性案例的唯一发布主体，过于强调指导性案例的权威性和统一性，忽视了不同地域、不同级别的人民法院在行政审判中的实际需要。制定案例指导制度的初衷是为了弥补制定法所具有的抽象性、原则性、滞后性等缺点，于实践中发挥指导性案例的具体性、动态性等优势。如果只赋予最高人民法院以行政性行使案例发布权，那么行政指导性案例很可能因"缺乏可操作性"而重回制定法之特征。这是造成行政指导性案例在地方各级法院受一定程度"冷落"的原因之一。现实中，个别基层法院的法官甚至不了解行政指导性案例，就更谈不上适时合理地应用行政指导性案例了。最高人民法院已经认识到这种问题，最高人民法院直属的中国法官学院总结了一些"教学案例"，最高人民法院各业务部门定期组织编写了"参考性案例"，试图弥补行政指导性案例在发布主体上存在的弊端。但这些"教学案例""参考性案例"，其权威性都无法与行政指导性案例相提并论，更无法从根本上解决行政指导性案例数量不足、脱离司法实践等问题。

3. 行政指导性案例的发布主体和推荐主体互动不足

在司法实践中，最高人民法院并不是承担大量行政审判任务的法院。我国实行四级法院两审终审制，大量行政案件都在基层人民法院、中级人民法院以及高级人民法院，由最高人民法院审理的案件数量较少。案例指导制度设计之初衷是由最高人民法院作为行政指导性案例发布主体，有助于保证指导性案例的质量和权威性。各级地方人民法院以及社会民众作为指导性案例的推荐主体，可保证指导性案例来源的多样性。但是，这种案例指导制度设计之初衷在现实运行过程中，受到诸多因素的阻碍。发布主体与推荐主体之间并没有形成良性互动。这里主要从各级地方人民法院层报推荐和社会推荐两个层面予以阐述，进而揭示没有形成良性互动的缘由所在。

（1）行政指导性案例在人民法院系统内部推荐存在的问题。《最高法案例指导规定》第四条规定了人民法院系统内部推荐作为行政指导性案例的来源，主要包括以下四种途径：一是最高人民法院各审判业务单位向案例指导工作办公室推荐；二是各高级人民法院、解放军军事法院经本院审判委员会讨论决定，向最高人民法院案例指导工作办公室推荐；三是中级人民法院经本院审判委员会讨论决定，层报高级人民法院，建议向最高人民法院案例指导工作办公室推荐；四是基层人民法院经本院审判委员会讨论决定，层报高级人民法院，建议向最高人民法院案例指导工作办公室推荐。这里除了最高人民法院各审判业务单位可以直接向案例指导工作办公室推荐案例外，其他地方各级人民法院都必须经过审判委员会讨论决定，然后再层报最高人民法院案例指导工作办公室。

由于中级人民法院和基层人民法院担负着大部分行政案件，必然会遇到大量疑难复杂的行政案件，理应成为行政指导性案例的主要推荐来源。人民法院系统内部推荐却存在以下问题：第一，基层人民法院把发生法律效力的裁判层报最高人民法院案例指导工作办公室，需要经过基层法院审判委员会、中级人民法院、高级人民法院，最终被推荐到最高人民法院案例指导工作办公室，道路可谓"曲折且漫长"，很大程度上限制了基层人民法院推荐案例的积极性。第二，由于各级地方人民法院在行政审判过程中有不同的价值偏好，如果上下级人民法院存在价值冲突的情况，下级人民法院推荐的案例到上级法院那里可能会被否定，失去成为指导性案例的可能性。同时，各级地方人民法院可能考虑"家丑不外扬"，或者担心层报上去的案件被上级审核而引发不必要的麻烦，所以各级地方人民法院推荐案例趋于保守，各级地方人民法院推荐的案件并不能完全筛选出符合要求的案例。因此，这种层报式推荐，使得一些非常有价值或者具有创新性的案例不能成为指导性案例。这或许是目前最高人民法院发布的指导性案例显得有些"四平八稳"的原因之一。

（2）行政指导性案例社会推荐被虚置。《最高法案例指导规定》

第五条规定，"人大代表、政协委员、专家学者、律师，以及其他关心人民法院审判、执行工作的社会各界人士对人民法院已经发生法律效力的裁判，认为符合本规定第二条规定的，可以向作出生效裁判的原审人民法院推荐"。该条款旨在通过社会参与案例指导制度建设，保证社会意见能够融入行政指导性案例之中，形成人民法院与社会之间的良性互动，提高指导性案例质量。这种互动也体现在该规定第二条要求的指导性案例的条件上，如"社会广泛关注的""具有典型性的"等，都表明指导性案例的社会面相。

其实，行政指导性案例社会推荐"更多是象征性的"，"吸纳信息与知识的功能更为突出"。行政指导性案例社会推荐面临的诸多困境，导致社会推荐处于虚置的状态。一是社会推荐的前提是司法公开，保证社会民众享有获得行政审判案例的途径。目前，有关司法公开的范围和程度不足，尤其是那些社会广泛关注的案件、疑难复杂案件和典型性案件，对公众都缺乏足够的透明度，公众获取完整的案件信息较为困难。二是指导性案例社会推荐的程序保障。行政指导性案例社会推荐并不是推荐后就结束了，相关人民法院应当及时告知推荐主体，如果没有被上级法院层报或者没有被确定为行政指导性案例，上级法院应告知推荐主体并说明理由，这既是对推荐者的知情权的保护，也是司法公开的重要内容。三是指导性案例社会推荐受法院层级限制，基层人民法院和中级人民法院发生法律效力的裁判进入最高人民法院案例指导工作办公室，需要经过层报上级法院和审判委员会讨论，层层筛选，严格把关，最终成为指导性案例的概率究竟几何，尚不可知。结果的高度不确定性和回应性不足，极大地限制了社会推荐的积极性，也是导致行政指导性案例社会推荐虚置的原因之一。

4. 最高人民法院无法承受之重

按照《最高法案例指导规定》和《〈最高法案例指导规定〉实

施细则》的要求，行政指导性案例必须经过最高人民法院审判委员会讨论决定。指导性案例都是具有一定典型性的案例，尤其是疑难复杂或者新类型的案例，存在较大争议，使得最高人民法院审判委员会承担着极为繁重的任务。如果最高人民法院审判委员会无法承担如此繁重之任务，必然会"收紧"指导性案例的入口，进而导致指导性案例数量的下降，或者使审判委员会讨论决定程序流于形式，导致指导性案例质量下降。与此同时，行政指导性案例可以通过确认和发布主体以及严格遴选程序加强权威性，但是行政指导性权威来源多元化，并非仅此一途径。最高人民法院作为行政指导性案例发布主体，一定程度上能够提升指导性案例的权威性，但行政指导性案例的质量与权威性有着密切关系。如果行政指导性案例中事实认定准确，适用法律正确，自然能够被下级法院主动参照，毕竟行政审判是理性的司法行为。审级和实践理性能够提升行政指导性案例的实际指导效果。突出审级对行政指导性案例效力的影响，还要注重行政审判是理性行为，法官在行政审判时不仅考虑审级，还会考虑行政指导性案例在事实认定和法律适用方面是否合理，是否有助于行政审判，如果对行政审判具有积极借鉴意义，法官亦会主动适用行政指导性案例，以提高行政审判质量。

（三）行政指导性案例发布主体多元模式说

既然由最高人民法院唯一拥有指导性案例的发布权会导致行政指导性案例质量与数量之间出现失衡，过度强调质量而导致数量不足，行政指导性案例供给无法满足司法实践之需求。为此，应该构建行政指导性案例多元化发布主体模式，缩短行政指导性案例的推荐链条，减少推荐链条过长带来的不利影响。行政指导性案例发布主体多元模式对于平衡行政指导性案例的数量和质量、减轻最高人民法院负担等具有重要意义。目前，关于行政指导性案例发布主体多元化的观点，主要有三级发布主体说和两级发布主体说两种观点。

1. 行政指导性案例三级发布主体说

行政指导性案例三级发布主体说认为，最高人民法院、高级人民法院和中级人民法院都应该享有依法发布行政指导性案例的权力，而不应该仅赋予最高人民法院此次权力。"有权生产、确认和公布指导性案例的主体，不应限于最高人民法院，而应扩展至地方高级人民法院和中级人民法院。之所以不将指导性案例的产生主体扩大到基层法院，是因为基层法院没有下级法院，而指导性案例主要就是指导和约束下级法院的。"[1]这里认为，基层人民法院之所以不能作为行政指导性案例的发布主体，是因为基层人民法院是四级法院的最低一级，无法再"指导和约束下级法院"。

2. 行政指导性案例两级发布主体说

行政指导性案例两级发布主体主要是指最高人民法院和地方高级人民法院。如果参照行政指导性案例是上级法院指导和约束下级法院审判工作的一种方法，就不应该由最高人民法院"独享"，高级人民法院也应该具有行政指导性案例发布权。"在维护指导性案例权威性的前提下，建立以最高人民法院和高级人民法院为主体的两级案例发布体系。"[2]建立两级案例发布主体主要是因为：一是回应社会现实。我国法律适用地域性明显，立法规定高度抽象化，如何结合具体情势适用法律，对于人民法院及其工作人员而言极具挑战性。

---

〔1〕 徐凤：《论扩大指导性案例产生主体的路径及理论支撑》，载《法学》2019年第4期。

〔2〕 李少平：《关于案例指导制度运行机制的几点思考》，载《法律适用》2011年第10期。另外，夏锦文等认为，必须且只能由最高人民法院和高级人民法院来承担公布指导性案例的责任，因为最高人民法院和高级人民法院相对于中级人民法院和基层人民法院而言，犯错的概率更小。参见夏锦文、莫良元：《社会转型中案例指导制度的性质定位于价值维度》，载《法学》2009年第11期。

二是保证指导性案例权威性。当前，指导性案例的"高标准、严要求"使得行政指导性案例数量极少，根本无法满足司法实践的需求。这就意味着，虽然建立了案例指导制度，由于行政指导性案例数量少无法满足需求，亦无法充分发挥该有的作用，行政指导性案例的权威性也就无从体现。三是有利于充分利用司法资源。因为高级人民法院是行政指导性案例的发现者和推荐者，在其推荐的案例中，或许只有很少一部分通过最高人民法院审核可以成为行政指导性案例，而大部分精挑细选的、在本地区具有典型意义的案例，最终无法成为指导性案例，因而失去对司法审判的指导作用，导致司法资源的浪费。建立两级案例发布主体，可以使高级人民法院审核通过的中级、基层人民法院推荐的案例成为指导性案例，这样不仅增加了案例数量，还充分利用了司法资源。

（四）构建行政指导性案例两级发布主体模式

行政指导性案例发布权配置应该考虑以下因素：行政指导性案例数量和质量之间的关系；行政指导性案例应兼顾区域差异与区域统一。一方面行政指导性案例应尽量减少由于区域不同而导致的"同案不同判"现象，努力实现"同案同判"，促进司法公正；另一方面又要考虑地域间的差异，对适当的"同案不同判"现象予以认可。毕竟，行政审判无法脱离特定的司法环境，特定的司法环境对行政审判会产生不同程度的影响。结合我国案例指导制度现状，构建行政指导性案例两级发布主体模式比较符合我国实际情况，即最高人民法院和高级人民法院有权依法发布行政指导性案例。

1. 高级人民法院已经具备发布主体的条件

在我国，高级人民法院已经具备行政指导性案例发布主体的现实条件。首先，高级人民法院通过发布参考性案例对辖区内法院业务进行指导，已经积累了大量经验。2010 年，最高人民法院颁布

《关于规范上下级人民法院审判业务关系的若干意见》第八条规定，高级人民法院通过"发布参考性案例"[1]形式，对辖区内各级人民法院的审判业务工作进行指导。可见，高级人民法院发布参考性案例以指导下级人民法院的审判业务工作，已经获得最高人民法院的认可，具有正当性基础。通过高级人民法院发布"参考性案例"来弥补行政指导性案例的不足，如果作为临时性手段尚可，具有一定的可行性。但高级人民法院发布的参考性案例与行政指导性案例在权威性上还是有很大差距的，参考性案例并不能实现行政指导性案例的指导效果。从长期效果上看，更应该赋予高级人民法院发布行政指导性案例的主体地位，建立最高人民法院和高级人民法院行政指导性案例两级发布主体模式，符合我国案例指导制度发展趋势。2002年，天津市高级人民法院试行民商事案例指导制度，并制定了《关于在民商事审判中试行案例指导的若干意见》，这些案例必须经由审判委员会讨论决定，具有指导性，仅供辖区内法院在审理案件时参考，但不作为判决依据。另外，江苏省高级人民法院推行"典型案例指导制度"，以及四川省高级人民法院推行的"典型案例发布制度"，都为发布行政指导性案例积累了大量经验。"作为承担大量请示案件以及业务指导文件发布工作的主体，高级人民法院在案例指导制度实施之前实际已有很大一部分司法资源被用于从事类似工作。承认高级人民法院的指导性案例发布主体资格，是对这种司法资源配置现状的承认与继承，有利于案例指导工作的顺

---

[1] "参考性案例旨在通过个案总结、归纳并提炼类案裁判规则，具有具体、及时、针对性强且易为下级法院掌握和操作的特点。实践中，发布参考性案例已成为各地高级法院有效开展对下业务指导的重要抓手，是高级法院审判业务工作的重要组成部分。"参见江苏省高级人民法院课题组：《高级法院参考性案例编选标准探讨——基于江苏法院案例工作实践的思考》，载《法律适用》2018年第12期。

利展开。"〔1〕

其次，梳理当前已经公布的行政指导性案例，发现案例审理时间距今较远，或者说被选的行政指导性案例较为陈旧，最新审理的重大疑难复杂案件、新型案件没有能够及时反映出来，这也说明，目前的案例发布主体和遴选程序有待于改进。其中，案例遴选、审查等工作层报给最高人民法院案例指导工作办公室，然后再经过审判委员会复杂的讨论决定程序，使很多案件无法及时成为行政指导性案例。若高级人民法院也成为发布主体，案例审查就会减少层级链条，基层和中级人民法院也能够把最新案例迅速层报到高级人民法院。从目前已经发布的 30 例行政指导性案例来看，其中基层人民法院审理的占 8 例，中级人民法院审理的占 13 例，高级人民法院审理的占 4 例，最高人民法院审理的占 5 例。由此可以看出，基层人民法院和中级人民法院承担了绝大部分行政案件审理工作，最有机会接触重大疑难复杂案件，也最了解行政审判实践的需求。行政指导性案例的审结时间与发布时间间隔最长的为 15 年，田永诉北京科技大学拒绝颁发毕业证、学位证案于 1999 年审结，但该案在 2014年被作为指导性案例予以发布，前后相隔了 15 年之久。虽然行政指导性案例的质量要求重在论证合理，事实认定准确，适用法律正确，与案例审结时间并无必然联系，但 15 年前审结的旧案仍然难免让人有选取案例陈旧的疑虑。

再次，高级人民法院成为行政指导性案例发布主体不会导致行政指导性案例碎片化。如果因为行政指导性案例发布主体多元化，各地区之间出现不相同的行政指导性案例，而使案例碎片化甚至相

---

〔1〕 江勇、黄金富:《高级人民法院应当成为发布指导性案例的重要主体》，载《法治研究》2009 年第 9 期。

互冲突，但这并不能成为阻碍高级人民法院成为发布主体的理由。高级人民法院发布的行政指导性案例只具有区域性效力，只对本行政辖区内各级人民法院具有指导意义。行政指导性案例的碎片化和相互冲突，可以通过备案制度予以解决，即高级人民法院把发布的行政指导性案例报最高人民法院案例指导工作办公室备案，通过这种备案制度保证高级人民法院发布的行政指导性案例的适度协调性。对于不同地区行政指导性案例的冲突，可以通过冲突机制予以解决。有学者提供了行政指导性案例互相冲突的解决办法，"一是当指导性案例与相关的法律、行政法规的规定不一致时，应以法律、行政法规的规定为准；二是下级法院发布的指导性案例与上级法院发布的指导性案例观点不一致时，应以上级法院发布的指导性案例为准；三是同一法院公布的指导性案例观点前后不一致时，应以后一案例为准；四是同一级别的不同法院发布的指导性案例观点不一致时，应报上一级法院决定"。[1] 此外，在称谓上用"最高人民法院行政指导性案例"和"某省高级人民法院行政指导性案例"加以区别，这样就可以使两级主体发布案例在各自的领域发挥作用。

而且高级人民法院的法官队伍职业素养较好。《中共中央关于全面推进依法治国若干重大问题的决定》明确提出法官逐级遴选制度，上级人民法院法官从下一级人民法院择优遴选。《人民法院第四个五年改革纲要（2014—2018）》和《人民法院第五个五年改革纲要（2019—2023）》都强调了法官逐级遴选机制。[2] 法官逐级遴选加强

---

〔1〕 江勇、黄金富：《高级人民法院应当成为发布指导性案例的重要主体》，载《法治研究》2009 年第 9 期。

〔2〕《人民法院第四个五年改革纲要（2014—2018）》明确提出"建立上级法院法官原则上从下一级法院遴选产生的工作机制"。《人民法院第五个五年改革纲要（2019—2023）》提出"健全法官逐级遴选制度配套措施"。

了法官素养与法院级别的相关性，即遴选机制促使那些具有审判经验和专业知识的法官逐渐流动到更高级别的人民法院。相较于基层人民法院和中级人民法院而言，高级人民法院的法官职业素养更高些，为行政指导性案例发布提供了人才保障。

最后，根据《宪法》和《人民法院组织法》规定，上级人民法院对下级人民法院有监督和指导职权，即"审级监督关系"。但这种审级监督权，长期以来并没有形成较好的实现机制。虽然上级人民法院不得干预下级人民法院的具体审判工作，但可以通过审级监督权，实现对下级人民法院审判工作的监督和指导。行政指导性案例是最高人民法院监督和指导下级人民法院审判业务的方式，从本质上讲，行政指导性案例的发布权属于各级人民法院的职权范畴。换句话说，中级人民法院、高级人民法院和最高人民法院都有权发布行政指导性案例，监督和指导下级人民法院的审判业务。只是案例指导制度中许多制度设计尚处于探索阶段，赋予各级人民法院以行政指导性案例发布权，存在行政指导性案例呈现"碎片化"或者"各自为政"的风险，有违背统一法律适用之嫌。随着行政案例指导制度逐步推进，最高人民法院垄断行政指导性案例发布权的弊端已然显现，应适当放开行政指导性案例发布权的主体范围，突破行政案例指导制度发展的"瓶颈"。

2. 高级人民法院作为行政指导性案例发布主体的意义

与司法解释不同，行政指导性案例更具针对性、具体性、特定性，行政案例指导制度发挥作用必须存在足够数量的行政指导性案例。"指导性案例的供给数量少，下级法院遇有疑难法律问题时，就有可能在为数不多的指导性案例中找不到答案，自然无法援引。"[1]

---

[1] 徐凤：《论扩大指导性案例产生主体的路径及理论支撑》，载《法学》2019年第4期。

高级人民法院已经具备了发布行政指导性案例的主体条件，并且赋予高级人民法院以行政指导性案例发布权具有十分重要的意义。

（1）高级人民法院汇集了本辖区内绝大部分典型案例，包括社会广泛关注的、具有典型性的以及疑难复杂或者新类型的案件。根据行政诉讼管辖制度，基层人民法院和中级人民法院承担了绝大部分行政案件审理工作，并且中级人民法院和高级人民法院成为大部分行政案件的终审法院。因此，高级人民法院汇集了本辖区内绝大部分典型案例，结合本辖区内行政审判工作的实际情况，发布行政指导性案例更具有针对性。根据《宪法》和《立法法》的相关规定，立法权分布呈现层级性、多元性的特点，全国人民代表大会及其常务委员会具有法律制定权，国务院具有行政法规制定权，国务院各部委具有部门规章制定权；与此同时，省、自治区、直辖市以及较大的市人民代表大会及其常务委员会具有地方性法规制定权；少数民族自治区还施行自治条例和单行条例。因此，最高人民法院发布指导性案例，适用全国人民法院的司法审判工作。而一些与地方实际情况结合紧密的案例，并不适宜由最高人民法院发布成指导性案例，或者最高人民法院认为案例不具有典型性而放弃使用。"我国的立法体制决定了由最高法院发布此类指导性案例，显然不是非常合适。"[1]高级人民法院所涉及辖区内的行政案件，因经济、社会和文化等各个方面的差距明显减少，法律适用存在更大的一致性。行政指导性案例"具有普遍指导意义"，可以理解为全国范围内具有指导意义，亦可以理解为局部即地区范围内具有指导意义。

（2）高级人民法院作为行政指导性案例发布主体，有利于发挥

---

〔1〕 江勇、黄金富：《高级人民法院应当成为发布指导性案例的重要主体》，载《法治研究》2009年第9期。

行政指导性案例的灵活性、及时性和开放性等特定功能。如果最高人民法院垄断行政指导性案例发布权，那么从各级地方人民法院层报案件，到最高人民法院审委会审核通过，再对外公布，这个过程无疑较为漫长，在社会快速发展的当下，很多案件或许已经失去了指导意义。而高级人民法院作为行政指导性案例发布主体，一定程度上缩短了行政指导性案例的"层报链条"，便利了上下级人民法院及时沟通，使得那些具有典型性和指导意义的行政案例快速转化为行政指导性案例。同时，我国设置四级人民法院组织体系，诉讼程序上实行两审终审制，最高人民法院与下级人民法院尤其是基层人民法院之间存在"距离感"，造成了行政指导性案例的指导效力衰减。相对基层人民法院而言，行政指导性案例对其的约束力无法与其直接的上级人民法院相比，因为基层人民法院法官在行政审判过程中必须考虑上级人民法院的态度，毕竟案件上诉后，上级人民法院有对案件审判的评价权力。如，基层人民法院或者中级人民法院审理特定的行政案件，即使上诉经过二审裁判，最终也就是高级人民法院成为终审法院，因此这种"距离感"在一定程度上弱化了最高人民法院行政指导性案例的效力。

（3）高级人民法院作为行政指导性案例发布主体，有助于实现"同案同判"。在兼顾行政指导性案例数量和质量的同时，案例指导制度重在统一法律适用、促进司法公正，通常，法学界谓之"同案同判""类似案件类似裁判"等。尽管对"同案同判"这一说法尚存诸多争议，但不能否定，如果最高人民法院作为指导性案例唯一发布主体，必然从全国普适性角度去考虑法律问题，这只是看起来的理想状态；由于我国幅员辽阔，社会经济、文化在地区之间存在较大差距，审判工作追求绝对意义上的"同案同判"并不是理性的行为。赋予高级人民法院行政指导性案例发布权，能够缩小地区之间的差距，在特定范围内实现"同案同判"。否则，地方各级法院虽然没有行政指导性案例发布权，但仍然通过其他途径发布典型案例，以影响审判工作；各级地方人民法院发布典型案例的做法，更可能产生参考案例碎片化风险，加剧"同案不同判"现象的发生。因此，赋予高级人民法院发布指导性案例的权力，有助于实现不同层级法院的"同案同判"，最终实现法律体系整体性的"同案同判"。

三、以行政指导性案例功能为划分标准

人们提到案例指导制度的功能，自然联想到"总结审判经验，统一法律适用，提高审判质量，维护司法公正"，但这种宏观的功能界定并没有揭示出案例指导制度的运行机理。显然，案例指导制度的功能不仅需要宏观概括，更需要深入分析，以探寻指导性案例是如何在具体的司法裁判过程中实现上述的制度功能。

行政指导性案例功能的划分，与行政指导性案例法律适用密切相关，重在凸显行政指导性案例在认定事实和适用法律过程中所体现出的法律思维和法律方法。之所以选择以行政指导性案例的功能为划分标准，主要是为了回应最高人民法院行政指导性案例所呈现出多种类型的特点，通过分析不同类型的行政指导性案例，有针对性地提出行政指导性案例的适用方法。

从目前最高人民法院已经公布的 30 例行政指导性案例来看，已经呈现类型多样化特点，不同类型的行政指导性案例具有不同的法律效力，遵循不同的适用方法。毕竟，随着案例指导制度的发展，法官如何在行政审判过程中运用行政指导性案例已经提上日程，而以行政指导性案例功能为划分标准的类型化研究，为行政指导性案例具

体适用提供了方法支撑。目前，法学界对指导性案例主要有以下几种划分方法：根据裁判要点把指导性案例分为复述法律规定、解释法律规定、填补法律漏洞三种类型。[1]陈兴良把指导性案例划分为规则创制型案例、政策宣示型案例和工作指导型案例三种类型。[2]资琳将指导性案例分为释法型、造法型和宣法型三种类型。[3]上述关于指导性案例类型划分既有相同之处，又存在很多不同的地方，但都为行政指导性案例类型划分提供了许多有益借鉴。本书在借鉴现有法学界有关指导性案例类型划分成果的基础之上，将行政指导性案例划分为法律解释型、规则创制型和政策宣示型三种类型。

（一）法律解释型案例

法律解释型案例是指法官在司法裁判过程中对法律作出法条文意射程内的解释，进而适用法律的行政指导性案例类型。法律解释型案例的关键是行政指导性案例中通过法律解释所体现出来的法律思维和法律方法，为法官审理行政案件提供有意义的指导。解释型行政指导案例中的"解释"不同于"创制规则"。解释型行政指导性案例主要出现于存在法律规定，但这些法律规定缺乏明确性，需要法官在审理具体案件的过程中根据法律目的、法律原则以及法律精神的理解与适用，进而解决现实法律问题的情况中。

1. 法律解释型案例的正当性

（1）弥补制定法的原则性和滞后性。"正是因为法律不可能穷尽

---

〔1〕　秦旺：《论我国案例指导制度的构建和适用方法——以〈最高人民法院公报〉为分析样本》，载《法律方法与法律思维》第 4 辑；邓志伟、陈健：《指导性案例裁判要旨的价值及其实现——以最高人民法院公报案例为研究对象》，载《法律适用》2009 年第 6 期。

〔2〕　陈兴良：《案例指导制度的规范考察》，载《法学评论》2012 年第 3 期。

〔3〕　资琳：《指导性案例同质化处理的困境及突破》，载《法学》2017 年第 1 期。

所有情形，而且法律语言与大众语言又无根本差异，这就有劳法官们从法律条文的文字中努力寻找立法者的真实意图了。那么法官实际上是如何做的呢？尽管有时候法官自己并不承认，但事实上他总是按照这样的步骤去做：首先，他把法律规定或司法先例找出来放在案前；然后，他假设如果是由立法者或者做出先例判决的法官来处理这个案件，将会如何处理。法官们称这种方法叫做'寻找法律或法律原则的本意'。"[1]法律的原则性、概括性、滞后性，以及不确定法律概念作为立法技术，广泛应用于立法实践中，使得越来越多的法律充满不确定性，既给法律适用带来了挑战，也给法律适用带来了机遇。"因此，法律自诞生之日起，即诞生了与之形影相随的法律解释。"[2]可见，法律解释与制定法的不足存在密切关系，并且制定法的不足似乎是法律的"天生缺陷"，其自身并不存在有效的克服手段，这种缺陷需要法律解释予以弥补。司法解释作为弥补方式之一，具有自身优势，并且长期存在于司法实践中。

（2）法官的自由裁量权客观存在。制定法的模糊性并非完全是立法机关的疏漏或无能所致，有些法律的模糊性是立法机关有意为之，以此赋予法官自由裁量权，法官在具体的个案裁判中能够结合具体情形，实现个案之正义。如果这些模糊性全部予以明确、具体，显然亦是对立法机关本意的扭曲，变相剥夺了法官的自由裁量权；同时也是不可能实现的。法官在解读法律的过程中，必然受个体的知识水平、职业道德、利益驱动等诸多因素的影响，不同的法官在法律适用过程中会对法律作出不同的解读。尤其是有些情况下，法律适用存在多种不同结果，如何使审判工作更符合法律精神和法律

---

〔1〕 ［美］利尔德·汉德：《法官到底有多大的自由裁量权》，吕征译，载《法律适用》2007 年第 2 期。

〔2〕 陈春龙：《中国司法解释的地位与功能》，载《中国法学》2003 年第 1 期。

原则本身就存在价值争议。因此，通过行政指导性案例能够为这些争议提供较好的借鉴，进而统一法律适用，促进司法公正。法律解释型案例意在教示法官如何理解法律规范、如何认定法律事实，同时承认法官的自由裁量权。待决案例与行政指导性案例如同两片树叶，不可能完全一样，只能是类似，所以为了保证个案公正，必须赋予法官自由裁量权，这种解释权是法官司法裁判权的重要组成部分。

总之，无论法官是"严格的解释者"还是"宗旨的探求者"，本书认为法律解释型案例重在探寻法律文本原意，而不是填补法律空白的造法行为。可见，指导性案例与司法解释是两种不同方式。有学者形象地认为，"从某种意义上讲，指导性案例就是最高人民法院'动态地'，以案例形式解释法律，明确法律适用中的一些具体应用问题的活动，是司法解释的'零售'"。[1]

2. 法律解释型案例的适用方法

法律解释型案例并非创设新的司法规则，而是通过对法官工作方法和法律思维的训练，教授法官如何正确适用法律，进而提高司法裁判的质量和效率。法官在行政审判过程中必然会对法律作出解释，我们对此视而不见或者予以否认都不是正确态度，只能承认这种客观事实，进而寻求有效的解决办法。过去，立法学者试图制定一部"涵摄"万物、没有任何缺陷的法典体系，法官只需要按照法律规定严格裁判即可，如果法官享有法律解释权将会损害立法权或者存在对立法权的僭越，冲击西方三权分立和制衡的制度框架，但这种理想状态是不存在的。所以，承认并通过法律赋予法官法律解释权，以便法官能够在具体案件裁判过程中，根据案件事实正确适

---

〔1〕　石磊：《人民法院司法案例体系与类型》，载《法律适用》2018 年第 6 期。

用法律。从目前最高人民法院发布的行政指导性案例来看，绝大部分都属于法律解释型案例，包括对法律条文含义的解释、案件事实是否涵摄于法律以及法律规范冲突解决等内容。

（1）对于概括性法律条文的细化或澄清。法律条文较为概括，内容存在模糊之处，法官在行政审判过程中由于专业知识、价值观念以及思维方式等作出不同的理解，造成类似案件不同裁判。为了克服法律条文概括性带来的弊端，最高人民法院通过行政指导性案例对概括性法律条文予以明确，增进法官对这些法律条文理解的一致性。博登海默发现，在适用成文法时，需要对法律条文予以细化或者内容澄清。"在对待成文法时，我们从普遍的经验中获知，一条法规的语词往往不能完整地或准确地反映出该法规制定者的意图与目的。当立法者试图用简洁但却普通的术语表达其思想时，那些在过去曾属于整个意志范围中的情形，在当今则几乎总会被略去；另一方面，对于为法定语言所经常适用的情形，只要立法者在先前就已经意识到该问题，那么他肯定会确定一种例外的。即使按字面含义解释法规可能会导致一个不公平的判决（而且如果立法者在先前就熟悉该案件的事实，那么连他本人也绝不会同意这种判决），还必须要求法官服从法规语词，那么这样做是否必要或是否合乎需要呢？"[1]因此，法官不应该机械地遵循表面的法律语词，更应该探寻立法者的意图，对概括性法律条文予以细化或澄清，正确适用法律。例如，指导案例 6 号黄泽富、何伯琼、何熠诉四川省成都市金堂工商行政管理局行政处罚案，该案对《行政处罚法》规定的听证程序的适用范围予以细化，结合听证程序的立法本意，对《行政处罚法》第四十二条中"等"作出准确的细化解释。其实，2004 年，最高人

---

〔1〕 ［美］博登海默：《法理学——法哲学及其方法》，邓正来、姬敬武译，华夏出版社 1987 年版，第 514－515 页。

民法院《关于审理行政案件适用法律规范问题的座谈会纪要》以及给新疆高级人民法院的《最高人民法院关于没收财产是否应进行听证及没收经营药品行为等有关法律问题的答复》，都已经明确了《行政处罚法》中"等"的特定含义，而最高人民法院通过行政指导性案例再次予以明确，是对法律条文内容的细化。有观点认为，指导案例 6 号黄泽富、何伯琼、何熠诉四川省成都市金堂工商行政管理局行政处罚案，已经超出对法律条文的细化，属于法官造法的范畴。[1]

与此同时，法官在解释法律时必须处理好法律字面意思与立法意图之间的关系。法官在裁判具体案件过程中，既要寻找具体的法律条文，又要兼顾立法意图和目的。如果法律条文和立法意图之间存在不一致时，究竟以何者为依据？美国的"三位一体教会案"，"将立法意图置于法规字面含义之上"，为法官在审判过程中正确处理二者之间的关系提供了借鉴。1885 年，美国国会禁止在外国人尚未移居美国以前以缔结劳务合同的手段鼓励外国人移居美国。该规定的但书将职业艺术家、演讲学者、歌唱家和家庭仆人排除在该规定的适用范围之外，但却没有提及传播福音的牧师。一个教会同一位英国牧师缔结了一份有关该牧师前来美国并出任该教会教区长和牧师的合同。在他来到美国并接受了他的工作以后，政府试图对该教会科以该法令所规定的刑罚罚款处罚。然而，美国最高法院拒绝只对该法规作字面上的解释。该法院在考虑该法令的名称及其目的而不是其语词以后，得出结论说，所有可资利用的资料都表明了一

---

〔1〕　指导性案例 6 号核心是对"等"字作出解释，但实质上却是对法律没有规定的"没收财产"的一种漏洞补充，因此属于法官造法之范畴。参见资琳：《指导性案例同质化处理的困境及突破》，载《法学》2017 年第 1 期；孙光宁：《法规范的意义边缘及其解释方法——以指导性案例 6 号为例》，载《法制与社会发展》2013 年第 4 期。

个意图，即该法令只试图对从国外进入的廉价的无技能的劳动力加以控制。[1]最高人民法院指导案例89号"北雁云依"诉济南市公安局历下区分局燕山派出所公安行政登记案中，"公序良俗""姓名权"都属于不确定法律概念，存在着语义上的模糊性，法官应该如何解释？该案法官没有作出个案解释，而是裁定中止审判，报请有权机关作出解释。在全国人大常务委员会予以解释后，法官重新恢复对案件的审理，并援引立法解释作出裁判。[2]指导案例89号的审理过程体现了司法与立法之间的良性互动，为以后法官审理同类案件提供了参考。正如卡多佐认为，"赋予一个制定法以含义时，确定立法意图也许是法官的最小麻烦"。[3]虽然法官有权对法律条文内容予以细化，但不能恣意为之，而应受到法律本意之约束。

（2）明确案件事实是否涵摄于法律之中。通过行政指导性案例明确案件事实是否涵摄特定法律之中，也是法律解释型案例的主要功能之一。尤其是在工伤认定、食品安全和环境保护等专业性较强的领域，对于案件事实认定存在较大争议，最高人民法院通过行政指导性案例明确某类案件事实是否涵摄于法律之中，进而指导法官正确适用法律。例如，最高人民法院指导性案例21号内蒙古秋实房地产开发有限责任公司诉呼和浩特市人民防空办公室人防行政征收

---

〔1〕［美］博登海默：《法理学——法哲学及其方法》，邓正来、姬敬武译，华夏出版社1987年版，第512-513页。

〔2〕杨铜铜：《论不确定法律概念的体系解释——以"北雁云依案"为素材》，载《法学》2018年第6期。对于该案有不同看法，孙海波认为，仔细推敲这一论证显得非常粗糙，法院似乎并未集中力量讨论这种行为到底有没有违背公序良俗，而只是简单下了一个结论，并未提供实质性的充分理由。因此，单从这一点来看，这个案例在实质论证上便存在缺陷。参见孙海波：《指导性案例退出机制初探》，载《中国法律评论》2019年第4期。

〔3〕［美］本杰明·卡多佐：《司法中的类推》，苏力译，载《外国法译评》1998年第1期。

案。如何理解"行政事业性收费"？秋实房地产开发有限责任公司主张，根据《国务院关于解决城市低收入家庭住房困难的若干意见》第十六条规定，"廉租住房和经济适用住房建设、棚户区改造、旧住宅区整治一律免收城市基础设施配套费等各种行政事业性收费和政府性基金"。建设部等七部委《经济适用住房管理办法》第八条规定，"经济适用住房建设项目免收城市基础设施配套费等各种行政事业性收费和政府性基金"。本案原告主张新建的住宅小区，符合国家优惠政策，认为内蒙古呼和浩特市人防办的行政征收决定违法，遂提起行政诉讼。国务院和建设部等七部委都规定了"行政事业性收费"的免收条件，但没有明确适用对象。是否可以理解为保障性住房一律免收行政事业性收费？这正是案件争议焦点所在。最高人民法院认为，防空地下室异地建设费是《中华人民共和国人民防空法》规定的法定义务，不适用国务院和七部委的行政事业性收费的免收条件。"本指导案例的指导意义就在于堵塞法律漏洞，约束建设单位在建设保障性住房时依法修建防空地下室，防止其逃避法定义务。"[1]对于该案也有不同意见，陈新民认为，国务院的优惠条款被不恰当地作了"限缩解释"，没有明确规定适用对象恰恰是具有一定的普遍适用性。[2]显然，认定案件事实与适用法律密切相关，不恰当地把案件事实涵摄于法律之中，也会违反司法公正。又如，最高人民法院指导性案例26号李健雄诉广东省交通运输厅政府信息公开案属于《最高法案例指导规定》中新类型案件。该案裁判要点是：公民、法

---

　〔1〕　石磊、阎巍：《〈内蒙古秋实房地产开发有限责任公司诉呼和浩特市人民防空办公室人防行政征收案〉的理解与参照》，载《人民司法》2014年第6期。

　〔2〕　陈新民：《搭附禁止原则与特别法适用原则的问题——评内蒙古秋实房地产开发有限责任公司诉呼和浩特市人民防空办公室人防行政征收案》，载《中国政法大学学报》2018年第6期。

人或者其他组织通过政府公众网络系统向行政机关提交政府信息公开申请的，如该网络系统未作例外说明，则系统确认申请提交成功的日期应当视为行政机关收到政府信息公开申请之日。行政机关对于该申请的内部处理流程，不能成为行政机关延期处理的理由，逾期作出答复的，应当确认为违法。修订前的《中华人民共和国政府信息公开条例》（2008）第 24 条规定的答复日期，没有明确网络申请信息的答复期限如何界定，但随着现代信息技术和电子政务的发展，由此带来的行政争议具有时代特点。通过行政指导性案例可指导法官在审理类似案件时，应当准确理解《中华人民共和国政府信息公开条例》关于答复期限的适用方法。修订后的《中华人民共和国政府信息公开条例》（2019）第三十一条第三项明确规定："申请人通过互联网渠道或者政府信息公开工作机构的传真提交政府信息公开申请的，以双方确认之日为收到申请之日。"2019 年修订后的《中华人民共和国政府信息公开条例》要求各级人民政府加强政府信息资源的规范化、标准化、信息化管理，加强互联网政府信息公开平台建设，推进政府信息公开平台与政务服务平台融合，提高政府信息公开在线办理水平。最高人民法院指导性案例 26 号李健雄诉广东省交通运输厅政府信息公开案，体现了新类型事物是否属于法律涵摄之范畴的解释。另外，最高人民法院指导案例 59 号戴世华诉济南市公安消防支队消防验收纠纷案，涉及"消防验收"是否属于完整的行政行为，以及是否具有可诉性。该案裁判要点：建设工程消防验收备案结果通知含有消防竣工验收是否合格的评定，具有行政确认的性质，当事人对公安机关消防机构的消防验收备案结果通知行为提起行政诉讼的，人民法院应当依法予以受理。最高人民法院指导案例 94 号重庆市涪陵志大物业管理有限公司诉重庆市涪陵区人力资源和社会保障局劳动和社会保障行政确认案，涉及"职工见义勇为"是否符合"视同工伤"的情形。该案的裁判要点：职工见义勇为，为制止违法犯罪行为而受到伤害的，属于《中华人民共和国工伤保险条例》第十五条第一款第二项规定的为维护公共利益受到伤害的情形，应当视同工伤。通过该行政指导性案例使得《中华人民共和国工伤保险条例》涵摄了"职工见义勇为"的事实行为。

（3）解决法律规范冲突。法律规范冲突是指，针对同一案件事实，有两个法条赋予彼此相互排斥的法效果。"多个法律规范调整相同事实，却具有不同的甚至截然相反的法律后果，就构成了法律规范的冲突。"[1]虽然《立法法》规定了法律规范冲突的调解机制，但法官在行政审判过程中仍然面临诸多难题。法律冲突是法官在行政审判中无法回避的难题，特定案件可能存在相互冲突的或不仅一条可能被适用的条款，适用不同法律条款得出不同结果，对当事人权益产生不同影响。此时，法官必须斟酌适用法律，运用法律冲突解决机制。最高人民法院指导案例5号鲁潍（福建）盐业进出口有限公司苏州分公司诉江苏省苏州市盐务管理局盐业行政处罚案，主要涉及违反上位法、法不溯及既往等问题。该案的裁判要点是：盐业管理的法律、行政法规没有设定工业盐准运证的行政许可，地方性法规或者地方政府规章不能设定工业盐准运证这一新的行政许可；盐业管理的法律、行政法规对盐业公司之外的其他企业经营盐的批发业务没有设定行政处罚，地方政府规章不能对该行为设定行政处罚；地方政府规章违反法律规定设定许可、处罚的，人民法院在行政审判中不予适用。还有一种情况，新法已经出台，但地方相关法规尚未作出修改，此时应该如何？按照《行政诉讼法》的规定，法官在行政诉讼过程中，适用法律、法规，参照规章，显然法律和法规在行政审判过程中都是应当遵守的，并且法律与法规存在冲突时，

---

〔1〕　孔祥俊：《论法官在法律规范冲突中的选择适用权》，载《法律适用》2004年第4期。

《宪法》和《立法法》都规定了解决途径。但案件在具体审理过程中仍然变得非常复杂，最高人民法院的公报案例博坦公司诉厦门海关行政处罚决定纠纷案就涉及这样的问题。该公报案例的裁判摘要第二条是：行政机关为实施法律而根据法律制定的实施细则、条例等行政法规，在相关法律修改后，只要没有被法律、行政法规或者制定机关明令废止，并且不与修改后的法律相抵触，就仍然可以适用。

（二）规则创制型案例

规则创制型案例所形成的行政审判规则，对于法官正确处理同类案件具有重要指导意义。行政指导性案例的裁判要点以相对抽象的形式体现出来，较具体案例而言已经具有高度的概括性，虽然无法与司法解释相提并论，但也能为以后处理同类案件提供规范借鉴，促进"同案同判"。这里的"规则创制型案例"与陈兴良提出的"规则创制性案例"虽然名称相似，但所指涉的具体内容却并不相同。陈兴良的"规则创制性案例"对"创制司法规则"界定得较为宽泛，认为指导性案例的根本职责是创制规则，否则指导性案例没有存在的必要性。显然，这种界定行政指导性案例的方式与已经发布的指导性案例类型多样化并不相符合。本书认为，行政指导性案例所创制的司法规则应该从严界定，主要是针对法律空白或者法律漏洞所创制的司法规则，重在强调法条文意射程之外的情形，进而通过创设司法规则将法律漏洞或者法律空白涵摄其中。"法官不是机器，法官有他的能动性。法官生活在社会当中，有高度的法律素养，有对法律正义的追求，忠于法律，与当事人一般没有什么利害关系，即使让他创设规则，也不至于有什么害处。因此，由他创设一个规则来裁判这个案件，完全做得到，法官有这个能力。"[1]

---

〔1〕 梁慧星：《裁判的方法》（第3版），法律出版社2017年版，第86页。

1. 规则创制型案例的正当性

法律缺陷和禁止拒绝裁判已然默认了法官的规则创制权，只是这种规则创制局限在特定案件的裁判过程中，而不是如立法那样针对一般社会关系抽象地予以立法。规则创制型案例正是法官在行政案件审理过程中形成的具有指导意义的规则，对以后法官审理同类案件起到参照作用。

（1）法律空白是客观存在的。法律空白是否客观存在，法学界争论颇多，其中20世纪西方法学界新分析实证主义法学的奠基人哈特与新自然法学的领军人德沃金关于"法律是不是'规则模式'"的论战尤为典型，也促使人们关注法律空白和疑难案件。"哈特、德沃金都承认，疑难案件是法律没有明确规定的案件。二者的分歧在于：疑难案件是否构成法律空白。哈特的定义是'规则模式'，因而疑难案件就是法律空白；而德沃金的法律定义是'原则＋规则模式'，疑难案件虽不能由规则提供明确指引，却永远处于原则的笼罩下，根本不存在法律空白。"[1]美国法学家卡多佐认为，法律概念包含法律原则也并非是一个完美无缺的体系，法律仍然存在需要填补的法律空白，法律原则亦不能保证法律成为一张"无缝的网"。由此可以理解为，法律空白存在是客观的，由于法律空白而形成的疑难案件也是客观存在的，并且随着社会经济的快速发展，新类型案件亦会体现出法律空白的客观存在。法律空白体现了立法的滞后性和局限性，毕竟立法者本身也存在认知局限性，亦无法针对未来制定完备的法律体系，法律无法涵摄所有未来可能发生的事情。任何一部法律都不是针对个案给出确定的规定，都需要法官在司法裁判过

---

〔1〕　马得华：《法律空白与法官造法》，载陈金钊、谢晖主持：《法律方法（第4卷）》，山东人民出版社2005年版。

程中结合个案情形予以具体适用。

（2）法官禁止拒绝裁判原则。哈特认为法官在司法裁判过程中造法不可避免，而德沃金认为法官适用法律原则予以裁判。无论是否承认法律空白的存在，法官必须对疑难案件作出裁判，"法官基于已经改变的或者法律没有规定的利益状况对法律的具体化和续造是审判权固有的、不可避免的、也是不可放弃的任务，其依据就是禁止拒绝裁判原则"。德国法学家魏德士指出，"法官在漏洞领域的裁判行为是法官造法的一种形式。这时已经不是适用他人的标准，而是制定自己的标准，换言之，这首先是一种创造行为，而不是认知行为。司法与法在作用方式上的显著区别在于：法院是宣称其判决是'客观地'从法律中得出的还是宣称法律对这个问题没有作出规定"。[1]法律空白是客观存在的，同时法官又不得拒绝裁判，因此为了保证裁判的一致性，通过行政指导性案例为类似案例提供裁判参照，成为案例指导制度的重要功能。无疑，规则创制型案例扮演了填补法律空白的角色，陈兴良把指导性案例视为"除法律、司法解释以外的一种规则形成机制"[2]，最高人民法院行政审判庭法官阎巍把行政指导性案例的创制功能称为"对现有法律体系的完善和发展"。[3]当然，法院和法官都不愿使自己成为所谓的"立法者"，或者被社会认为是"替代立法者"，因为根据权力分立与制衡原理，法院和法官不是立法者，而是以法律为依据对社会活动予以法律评价，是适用法律的司法者。如果被认为是"立法者"或者成为"替代立

---

〔1〕 ［德］伯恩·魏德士：《法理学》，丁晓春、吴越译，法律出版社 2013 年版，第 340 页、第 401 页。

〔2〕 陈兴良：《案例指导制度的法理考察》，载《法制与社会发展》2012 年第3 期。

〔3〕 阎巍：《案例对现有法律体系的完善与发展》，载郑春燕、［美］罗伯特·D. 威廉主编：《行政指导性案例中美研讨会文集》，法律出版社 2017 年版，第 9 – 11 页。

法者"，有违权力分立与制衡原理，有损司法权威。"长期以来人们可能存在着一种误解，即许多法学家提出的法官'造法'说，使人产生了法官在审判中修改标准或规则的错觉。"[1]目前，很多研究对行政指导性案例的"造法"功能予以排斥，甚至将这种观点等同于司法权对立法权的僭越。其实大可不必担心，因为规则创制型案例是针对具体的个案情形所进行的规则创制，而不是针对某种社会关系的普遍立法。规则创制型案例存在三种主要前途或命运：第一种前途是规则创制型案例符合社会发展，收到较好的法律效果和社会效果，未来立法过程中被立法机关采纳，上升为法律；第二种前途是规则创制型案例被司法解释采纳，成为司法解释的组成部分；第三种前途是规则创制型案例在司法裁判中被打入"冷宫"，逐渐沉寂或者被新的规则创制型案例所替代而失去约束力。

（3）疑难案件司法批复制度的功能衰落。我国司法实践中，最高人民法院习惯用"疑难案件批复"来回应某些不确定案件，"从性质上讲，最高人民法院可以通过司法批复事先、及时解决具体案件中的法律适用问题，并提供具有普遍约束力的一般性规则"。[2]但是，疑难案件批复制度影响了司法独立，使得上下级法院之间的监督和指导关系异化为指挥命令关系或者领导关系。"实际上，在当前下级法院向上级法院请示汇报的真正目的，并不在于确实无法下判，而是在于通过请示汇报来摸透上级法院的观点，以免案件在上诉时被改判。特别是在一些学术上尚有争议的问题或者法律法规不够健

---

〔1〕　张宝生：《法律推理的理论与方法》，中国政法大学出版社2000年版，第202页。

〔2〕　侯学宾：《司法批复衰落的制度竞争逻辑》，载《法商研究》2016年第3期。梁慧星认为，"这种最高人民法院针对下级法院请示的具体案件表态的做法，尽管有其产生和存在的理由，但不能不看到它的违法性"。参见梁慧星：《裁判的方法》（第3版），法律出版社2017年版，第105页。

全，法官个体的理解有可能存在差异的情况下，下级法院更想通过请示汇报来揣摩上级法院的观点，使自己在裁判时减少被改判的可能。下级法院'热衷'于请示汇报，有时并不是下级法院水平低、能力差，而在于目前案件质量的考评机制，案件的发回重审、改判率一直是衡量一名法官办案水平和能力的主要指标，为了减少办'错案'的几率，下级法院不得不通过请示汇报与上级法院保持'步调一致'。在这里，案件请示制度成了处于集权化司法体制下的中国法官的一种减压、避责机制。"[1]另外，最高人民法院的疑难案件批复制度带有明显的行政性和政策性色彩，法律思维和法律方法相对缺乏，不注重司法裁判的说理性。"从根本上说，司法批复是以行政逻辑代替了司法逻辑，片面追求实质结果的行政思维代替了注重正当程序的司法思维。"[2]目前，疑难案件司法批复制度呈现出明显的功能衰落，而规则创制型案例对于监督和指导下级人民法院审判工作具有重要意义：一方面体现了司法审判工作的相对独立性，减少上级人民法院对下级人民法院的行政性干预；另一方面体现了上级人民法院对下级人民法院具体审判工作的适度干预，具有专业性。并且，规则创制型案例体现出鲜明的法律性，注重司法裁判的说理性，尽可能从法律视角说服当事人。

2. 规则创制型案例与相关概念的区别

（1）规则创制型案例与法律解释型案例的区别。规则创制型案例与法律解释型案例的不同之处在于：是否在法条文意射程之内，若超出法条文意射程属于创制司法规则，反之则属于法律解释型案例。换句话说，如果法官无法通过法解释学上的各种方法解决待决

---

〔1〕 万毅：《历史与现实交困中的案件请示制度》，载《法学》2005 年第 2 期。

〔2〕 彭宁：《最高人民法院司法治理模式之反思》，载《法商研究》2019 年第 1 期；另见侯学宾：《司法批复衰落的制度竞争逻辑》，载《法商研究》2016 年第 3 期。

案件，需要法官创设新的司法规则，就属于法官在行政审判过程中创制新的司法规则。当然，某些情况下规则创制型案例与法律解释型案例难以区分，呈现出"公说公有理，婆说婆有理"的现象。例如，对行政审判中"正当法律程序原则"的运用，指导案例38号田永诉北京科技大学拒绝颁发毕业证学位证案、指导案例6号黄泽富、何伯琼、何熠诉四川省成都市金堂工商行政管理局行政处罚案等都涉及行政处罚作出时，对相对人程序性权利之保护。此外，在2017年的于艳茹诉北京大学撤销博士学位决定案中，北京市第一中级人民法院在判决书中写道：正当程序原则是裁决争端的基本原则及最低的公正标准，即使法律中没有明确的程序规定，行政机关应自觉遵守。本案中，北京大学作为法律、法规授权的组织，其在行使学位授予或撤销权时，亦应当遵守正当程序原则。而北京大学在作出撤销学位决定前，未能履行正当程序，构成程序违法。"正当法律程序原则"通常指"正当程序原则"法官审判直接在裁判文书中写入"正当法律程序原则"，是根据法官对社会正义的理解，以及行政法治和保护合法权益的重要性认识基础。可见，该案例既可以划入法律解释型案例，也可以划为规则创制型案例。

（2）规则创制型案例与司法解释的区别。狭义的司法解释，"是指由最高人民法院和最高人民检察院针对审判和检察工作中具体应用法律的问题所进行的解释"。[1]司法解释与法官在具体案件中的个案解释在效力上并不相同，司法解释具有法律的约束力，而个案解释并不具有法律的约束力。对《最高法案例指导规定》第七条中"应当参照"，恰当的理解应该是：当法官在行政审判中遇到同类案件时要参考行政指导性案例，不能不查阅最高人民法院行政指导性

---

〔1〕　张文显：《法理学》（第三版），法律出版社2007年版，第252页。

案例或者置之不理，任性地作出司法裁判。当然也不能理解为法官"照本宣科"式地运用行政指导性案例，甚至生硬地套用行政指导性案例，这也同样不符合司法公正的要求，并非真正意义上的"同案同判"。《最高法案例指导规定》允许法官作出与行政指导性案例不同的裁判，但法官应当说明理由。"参照的含义，不是说你必须这样办。参照的结果，你认为公报上那个判决是合理的，可以依照它那个规则裁判你的这个案件；如果你认为不合理，你当可以不按照它那个规则裁判。"〔1〕

（3）规则创制型案例与立法的区别。规则创制型案例与一般意义上的立法不同，"立法针对的是社会的一般关系，创设的规则具有普遍的法律效力，任何地方、任何当事人之间的同一类关系，都必须遵循；任何地方、任何法院、任何法官裁判同一类案件，都必须遵循，它具有普遍的效力，在性质上属于法律法规。"〔2〕而法官在具体裁判过程中创制规则，并非针对社会上一般关系，而是仅针对所审理的特定案件，只能算是一个判决，并非立法。至于裁判所创制的规则，对于其他同类案件是否具有约束力，确不能强迫其他法院和法官都照此裁判。二者之间的这种区别，恰好说明《最高法案例指导规定》第七条中"应当参照"的确切含义，一方面要求法官必须尽到行政指导性案例的检索和查阅义务，真正学习行政指导性案例蕴含的法律思维和法律方法，另一方面又没有赋予行政指导性案例以法律的约束力，以防止破坏法官的自由裁量权，避免影响实质上的司法公正。

总之，规则创制型案例既不同于立法，也不同于司法解释，与

---

〔1〕 梁慧星：《裁判的方法》，法律出版社2017年版，第90页。
〔2〕 同上注，第89页。

法律解释型案例也不尽相同，而"个案针对性"〔1〕正是裁判解释与立法解释和司法解释相区别的关键所在。立法是创立规则，司法是实施法律，二者本质上并不相同。司法的前提是有法可依，但法律天生具有滞后性和模糊性的特性，法官在裁判过程中有时面临"无法可依"之窘境。显然，等到立法机关完善立法和作出立法解释，法官再进行裁判，这既不现实，也有违司法公正之精神。换句话说，法律缺陷与禁止拒绝裁判，要求法官具有一定的规则创制权。但是，这种规则创制与立法并不相同。这只是对法律的"深度解释"，仅适用特定的案件，并不能形成具有普遍适用性的法律规则。同时，行政指导性案例的"参照效力"恰恰是对这种创制规则的效力的回应。所以，这里的规则创制不同于立法活动。

3. 规则创制型案例的适用方法

规则创制型案例从外部看来不只是适用于特定的具体案件，而且宣布了应该得到普遍重视的评价标准。很明显，这些行政指导性案例是对同类案件普遍适用的评价规则，已然超越一般的案例，而是成为具有创制性的行政指导性案例。当然，规则创制型行政指导性案例并不能凌驾于法律之上，且必须受法律约束。因此，规则创制型案例用来指导司法裁判工作时，应当注意以下几个方面的问题。

（1）规则创制型案例的效力问题。规则创制型案例具有"法官造法"的特性，主要是针对法律空白创设的新的司法规则，对于以后法官审理同类案件具有指导意义，其功能亦不应局限于"指导性"，可以考虑赋予规则创制型案例以准法源的效力。〔2〕当然，赋予

---

〔1〕　梁慧星：《裁判的方法》，法律出版社2017年版，第102页。
〔2〕　资琳：《指导性案例同质化处理的困境及突破》，载《法学》2017年第1期。

准法源的效力并不等于承认规则创制型案例的法源地位，而是特别强调规则创制型案例的约束力，即法官在没有充分理由的情况下，应当适用规则创制型案例所确定的司法规则。如果法官在具体的司法裁判过程中偏离规则创制型案例确定的司法规则应当说明理由，并且法官应在裁判文书说理部分予以援引。如果仅在指导性案例框架下，规则创制型指导性案例将会陷入悖论之中：一方面规则创制型指导性案例明显属于"法官造法"范畴，类似于行政判例；另一方面由于在指导性案例框架下而无法得到应有的法律地位。这种相互矛盾的状态，直接影响规则创制型案例的功能发挥。当然，规则创制型行政指导性案例并非要求法官必须遵守，而是应当予以检索和参照，因为这种规则创制仍然是针对个案所进行的规则创制，与司法解释是不同的，毕竟没有任何一个待决案件与行政指导性案例完全一致。

（2）建立规则创制型案例与司法解释、立法之间的有效衔接，以司法完善立法，以司法弥补立法。规则创制型案例形成的规则，经过司法裁判的检验，具有普遍的适用性，符合立法或者司法解释的要求，应该适时转化为立法或者司法解释，以确定其具有法律的效力，避免其效力处于"不确定"状态而影响其作用。司法并非是单纯地实施法律，人民法院有权力也有义务完善立法，以实现司法与立法之间的良性互动。一是人民法院通过司法解释吸纳规则创制型案例形成的规则，使之成为具有更高效力的司法解释，进而弥补立法存在的不足。二是人民法院通过立法建议，使规则创制型案例被立法吸纳上升为法律。"人民法院的立法建议是一个重要的桥梁——立法与司法之间互动的桥梁、法制向法治发展的桥梁、法律与社会连接的桥梁。它能在自己的领域为提升法律品质并最终促进一个开放的、动态的回应型法律体系的完善做出应有贡献。"[1]

（3）加强规则创制型案例退出机制建设。"任何一个判例（案例）都有自己的生命，有的因为蕴含着一般性的法律原则、原理或精神而历久弥新，而另外一些则随着时代变迁而走到自己生命的尽头。"[2]如果说任何行政指导性案例都存在退出的可能，那么规则创制型案例退出机制尤为重要，因为规则创制型案例是填补法律空白，具有较强的指导意义，过时的规则创制型案例危害更大。规则创制型案例除了被立法和被司法解释吸收外，还应该健全具体的退出机制。《〈最高法案例指导规定〉实施细则》为规则创制型案例退出提供了间接的退出机制，第十二条规定，"指导性案例有下列情形之一的，不再具有指导作用：（一）与新的法律、行政法规或者司法解释相冲突的；（二）为新的指导性案例所取代的"。同时，行政指导性案例发布主体还应该形成定期清理机制，以及引导社会通过提意见或者建议的方式参与到退出机制中，形成系统的规则创制型案例退出机制。

此外，规则创制型案例虽然是法官在司法裁判过程中针对特定个案作出的"造法"，但创制的规则对此后法官审理类似案件影响较大，因此规则创制型案例中的"创制"主要针对的情形应该限制在法律空白的情形，不能无限放大规则创制型案例的"创制"范围，进而导致"造法"真的替代立法。这里认为，行政指导性案例作为补充规则的重要途径，也是对法律作出的解释，只是结合具体案情所进行的具体解释，体现了法律在司法审判中的具体应用。因此，行政指导性案例不仅体现了司法解释，而且体现了

〔1〕 马金芳：《人民法院立法建议在法律体系完善中的功能》，载《法学》2011 年第 8 期。

〔2〕 孙海波：《指导性案例退出机制初探》，载《中国法律评论》2019 年第 4 期。

法律在司法审判中的具体运用。正如汪世荣所言，"在现有体制下，通过案例指导制度，进行法律解释，借助法定的诉讼程序完成补充规则的目标，是大势所趋。法院不应当扮演立法者的角色，而应当回归裁判者的位置，这是建立案例指导制度的基础"。[1]本书认为这是对规则创制型案例的恰当诠释，即使规则创制型案例仍然不同于司法解释，但也应该充分认识到这种司法行为与具体案件之结合的价值。

（三）政策宣示型案例

为弥补法律的滞后性，法官在司法裁判过程中必然会考虑国家政策因素，并通过行政指导性案例宣传特定的政策和价值取向。因此，政策宣示型案例[2]理应成为行政指导性案例之一种类型。

1. 政策宣示型案例的功能

（1）政策宣示型案例具有普法宣传功能，通过行政指导性案例向社会宣传社会主义法治精神和核心价值观。最高人民法院上一任院长周强指出，"案例指导制度有利于弘扬社会主义法治精神和社会主义核心价值观。案例是法制宣传教育的'活教材'。通过定期公布典型案例，可以增强全民的法治意识，使公众从案例中直观领悟法律的原则和精神，促进在全社会形成办事依法、遇事找法、解决问

---

〔1〕 汪世荣：《补强效力与补充规则：中国案例制度的目标定位》，载《华东政法学院学报》2007 年第 2 期，第 111 页。

〔2〕 这里认同陈兴良对"政策宣示型案例"的界定，指某些行政指导性案例具有政策宣示作用。其具体含义作扩大解释，把行政指导性案例对社会具有的某种普法宣传功能纳入其中。同时，政策宣示型案例与资琳提出的"宣法型"的含义有所不同，"宣法型"主要是针对新法律以及新类型案件，但政策宣示型案例并不局限于新法律和新类型案件，还包括对国家政策以及法治精神和核心价值等内容的宣传。参见陈兴良：《案例指导制度的规范考察》，载《法学评论》2012 年第 3 期；资琳：《指导性案例同质化处理的困境及突破》，载《法学》2017 年第 1 期。

题用法、化解矛盾靠法的良好法治环境和尊重司法、信仰法律、崇尚法治的良好氛围"。[1]最高人民法院行政指导性案例90号贝汇丰诉海宁市公安局交通警察大队道路交通管理行政处罚案的裁判要点是：礼让行人是文明安全驾驶的基本要求。机动车驾驶人驾驶车辆行经人行横道，遇行人正在人行横道通行或者停留时，应当主动停车让行，除非行人明确示意机动车先通过。公安机关交通管理部门对不礼让行人的机动车驾驶人依法作出行政处罚的，人民法院应予支持。裁判要点中涉及的"礼让行人是文明安全驾驶的基本要求"这一判决考量因素，已然突破了单纯的法律适用，将司法裁判与社会政策、价值取向相结合，体现出最高人民法院通过行政指导性案例宣传文明安全驾驶的和谐交通秩序的宏观目标。

又如，最高人民法院在指导案例94号重庆市涪陵志大物业管理有限公司诉重庆市涪陵区人力资源和社会保障局劳动和社会保障行政确认案裁判理由部分说明：罗仁均不顾个人安危与违法犯罪行为作斗争，既保护了他人的个人财产和生命安全，也维护了社会治安秩序，弘扬了社会正气。法律应当保护见义勇为人的合法权益。从宏观上看，最高人民法院发布的行政指导性案例都体现了最高人民法院的政策倾向，而非某个或者某些行政指导性案例体现了最高人民法院的政策倾向。"一个原生效判决之所以能够作为样板被选择成为指导性案例，并且在成为指导性案例过程中之所以被如此非彼地加工，其中体现了最高人民法院司法政策的倾向性。"[2]李瑰华认为，有些行政指导性案例"只是在特定法治历史条件下，对外传

---

〔1〕　周强：《充分发挥案例指导作用促进法律统一正确实施》，载《人民法院报》2015年1月4日，第001版。

〔2〕　王绍喜：《指导性案例的政策引导功能》，载《华东政法大学学报》2018年第5期。

达一种上级司法机关的态度，以增强下级司法机关正确适用法律的信心。"[1]

例如，最高人民法院刊登的公报案例点头隆胜石材厂不服福鼎市政府行政强制措施案，其中，有关问题已经存在明确的法律规定，并不存在法律适用方面的疑难问题，之所以作为典型案例刊登于公报之上，无非是最高人民法院的态度宣示。

（2）政策宣示型案例具有示范功能。政策宣示型案例具有示范功能，重在强调该类型行政指导性案例对于法官司法裁判工作的示范作用。有些情况下，通过行政指导性案例重述法律内容，示范法官在行政审判过程中应该如何正确适用新法律。"对于没有经验的法官，他从指导性案例中所获取的是一种思维方式、推理过程，这是一个综合的过程，很难概括是从哪一个指导性案例中获得的。通过对指导性案例的阅读和理解，他在碰到同类后案时，即使不援引指导性案例，也自然会准确地适用法律。"[2]最高人民法院行政审判庭庭长马永欣等认为，有些行政指导性案例"激活了'长期沉睡'的法律以及理念"，如指导性案例38号田永诉北京科技大学拒绝颁发毕业证、学位证案。该指导性案例把"受教育权"这一基本权利纳入行政诉讼保护范围，即行政诉讼不仅保护人身权、财产权，而且还保护公民受教育权等基本权利。由此，该指导性案例肯定了公民基本权利受司法保护的观点。[3]最高人民法院通过行政指导性案例为法官的司法裁判提供示范，以便法官在以后遇到同类案件时照此

---

[1] 李瑰华：《指导性行政案例研究》，法律出版社2012年版，第175页。

[2] 资琳：《指导性案例同质化处理的困境及突破》，载《法学》2017年第1期。

[3] 马永欣、金城轩：《行政审判案例指导制度实施的情况、问题和未来》，载郑春燕、[美]罗伯特·威廉主编：《行政指导性案例中美研讨会文集》，法律出版社2017年版，第124页。

裁判。

又如，指导性案例 5 号鲁潍（福建）盐业进出口有限公司苏州分公司诉江苏省苏州市盐务管理局盐业行政处罚案，该案并不涉及地方性法规，只涉及地方政府规章，裁判要点"盐业管理的法律、行政法规没有设定工业盐准运证的行政许可，地方性法规或者地方政府规章不能设定工业盐准运证这一新的行政许可"，重复了最高人民法院已有的司法解释。最高人民法院又通过行政指导性案例发布一遍，这究竟是为什么？其实，该案例把盐业垄断体制改革与司法审判相结合，以司法裁判方式推动盐业体制改革。特定司法政策通过法官裁量的运作转化为行政审判的内在因素，进而以行政指导性案例形式被最高人民法院公布，要求各级法院在行政审判过程中予以参照。

同时，笔者对 1985～2018 年最高人民法院公报行政案例进行统计，发现很多公报案例在裁判理由中直接使用法律条文，而这些法律条文表述本身十分清楚。最高人民法院之所以把这些案例收录其中，主要是因为这些案件具有重大影响，或者适用某些法律条款具有重要意义。如上海金港经贸总公司诉新疆维吾尔自治区工商行政管理局行政处罚案、平山县劳动就业管理局不服税务行政处理决定案都涉及《行政处罚法》中行政处罚的法定程序内容，最高人民法院公布以上案例的目的在于突出强调行政处罚程序的重要性，表明人民法院对行政机关行政处罚程序问题的高度关注，为下级人民法院在审理有关行政处罚案件时，如何把握审查密度提供了借鉴。一方面，存在行政机关滥用行政处罚权，忽视对行政相对人权益保护的现象；另一方面，长期以来行政机关多关注实体内容，一定程度上忽视了程序内容，在行政执法过程中缺乏程序意识。最高人民法院通过公报案例，指导下级人民法院在行政审判过程中处理此类问题，也间接促进了行政机关依法处罚。

2. 政策宣示型案例的适用方法

（1）政策宣示型案例的效力。政策宣示型案例更多是象征意义，或者通过行政指导性案例宣传法治精神和核心价值理念，或者示范法官如何正确适用新法律。对于新出台的法律和司法解释，法官在适用上存在不明确的地方，通过行政指导性案例，让各级法官明确新出台法律和司法解释的具体适用。"即指导性案例的效力不是要求法官在法律适用时予以直接援引，而是要求法官在处理同类案件时采用同样的思维模式、法律方法和法律适用。"[1]如果说，行政指导性案例的"应当参照"不能作为司法裁判的依据，应在说明理由中援引，那么政策宣示型案例更无法借助裁判要点或者裁判理由来片面理解，而更应注重从整体上把握，掌握行政指导性案例的"神韵"。

（2）政策宣示型案例的数量不宜太多，而且应该保证具有一定时期的适用性，方可选为行政指导性案例。如果某些案例虽引起社会广泛关注或者具有典型性，但属于昙花一现，对以后司法裁判并无指导意义，还应谨慎选择为好。此外，由于政策的短期性、阶段性明显，政策宣示型案例具有"短命"的特点，这种类型的行政指导性案例应该及时予以清理，以免过时政策仍在影响行政审判工作。

---

〔1〕 李瑰华：《指导性行政案例研究》，法律出版社 2012 年版，第 176 页。

第五章
行政案例指导制度向行政
判例制度的转型

当下我国的行政案例指导制度在适用中面临诸多的问题和困难，那么如何在法律适用中适应时代变迁和法律发展的需要，如何实现司法公正，最大限度地发挥制度的功能呢？在发展中变革和创新——实现由行政案例指导制度向行政判例制度的转型是一种理想选择。

在行政法领域，行政案例指导制度向行政判例制度转型有其客观的必然性与现实的必要性。具体而言：第一，统一法律适用。在行政执法活动中，实现案例指导制度的判例化较之其他部门法更具紧迫性。一方面，行政法所涉领域广泛，难以形成统一法典，为行政执法活动和法院审理案件留下了巨大的裁量空间，必然出现行政决定的差异和审判结果的不一。具有约束力的行政判例会给行政机关和法院的决定提供参考依据，避免"相同情况不同对待"。另一方面，行政法律规范极具变动性，而且受政策性因素的影响较大，如何处理法律与政策的关系、平衡不同利益主体的关系、权衡行政行为的合理性，行政判例在这一过程中扮演重要角色。此外，法官个人专业能力和职业素养的差别，使案件判决的正确性难以保证。行政判例制度可以为法官和行政人员提供一个参考，以维护法律的统一性。第二，行政判例可以为立法创造提供素材。基于法律解释形成的行政判例所总结和归纳的原理和原则，可以说是经验的总结和创造性"立法"，不仅可以将抽象法律规则的丰富内涵具体化，而且可以拓展法律规则，将不确定的法律概念具象化，形成共识性的适用规则，而且待成熟时可以上升为立法。第三，弥补成文法的不足。语言本身的特性决定了成文法在产生之初就带着缺憾，它的"空隙"或"空缺结构"永远存在。而这一缺陷在适用中可能会产生巨大差异，行政判例可以灵活的方式以不变应万变，使成文法在保持稳定的前提下应对变化的时代和社会生活。第四，行政判例有助于推动行政审判活动的日常运转。第五，行政判例是连接行政法学理论与实践的桥梁和纽带。行政法学理论与实践的脱节是理论界和实务界关注的共同话题，行政判例有助于行政审判在实践—理论—实践中形成良性互动，促使审判经验与理论研究双重功效的发挥。

　　立法机关有权制定法律但不直接适用法律，司法机关适用法律却又无权制定法律。当司法机关将静态而稳定的法律规范适用于多变复杂的案件时即发生法律解释的必要，这种解释会对案件产生直接的影响。英美法系国家法官通过判决而对法律规则进行解释，大陆法系国家也经历了立法者释法的失败和异化到法官释法的演进。然而，司法解释理论是十分复杂而高深的理论，在此仅限于将行政分析行政案例指导制度向行政判例制度转型的思想基础及方法论特性。

一、行政案例指导制度向行政判例制度转型的思想基础

(一) 立法定向法学理论的困境与反思

从法学方法论的角度讲，涵摄与衡量是两种可供选择的法律适用形式，法律规则适用涵摄模式，法律原则适用衡量模式。在三段论法中，取得小前提的步骤，称为"涵摄"，其核心部分为一种逻辑的推演，即"将外延较窄的概念划归外延较宽的概念之下，易言之，将前者涵摄于后者之下的一种推演"。[1]法律上的涵摄，其实质是规范构成要件所指陈的要素，在陈述所指涉的生活事件中完全重现。作为推论的结果，法律上的涵摄结论与逻辑上的涵摄结论相比，可能更多一个"具体化"的步骤，即将大前提中的一般性、抽象性的法律效果具体化为案件事实的具体法律效果。

事实上，涵摄是有局限性的，用以推理的法律不总是确定的，凡希望以"客观事实"即案件的真实情况为判决依据的是不可能实现的。在法律现实中，判决只能以法官认定的事实为根据，"法官是法律帝国的王侯"，法律是法律适用者"行动中的法律"。我们可以认为，法学方法论所使用的"涵摄"，只是借用了逻辑学上的"涵摄"概念，但并不等同于逻辑学的"涵摄"。如果认为精确的法律效果可以通过涵摄获得那就大错特错了，法律条文与案件事实间的关系是复杂而多变的，尤其是当可变的案件事实面对无法"照章办事"

---

〔1〕 〔德〕卡尔·拉伦茨：《法学方法论》，陈爱娥译，商务印书馆2003年版，第152页。

的制定法时，衡量方法的必要性便凸显出来。

涵摄方法是与立法为中心的概念法学的理论观点相一致的。起源于 19 世纪的概念法学作为严格规则主义的代表，认为制定法一旦制定出来其本身就是完美无缺的，具有逻辑的自足性，高度的形式性，其适用上可以自给自足，否认和排斥法官解释法律的能动性，认为法官仅是三段论逻辑的操作者。概念法学的观点曾对大陆法系国家产生深远的影响，导致判例作为法源的地位长时间被否定，法官地位式微。在这里，我们将概念法学定性为立法定向的法学理论。以《法国民法典》为例，在它颁布后的近百年里，法官始终处于解释法律的被动地位，其司法解释权仅限于探寻立法者的意图。

在行政法领域，法律规范的分散性和多层次性，政策的变动性和规则的非连续性凸显了法律的不确定性，行政法律规范本身的特点为法律适用留下了自由裁量空间，单纯的涵摄难以使法官在事实与规范之间仅凭此方法得出预期的结论。20 世纪以来的自由法学运动声势浩大地充斥着欧洲的传统法学，渴求判例的呼声此起彼伏。自由法学否认成文法的完美性，认为其本身是存在漏洞的，这些漏洞应当由法官去发现和填补，以此主张法官中心主义，承认判例的法源地位。此后的现实主义法学、社会学法学、新分析主义法学等法学流派，分别从法律实践论、法官造法论、怀疑论等理论层面对概念法学进行了抨击，从不同角度论证法官在法律解释中的能动作用。在这里，我们将与概念法学形成鲜明对比的理论定性为司法定向法学理论。

（二）司法定向法学理论下决断论的理论逻辑

重新审视法官的法律解释权，将利益衡量方法引入司法审判，矫正概念法学的机械主义观点，成为司法定向法学理论下行政判例理论的首要任务。卡尔·施密特作为司法定向法学理论的代表人物，其决断论的思想对我们具有深刻的启迪作用。司法定向法学理论下有诸多的理论和代表人物，本书唯独选择施密特的观点进行阐述的理由在于：不同法律史发展阶段的法学思想均可以在施密特的三种思维模式中找到题解，他们的思想观点都可以在施密特法律思维类型的本源中追根溯源。由于受到自由主义法学的影响，他提出的法学思维的三种模式为判例制度的正当性提供了思想基础。

每一位——有意识或不自觉地——将其工作奠基于"法"此一概念上的法律人，都必然要将"法"理解为一项规则、一个决定，或者是一套具体的秩序和形塑。据此得出予以区辨的三种法学思维模式。[1]

施密特指出，规范论、决断论和具体秩序论是法学思维的三种模式，法律人所研究的对象，不外就是法规、决定、秩序与形塑，法学终极的想法是导引出法学研究的源头，而这一源头就是规范、决定或具体的秩序。他还阐述了法学思维方法的类型化，也就是法学思维方法的分类，并且认为观察一种法学思维方法必须结合特定民族与特定时期的法学发展，一个特定民族在一段时间内究竟是实践哪种法学思维方式的问题具有重要意义和影响性。他想从法学思维方式中确认"法"的内涵。

施密特认为，静止而孤立地看待法律规范是规范论思维的鲜明特征，规范论思维忽视了具体秩序在规范中的作用，否认了秩序在规范论者眼中的独立属性。"秩序"一词，只是用来说明一个具体的处境是否符合抽象规范的内涵，当规范妥当用于具体秩序时便是

---

[1]　[德] 卡尔·施密特：《论法学思维的三种模式》，苏慧婕译，左岸文化出版公司2007年版，第48页。

"守序",否则是"失序"。他认为,"规制无数个案的规范或法规从各种个案、具体处境中抽离出去,超越于现实具体个案中的事实情状,同时也超越于人们变化万端的处境与意志"。[1]规范以超脱具体个案的抽象法规存在,因而规范论思维主张规范具有非个人性和客观性,以有别于决定论的个人性和秩序论的超个人性特征。他批驳规范论者以成文规则或法律为"法"之全部内容的观点,认为秩序、决定也是法的一种表现形式。"如果法只是一种功能模式或只是一个类似火车时刻表的计划,是不配当法治之主的。"[2]由于"法不自行",施密特将重点放在法实践上。

基于对规范论的定位与批评,施密特逐步推导出秩序论在法学思维类型中的优越性与必要性。他之所以使用"具体秩序"一词,是为了表明法学思维中涉及的秩序不是抽象的、空泛的,而必定是特定国家和人民的秩序。作为规则的内部秩序和纪律,不可能事无巨细地以法规加以规定,它们以一种具体秩序的形式存在。他认为,与具体情境毫无关联性、没有类型属性的纯粹规范是"法学上的怪物"。因此,对于法学思维而言,重要的不是那些不断被制定出来的法规,而是形成法规根基的具体秩序,以及秩序本身所内含的通常概念。[3]施密特通过对具体秩序论的阐述试图证明抽象的法规源自具体秩序,秩序反而是各种法规制定的前提,规范从属于具体秩序。

那么,秩序与规范又是如何形成的呢?这就涉及法官的判决或

---

〔1〕 [德]卡尔·施密特:《论法学思维的三种模式》,苏慧婕译,左岸文化出版公司2007年版,第16页。

〔2〕 同上注,第17页。

〔3〕 通常概念是法律规定形成的前提,没有这些概念,根本无法想象要如何进行法规制定的工作,也根本无从获得规范。通常概念并非源自规范,而是源自所属的秩序,并且是为了该秩序而产生。

行政机关的决定，这些判决或决定也是一种"法"。在法规范形成之前必定有一个根本性的决定，这个决定本身也是一种法的形式，这种法学思维的类型就是"决断论"。就决定与法秩序的关系而言，法秩序根植于决定之上，而秩序先于规范，可以说决定是最上位的概念。在规范的范畴内，依据规范的正确推理并不一定带来判决和决定的正确，理论的正确性不等同于实践的正确性。以决定为基础的法实践，决定是规范与法实践的桥梁和纽带。

从施密特关于法学思维的三种类型或三种模式看，决断论在其中占主导地位。从规范、具体秩序和决定三者的关系便可窥知，与规范和具体秩序相比，决定是基础和根源性的存在，它是规范和具体秩序的上位概念。在法学上，一切法的效力或法的价值的最终基础也可能存在于一个决定当中。法律无法自行适用、操作或强制执行，也无法自己解释、定义。在审判实践中法官居于主导地位起决定性作用。在司法活动中，就规范、具体秩序和决定三者的关系而言，裁判依据就是一套法律规范，法官来自于规范的规定，而法官和审判组织共同构成具体秩序，决定是规范与法律事实的连结点，这个决定在司法审查中就是行政判例，在整个审判过程中决定作用的是法官的个人意志。施密特的决断论法学思维模式让我们看到作为法实践的司法审判活动，其实效性至关重要。作为法构成要素的规范、具体秩序和决定，向我们展现了行政审判的"全景式"画面。规范作为成文的规则，是决定的依据；带有个人意志因素的决定表现为行政判例，这一决定又是在法院系统内完成的，作为具体秩序的法院为决定提供了场域，使行政判例在法院（具体秩序场域内）兼具了形式合理性与实质合理性。

二、行政判例制度的定位

（一）行政判例的性质

1. 将典型行政案例上升为行政判例

言及行政判例的性质，主要指如何归类行政判例，如何理解行政判例的本质。然而在定位行政判例性质时，通常我们从法源的角度判定其属性。在英美法系国家，判例属于法源是毋庸置疑的，而且占支配地位的观点认为，判例属于正式的法律渊源；大陆法系国家在行政判例的性质认定上，一般将其作为不成文法源。在我国，由于尚不承认不成文法源的法律地位，判例在司法判决中的地位即成为困扰我们良久的问题，也是我们难以正视判例而采用案例的根本所在。多年来，在研究探讨引入判例制度的问题时，判例的法源问题成为我们的无法逾越的障碍，可以说，这在一定程度上影响了我国建立判例制度的进程。经过不断的讨论和论证，学者在对判例方法的地位、判例法与制定法的关系、推进司法文书改革、重新审视判例性质等问题上已达成了一些共识，而且有一种观点似乎被大家普遍接受了，那就是："中国的司法案例制度若要取得拘束力，那就必须建立或引入判例制度，而要建立或引入判例制度，就一定要修改现行法律或经立法机关授权。"[1]事实上，我们完全可以抛开对法律渊源的传统理解，可以在不修改现行法律的情况下，对司法解释重新定位，进一步梳理行政案例与司法解释的关系，将"公报案

---

〔1〕 龚稼立：《最高人民法院公报的指导性案件》，2005 年 4 月在北京《中国司法解释与外国判例制度国际研讨会》上的论文。

例"上升为判例，并将行政判例定位为一种司法解释。其理由在于：一是"两高"公报具有制度性效应。典型行政案例以公报方式予以公布，其初衷是试图给各级法院提供一种案件审理的标准和尺度，以使不同法院在案件审理时予以参考和借鉴。而且，最高人民法院曾明确规定所有内部文件与"公报"不一致的，以"公报"为准。"公报"中的典型行政案例在适用中不断被各级人民法院参考和借鉴，具有鲜明的示范效应和指导性。二是"公报案例"与行政判例的创新功能一致。譬如"公报"中公布的行政指导性案例，不仅具有典型性，更重要的是这些案例实现了一定层面的制度创新。如田永诉北京科技大学案，在行政诉讼法受案范围不明确的情况下，确认了受教育权属于行政法保护的权利并明确了高校作为适格被告的资格问题；汇丰实业公司诉哈尔滨规划局案在判决书所阐述的理由中明确表达了"比例原则"的精神，本案被认为是我国行政法引入"比例原则"的标志，对规范和限制行政自由裁量权起到了重要作用。此外，行政公益诉讼作为新型诉讼进入我国司法领域，在立法上规定不够详尽，实务部门审判经验亦不足，诸多问题尚未达成共识，指导性案例的公布正当时，为行政机关提高认识，检察机关处理和人民法院审理案件提供了直接参考。如最高人民法院和最高人民检察院公布的18个关于行政公益诉讼的指导性案例中，其中吉林省检察机关督促履行环境保护监管职责行政公益诉讼案，明确"监督管理职责"不仅包括行政机关对违法行为的行政处罚职责，也包括行政机关为避免公益损害持续或扩大，依据法律、法规、规章等规定，运用公共行政权力，使用公共资金等对受损公益进行恢复等综合性治理职责；云南省剑川县人民检察院诉剑川县森林公安局怠于履行法定职责环境行政公益诉讼案明确了环境公益诉讼中，人民法院审查行政机关是否履行法定职责的标准。一大批典型行政案例的公布，在行政法律规范缺位或尚存漏洞的情况下，从制度创新的层面对其进行了阐释和说明，可以说通过行政审判活动发展了现有实在法的规定。

2. 作为个案性司法解释的行政判例

任何法律制度因时代的背景而萌生，又因社会的需要而变革。司法解释有其产生和定位的时代背景，当然，在法治变革的今天，需要成为观念创新的推动力。我们与其纠结于意识形态的因素而质疑判例的性质和地位，莫不如从制度创新对法实现和法律实效性发挥的视角看待判例制度，着重考虑这一制度对我国法律发展与法治国家建设的作用和需求。实际上，行政判例制度始终围绕着行政法的变迁而发展，行政法与时代政治、社会经济背景息息相关，并作为行政法官对法律的诠释，在适应时代进步且推动行政法律规范发展进程中留下了浓墨重彩的一笔。在我国的行政审判实践中，法官根据案件具体情况并结合相关法律规定作出的具有典型性的行政判决中，判决理由已明示或暗含着对法律规范的说理和阐释，已有的不少典型案例亦被各级法院的法官在审判中适用和援引，这些案例实际上已由一种"法官的司法解释"因被不断适用而成为实际的"司法解释"。因此，在我国区别于现有"两高"的司法解释，可以将司法解释分为两类，即立法性司法解释和个案性司法解释。相较于现有的司法解释，行政判例可视为个案性司法解释。就行政判例与司法解释的关系，具体阐述如下。

在我国，对司法解释有不同的理解，通常意义上看，司法解释作为法律解释的一种，专指"两高"对法律的解释，主要是最高人民法院对法律的解释。与我们不同的是，国外将司法解释〔1〕界定为案件审理过程中的解释，是建立在个案基础上法官对法律的解释。比较两者的区别：一是司法解释体制和主体不同。我国司法解释的主体仅限于最高人民法院和最高人民检察院，地方的审判机关和检察机关没有这样的权限；西方国家的司法解释主体虽然仅限于法院，但包括各级法院在内。二是司法解释的表现形式不同。我国的司法解释是最高人民法院对法律文本的解释，它仍以法律文本为基础并以文本形式展现出来；西方国家的司法解释是法律文本结合个案以判决形式展现出来的。我们现有的司法解释与个案无关，如果将司法解释分为个案性司法解释和立法性司法解释，把行政案例视为个案性司法解释，则与西方国家对司法解释的理解一致。不可否认，立法性司法解释对指导审判实践的作用不容小觑，在填补法律空白，统一法律适用标准，应对审判中出现的新情况、新问题和疑难问题上发挥了重要作用。

　　但是，近年来随着司法解释数量的增多，其作用的凸显以及法治理念的不断增强，法学界对立法性司法解释的责难愈来愈多。争议的核心问题是司法解释从形式到内容与其说是解释，不如说是立

---

　　〔1〕　在《牛津法律大辞典》中，没有"司法解释"这一词条，有"司法立法"一词。严格地讲，法官无权制定或修改法律，除非是在有限的范围里，法院可以按照议会的授权制定规则。但是，法院根据"遵循先例"和"先例具有约束力"的原则可以判决，这些判决实际上是重申或修改众所周知的法律原则，此时司法立法就不可避免地出现了。这种司法判决在实践中具有同议会立法或委任立法同等的意义。其形式有：把旧的规则适用于新的事实，宣布某一规则不适用于某些特定的案件，扩充解释某一规则以适用于其他具体情况，以上形式都具有立法或修改法律的效果。但是，法院只有在限定的场合，在已受理的个别案件的范围内，在已经提出的判决要点中，并且该判决不会引起其他问题（比如与其他法律冲突）的情况下，才可以作出旨在立法的判决。有时，法院也会为了避免司法立法状况的出现而拒绝做出一个具体的判决。参见［英］戴维·M. 沃克：《牛津法律大辞典》，李双元等译，法律出版社2003年版，第614页。

法，有司法权侵犯立法权之嫌，而且作为对立法解释的司法解释依然过于抽象和原则，不能从根本上解决立法本身的问题。也就是说，目前的司法解释发生在法律适用之前，也不针对具体个案，还是从"条文到条文"的解释和说明。如果将行政判例归为一类司法解释，在还司法解释以原貌之时可以克服立法性司法解释的不足。"在所有的案件中，适用法律都不是单纯的涵摄过程，而是要求法官自行发现标准，并且在此范围内以法律创造者的方式活动。"[1]

由于行政法的特殊性，尚未形成统一法典且涉及众多领域和部门，行政判例不仅是个案基础上的法律解释，而且可以通过案件审理对行政权的行使予以监督，通过审判活动对行政行为作出过程中的行政解释进行权衡和判断，防止行政解释的宽泛而侵犯立法权。作为个案性司法解释的行政判例在行政权的控制上是有效的，譬如英国对行政行为不合理标准的界定就是通过判例实现的，即"韦德内斯伯里不合理"；法国用行政判例确认和发展了"滥用权力"理论；美国法院判决认可的"谢弗林原则"对司法审查的强度进行了判定，重新定位司法权与行政权的关系。同样作为法律解释，行政判例和传统意义上的司法解释就像一个硬币的两面，互为补充而不失为一个整体，都发挥着法律解释的功能，并分别与法律规范形成一种解释与被解释的关系，为行政立法的修改和创造提供素材。不仅如此，行政判例也能够提供有针对性的、可重复使用的判决标准。而且当遇到社会发展中的新情况、新问题时，可以通过新的判例重新解释法律。所以说，行政指导性案例是立法性抽象司法解释的必要补充和完善。

---

〔1〕 〔德〕哈特穆特·毛雷尔：《行政法学总论》，高家伟译，法律出版社2000年版，第67页。

（二）行政判例的效力

　　总结现有案例指导制度的性质和效力定位，发现建立判例制度当然也是一个不容回避的问题。首先，要界定行政判例的效力。谈及行政判例的效力问题离不开行政判例的性质问题。本书将行政判例的性质定性为一种非正式的司法解释，基本与司法解释处于同一地位。一旦确立了一个新的行政判例，各级法院应严格遵循。其次，区分行政判例与立法性抽象司法解释的效力层次。可以借鉴我国台湾地区的做法，将行政判例纳入行政法不成文法源的范畴。作为行政判例和立法性抽象司法解释两种不同类型的司法解释，如果出现解释上的冲突或不一致，立法性司法解释的效力高于行政判例。再次，清晰划分行政判例自身的效力等级。最高人民法院的裁判和最高人民法院正式发布的其他各级人民法院的裁判应具有最高的、在全国范围内适用的法律效力；各高级人民法院的裁判在本辖区内具有法律效力。最后，行政判例效力的相对性。行政判例对各级法院案件审理的拘束力是相对的，判例形成后虽具有被同级和下级法院遵守的效力，但也不是一成不变的。在英美法系国家，如果有充分理由和确信可以证明作为先前判决的判例有违法律精神和原则，抑或在更大的范围足以证明其适用的不利后果，则可以运用推翻先例原则否定或推翻先前的判决，形成新的判例。即使存在先例，下级法院也不是没有途径偏离它。

（三）行政判例的创制

　　首先，从行政判例的创制主体看，在英美法系国家，各级法院的判决在没有被推翻或宣布无效之前，其被遵循的效力一直存在，即这些判决作为先例的价值始终有效。从判决的效力层次看，最高法院的判决具有最高权威，对其以后的判决和其他法院的类似案件处理具有约束力；其他各级法院的判决相应地对其自身和下级法院的审判活动有强制力，亦即下级法院须服从上级法院的判决和本级法院生效的判决。我国学界对于如何创制行政判例制度观点不一，有的人主张根据法院的级别确定主体及其效力层次。最高人民法院作为最高级别的审判机关，其自然具有作为判例创制主体的资格和正当性。问题的关键是其他各级法院是否可以成为行政判例的创制主体？是否最高人民法院是唯一具有主体资格的法院？对此，法学界也有不同观点。有的人主张最高人民法院作为唯一主体，也有人主张其他法院也应具备创制行政判例的权力。

有人提出将行政判例的创制主体和公布主体分开。如果仅将行政判例的创制权归于最高人民法院可能失之过窄，反而有违设定行政判例制度的初衷。就目前我国法院审理案件的情况看，大量案件集中在基层法院，次之是中级法院，高级法院和最高人民法院审理的行政案件相对较少，直接审理的一审行政案件更是少之又少，即使案件由最高人民法院审理，但其未必具有典型性。而行政判例的目的在于通过法官能动性的发挥使法律适用的效果更佳，定分止争，化解矛盾和纠纷，通过司法审查实现行政任务，矫正行政行为。可以说，唯一创制主体的定位会阻碍行政判例功能的发挥和目标的实现。如果将创制权赋予拥有审判权的各级人民法院也不是一种好办法，可能会使权力失之过宽。因为我国幅员辽阔，各地经济文化发展水平不均衡，对政策落实的标准也不尽相同，加之各级法院法官业务水平参差不齐，所以法律适用不统一。综上分析，本书主张不区分行政判例的创制主体和公布主体，将行政判例的创制权赋予最高人民法院和各高级人民法院更为适宜。

我国行政判例制度的发展道路必将是渐进式的，毕竟多年的案例指导制度实践已影响了我们的思维，行政判例制度的建设无论是现有制度的转型还是全新的制度再造，行政案例指导制度都是我们无法绕开和回避的，也就是说我们已经对其产生了路径依赖。因此，我们可以循此思路将现有典型案例的创制主体扩大，对于那些具有代表性的、在全国范围内对处理类似案件有指导意义和作用的案件，或所形成的原则或规则对现有法律规范的创造性解释有普适性的案件，可以由最高人民法院创制判例并予以公布。而大量地方性的典型案例则可由各高级人民法院创制和公布，用以统一尺度，指导地方审判工作。高级人民法院公布的行政判例应当向最高人民法院备案。当然，对于高级人民法院创制和公布的案件，如果最高人民法院认为有必要，则可以通过公布主体的变更将其上升为适用所有法院的行政判例。

其次，逐步实现行政判例的类型化。所谓类型化是指根据行政行为的种类，按照一定的标准对行政纠纷进行归类总结，将具有代表性和典型性的案件上升为行政判例，为法律适用和弥补法律漏洞提供参考。行政判例的类型也可称之为行政判例的种类，主要是针对行政诉讼中的案件类型和行为种类，对相应种类案件进行整理和分析，从中总结、归纳其共性特点，概括和抽象出共同的原理和规则，为案件审理提供参考。实践中，行政行为类型的多样化使得行政诉讼案件类型呈现出多样化的特点，而且新型案件不断涌现；行政法律规范的不完善或立法的滞后，以及政策性执法目的的增强，加之各地经济社会发展水平的不平衡，行政法官执法能力和水平的差异，法官职业能力和职业素质的差别，法律适用难以统一，"相同情况不同对待"的情况不可避免。例如，工亡保险金是否可以获得双份；集体土地房屋征收补偿标准如何界定；行政诉讼中对"明显不当行政行为"的判断标准是什么，它包括哪些行为；将行政协议纳入行政诉讼的受案范围，那么行政协议的审查标准是什么，如果公民不履行协议怎么办；关于原告资格的规定使用了"有利害关系"

一词，对此如何理解和确定。诸如此类的问题都是法官行政审判中无法回避的问题，也是不得不解决的问题。如何解决？在立法缺位和滞后的情况下，法官不得不结合个案，通过解释和参照法律，总结已有经验和政策作出权衡和判断，最终通过判决形成指导性案例，为今后类似案件的处理提供参考。而且通过行政判例抽象、总结和创造的规则或原则待条件成熟时亦可上升为司法解释至法律，可以说法官的判决为立法总结了经验。

参考文献

一、著作类

1. 何家弘、刘品新：《法治国家建设中的司法判例制度研究》，经济科学出版社 2017 年版。

2. 崔林林：《严格规则与自由裁量之间——英美司法风格差异及其成因的比较分析》，北京大学出版社 2005 年版。

3. 徐景和：《中国判例制度研究》，中国检察出版社 2006 年版。

4. 梁慧星：《裁判的方法》，法律出版社 2017 年版。

5. 何慧新：《刑法判例论》，中国方正出版社 2000 年版。

6. 李瑰华：《指导性行政案例研究》，法律出版社 2012 年版。

7. 郑春燕、[美] 罗伯特·D. 威廉主编：

《行政指导性案例中美研讨会文集》，法律出版社 2017 年版。

8. 张晋藩：《中国法律的传统与近代转型》，法律出版社 1997 年版。

9. 沈宗灵：《比较法研究》，北京大学出版社 1998 年版。

10. 马怀德：《行政法制度建构与判例研究》，中国政法大学出版社 2000 年版。

11. 孙笑侠：《法律对行政的控制——现代行政法的法理解释》，山东人民出版社 1997 年版。

12. 尹伊君：《社会变迁的法律解释》，商务印书馆 2003 年版。

13. 武建敏：《司法理论与司法模式》，华夏出版社 2006 年版。

14. 吴忠民：《社会公正论》，山东人民出版社 2004 年版。

15. 封丽霞：《法典编纂论——一个比较法的视角》，清华大学出版社 2002 年版。

16. 郑成良：《法律之内的正义》，法律出版社 2002 年版。

17. 王伯琦：《近代法律思想与中国固有文化》，清华大学出版社 2005 年版。

18. 吴庚：《行政法之理论与实用》，中国人民大学出版社 2005 年版。

19. 董茂云：《比较法律文化：法典法与判例法》，中国人民公安大学出版社 2001 年版。

20. 宋功德：《行政法的均衡之约》，北京大学出版社 2004 年版。

21. 胡玉鸿：《司法公正的理论根基》，社会科学文献出版社 2006 年版。

22. 李龙：《良法论》，武汉大学出版社 2001 年版。

23. 汪习根：《司法权论》，武汉大学出版社 2006 年版。

24. 葛洪义：《法律与理性——法的现代性问题解读》，法律出版社 2001 年版。

25. 陈新民：《德国公法学基础理论》，山东人民出版社 2001 年版。

26. 龚祥瑞：《比较宪法与行政法》，法律出版社 2003 年版。

27. 谢鹏程：《基本法律价值》，山东人民出版社 2000 年版。

28. 刘兆兴：《德国行政法——与中国的比较》，世界知识出版社 2000 年版。

29. 董皞：《司法解释论》，中国政法大学出版社 2007 年版。

30. 舒国滢、王夏昊、梁迎修等：《法学方法论问题研究》，中国政法大学出版社 2007 年版。

31. 陈慈阳：《行政法总论》，翰卢图书出版有限公司 2005 年版。

32. 罗豪才：《现代行政法的平衡理论》，北京大学出版社 1997 年版。

33. 胡夏冰：《司法权：性质与构成的分析》，人民法院出版社 2003 年版。

34. 尹洪阳：《法律解释疏论——基于司法实践的视域》，人民法院出版社 2006 年版。

35. 孔祥俊：《司法理念与裁判方法》，法律出版社 2005 年版。

36. 林锡尧：《行政法要义》，元照出版有限公司 2006 年版。

37. 林腾鹞：《行政法总论》，三民书局 2002 年版。

38. 朱景文：《比较法社会学的框架和方法——法制化、本土化和全球化》，中国人民大学出版社 2001 年版。

39. ［德］哈特穆特·毛雷尔：《德国行政法总论》，高家伟译，法律出版社 2000 年版。

40. ［美］庞德：《法律史解释》，邓正来译，中国法制出版社

2002 年版。

41. ［美］博登海默：《法理学——法律哲学与法律方法》，邓正来译，中国政法大学出版社 1999 年版。

42. ［美］哈耶克：《法律、立法与自由》，邓正来等译，中国大百科全书出版社 2000 年版。

43. ［美］罗尔斯：《正义论》，何怀宏等译，中国社会科学出版社 1988 年版。

44. ［法］勒内·达维德：《当代主要法律体系》，漆竹生译，上海译文出版社 1984 年版。

45. ［美］本杰明·卡多佐：《司法过程的性质》，苏力译，商务印书馆 2000 年版。

46. ［英］P. S. 阿蒂亚、［美］R. S. 萨默斯：《英美法中的形式与实质——法律推理、法律理论和法律制度的比较研究》，金敏等译，中国政法大学出版社 2005 年版。

47. ［德］罗伯特·阿列克西：《法律论证理论》，舒国滢译，中国法制出版社 2002 年版。

48. ［德］马克斯·韦伯：《论经济与社会中的法律》，中国大百科全书出版社 1998 年版。

49. ［德］马克斯·韦伯：《经济与社会》，商务印书馆 2004 年版。

50. ［美］P. 诺内特、P. 塞尔兹尼克：《转变中的法律与社会》，张志铭译，中国政法大学出版社 2004 年版。

51. ［英］哈特：《法律的概念》，张文显、郑成良等译，中国大百科全书出版社 1996 年版。

52. ［德］G. 平特纳：《德国普通行政法》，朱林译，中国政法大学出版社 1999 年版。

53. ［日］美浓布达吉：《公法与私法》，黄冯明译，商务印书馆1988年版。

54. ［美］霍姆斯：《普通法》，冉昊、姚中秋译，中国政法大学出版社2006年版。

55. ［美］爱德华·H. 列维：《法律推理引论》，庄重译，中国政法大学出版社2002年版。

56. ［德］卡尔·拉伦茨：《法学方法论》，陈爱娥译，商务印书馆2003年版。

57. ［美］阿瑟·库恩：《英美法原理》，陈朝壁译，法律出版社2002年版。

58. ［日］大木雅夫：《比较法》，范愉译，法律出版社1999年版。

59. ［美］盖多·卡拉布雷西：《制定法时代的普通法》，周林刚等译，北京大学出版社2006年版。

60. ［德］卡尔·施密特：《论法学思维的三种模式》，苏慧婕译，左岸文化出版公司2007年版。

二、期刊论文类

61. 资琳：《指导性案例同质化处理的困境及突破》，载《法学》2017年第1期。

62. 王绍喜：《指导性案例的政策引导功能》，载《华东政法大学学报》2018年第5期。

63. 孙海波：《指导性案例退出机制初探》，载《中国法律评论》2019年第4期。

64. 汪世荣：《补强效力与补充规则：中国案例制度的目标定位》，载《华东政法学院学报》2007 年第 2 期。

65. 彭宁：《最高人民法院司法治理模式之反思》，载《法商研究》2019 年第 1 期。

66. 杨铜铜：《论不确定法律概念的体系解释——以"北雁云依案"为素材》，载《法学》2018 年第 6 期。

67. 石磊：《人民法院司法案例体系与类型》，载《法律适用》2018 年第 6 期。

68. 陈兴良：《案例指导制度的规范考察》，载《法学评论》2012 年第 3 期。

69. 徐凤：《论扩大指导性案例产生主体的路径及理论支撑》，载《法学》2019 年第 4 期。

70. 江勇、黄金富：《高级人民法院应当成为发布指导性案例的重要主体》，载《法治研究》2009 年第 9 期。

71. 刘风景：《"指导性案例"名称之辨正》，载《环球法律评论》2009 年第 4 期；

72. 李少平：《关于案例指导制度运行机制的几点思考》，载《法律适用》2011 年第 10 期。

73. 胡云腾：《关于案例指导制度的几个问题》，载《光明日报》2014 年 1 月 29 日。

74. 胡敏洁：《自动化行政的法律控制》，载《行政法学研究》2019 年第 2 期。

75. 胡晓军：《论行政命令的型式化控制——以类型理论为基础》，载《政治与法律》2014 年第 3 期。

76. 梁凤云：《行政协议案件的审理和判决规则》，载《国家检察官学院学报》2015 年第 4 期。

77. 瞿灵敏：《指导性案例类型化基础上的"参照"解读——以最高人民法院指导性案例为分析对象》，载《交大法学》2015 年第 3 期。

78. 陈金钊：《被社会效果所异化的法律效果及其克服——对两个效果统一论的反思》，载《东方法学》2012 年第 6 期。

79. 泮伟江：《论指导性案例的效力》，载《清华法学》2016 年第 1 期。

80. 雷槟硕：《如何"参照"：指导性案例的适用逻辑》，载《交大法学》2018 年第 1 期。

81. 张骐：《再论指导性案例效力的性质与保证》，载《法制与社会发展》2013 年第 1 期。

82. 王利明：《我国案例指导制度若干问题研究》，载《法学》2012 年第 1 期。

83. 黄祥青：《加强裁判要素管理推进法律适用统一》，载《法律适用》2012 年第 8 期。

84. 赵正群：《行政判例研究》，载《法学研究》2003 年第 1 期。

85. 刘善春、刘德敏：《行政判例的理念、功能与制度分析》，载《政法论坛》2001 年第 4 期。

86. 杨鹏慧：《论对我国台湾地区判例制度的借鉴》，载《政治与法律》2000 年第 2 期。

87. 李新生、薛刚凌：《行政法理论与实践关系研究》，载《行政法学研究》2002 年第 1 期。

88. 王霄艳、张慧平：《论判例在行政法治中的作用》，载《理论探索》2005 年第 2 期。

89. 张千帆：《先例与理性——也为中国的司法判例制度辩护》，载《河南社会科学》2004 年第 2 期。

90. 韩德明：《风险社会中的司法权能》，载《现代法学》2005年第5期。

91. 陈朝阳：《司法哲学基石范畴：司法能动性之法哲理追问》，载《西南政法大学学报》2006年第3期。

92. 王霁霞：《行政判例制度研究》，载《行政法学研究》2002年第4期。

93. 杨解君：《当代中国行政法的制度特色》，载《法商研究》2002年第2期。

94. 赵娟：《合理性原则与比例原则的比较研究》，载《南京大学学报（哲学·人文科学·社会科学版)》2002年第1期。

95. 沈福俊、林茗：《行政法基本原则的司法适用问题探究》，载《华东政法学院学报》2006年第3期。

96. 栗胜华、张朝红：《行政判例存在与发展分析》，载《山东科技大学学报（社会科学版)》2006年第2期。

97. 庄毅：《论司法能动主义在中国的现实基础》，载《法学研究》2006年第8期。

98. 田光伟：《行政判例的理论维度》，载《政治与公共管理》2004年第5期。

99. 易虹：《论判例在行政法渊源中的地位》，载《求实》2000年第9期。

100. 张治宇：《行政判决·行政判例·行政判例法》，载《行政法学研究》2005年第4期。

101. 张亮：《对行政行为未引用具体法律条款的司法审查——兼评指导性案例41号》，载《政治与法律》2015年第9期。

102. 王学栋：《国外行政行为司法审查的标准及其特点》，载《行政论坛》2005年第1期。

103. 任强：《判例法与制定法的运作与未来》，载《判例与研究》1996 年第 2 期。

104. 陈金钊：《法学的特点与研究的转向》，载《求是学刊》2003 年第 2 期。

105. 吴学斌：《司法能动主义：司法实践超越法律形式主义》，载《广东行政学院学报》2006 年第 3 期。

106. 胡亚球、陈迎：《论行政自由裁量权的司法控制》，载《法商研究》2001 年第 4 期。

107. 武树臣：《对十年间大陆法学界关于借鉴判例制度之研讨的回顾与评说》，载《判例与研究》1997 年第 2 期。

108. ［日］后藤武秀：《判例在日本法律近代化中的作用》，载《比较法研究》1997 年第 1 期。

109. 张旺山：《史密特的决断论》，载《人文及社会科学集刊》第 15 卷第 2 期。

后　记

　　本书是 2017 年立项的中国法学会部级课题"行政指导性案例类型化研究"［项目批准号：CLS（2017）C08］的最终研究成果。在课题研究过程中，负责人赵静波教授联合课题组成员共同展开研究。课题组成员齐心协力，以我国的案例指导制度为基础，以指导性案例为切入点，重点分析行政指导性案例类型化的基本法理，从实证分析角度梳理当前"两高"公布的行政指导性案例，提出了行政指导性案例类型化的理论基础和类型体系。

　　2019 年课题结项，本书在前期研究成果的基础上进一步总结和完善，将近三年的最高人民法院和最高人民检察院的行政指导性案例梳理进成果中。课题组成员分工如下：赵静波教授拟定全书提纲，负责第一章、第二章和第五章的撰写；华南师范大学法学院姜城讲师负责第三章、第四章等的撰写；最后由赵静波教授、姜城讲师共同审稿、定稿。

本书在撰写过程中得到了同人的大力支持和帮助，感谢长春理工大学法学院丁伟峰博士对"行政指导性案例类型体系"一章提出了大量的宝贵建议；感谢邓令同学（现为台湾高雄大学法学院博士研究生）一直参与课题研究，全程调研并整理相关数据材料，在行政指导性案例制度运行的实证研究中给予了巨大帮助，并在高雄大学读博期间不断帮助收集论文、著作、案例等相关资料。他们的辛勤付出、支持和帮助，使得书稿内容不断丰富并得以顺利完成。

非常感谢知识产权出版社凌艳怡编辑的辛勤付出，最终在知识产权出版社的支持下，我们将该书出版，有幸奉献给读者朋友。

作者
2023 年 4 月